JAN BECKER
Ich kenne dein Geheimnis

JAN BECKER
mit Regina Carstensen

Ich kenne dein Geheimnis

Enthüllungen eines Wundermachers

Pendo München Zürich

Mehr über unsere Autoren und Bücher:
www.pendo.de

Die Zaubersprüche auf den Seiten 36, 58, 103, 116, 144, 153, 223
erschienen ursprünglich in:
Papyri Graecae magicae. Die griechischen Zauberpapyri
Hrsg. und übersetzt von Karl Preisendanz,
Nachdr. d. 2. verb. Aufl. von 1973/2001, Verlag K. G. Saur,
© Walter de Gruyter GmbH & Co. KG, Berlin

ISBN 978-3-86612-283-3
© Pendo Verlag in der Piper Verlag GmbH, München 2011
Gesetzt aus der Whitman
Satz: Kösel, Krugzell
Illustrationen: Sven Binner
Litho: Lorenz und Zeller, Inning am Ammersee
Druck und Bindung: CPI – Clausen & Bosse, Leck
Printed in Germany

Dieses Buch ist der Sonne,
der Neugier,
dem Abenteuer,
der Leidenschaft,
Romy und Samuel Elias gewidmet.

Inhalt

Warnung!	9
1 Ansichten eines Wundermachers	11
2 Zurück zum naiven Denken – oder das Geheimnis der Motivation	17
3 Denken Sie das Undenkbare – Lernen Sie, Gedanken zu lesen	37
4 Auf dem Weg in die richtige Richtung – Experimente mit Gegenständen	49
5 Haben Sie Vertrauen – und tauchen Sie mit Symbolen und Bildern ins Unterbewusstsein ein	59
6 Zweimal quer durch Berlin – oder wie Gedankenlesen das Selbstbewusstsein stärkt	72
7 Das Zauberwort, meine ersten Experimente und der magische Dreisatz	90
8 Der Trickster – oder der Zauber des Bösen. Verschieben Sie den Fokus!	104
9 Das Leben spannend gestalten – oder wie Sie mit einfachen Mitteln das Bewusstsein beeinflussen können	113

10 Wie mir der Zufall zu meinem ersten Engagement verhalf	131
11 Poetische Telepathie – der empathische Weg zu anderen. Bilder in Menschen sehen und telepathisch flirten	145
12 Im Land der Mondsichel – oder wie ich mittels Telepathie ein Taxi durch Istanbul lotste und Lügen entlarvte	164
13 Erkans kleine Schule der Menschenkenntnis – oder was der Körperbau einer Person über ihren Charakter verrät	171
14 Psychomagie – die Heilung liegt in uns selbst. Wahrsagerei, Tarot, Intuition und der Innere Bibliothekar	183
15 Hypnose – in diesem Zustand ist wirklich alles möglich, auch die Liebe	206
16 Mit Träumen die Realität befreien – Hypnose in der Psychotherapie und auf der Bühne	227
17 Langeweile? Nehmen Sie doch einen Würfel als Zufallsgenerator. Sie müssen ja nicht gleich aus dem Flugzeug springen	245
Ein Wunderepilog	263
Dank	266
Nachwort	269
Literatur	271

Warnung!

Dieses Buch spinnt.

Richtig, dieses Buch ist komplett verrückt.

Es springt von einem phantastischen Thema zum nächsten. Ohne sich auch nur ein einziges Mal dafür zu entschuldigen.

Lesen Sie darin, wie Sie wollen, bloß halten Sie sich nicht an den vorgegebenen Rhythmus der Kapitel oder an Seitenzahlen. Denn dieses Buch will Sie bewusst verwirren, und dann, im Moment des größten Staunens, packt es zu, umschließt mit festem Griff Ihren Geist, hebt ihn in ungeahnte Höhen und lässt ihn danach, wie bei einer Achterbahnfahrt, im Salto mortale zurück auf den Grund Ihres Daseins fallen.

Glauben Sie mir, ich kenne dieses Buch genau, ich habe es geschrieben. Ich spreche also aus Erfahrung, denn mit mir hat dieses Miststück es nicht anders gemacht. Auch mich hat es gefangen genommen, ohne jede Vorwarnung, Buchstabe für Buchstabe. Mich durch meine Hirnwindungen geschleudert und dann wieder ausgespuckt in die Realität.

Lesen Sie dieses Buch auf eigene Gefahr, es soll später nicht heißen, ich hätte Sie nicht gewarnt. Hiermit entbinde ich mich von jeglicher Haftung.

Sollten Sie dennoch meine Warnung nicht ernst nehmen und durch die Lektüre süchtig nach dem Unerklärlichen, nach Magie werden, finden Sie am Ende dieses Buches noch zusätzlichen Stoff. Zum weiteren Konsum gedacht.

Genau genommen kann ich Sie ja verstehen, mich lässt die Droge Gedankenlesen schon lange nicht mehr los. Viel Spaß beim Lesen!

Ihr
Jan Becker

1 Ansichten eines Wundermachers

Der Mensch spielt nur, wo er in voller Bedeutung Mensch ist, und er ist nur da ganz Mensch, wo er spielt. Friedrich Schiller

Ich muss zugeben: Es gibt für mich nichts, das ich mit mehr Leidenschaft tue, als Menschen mit Dingen zu konfrontieren, die sie für unmöglich halten. Um dieses »Wundermachen« soll es hier in diesem Buch gehen. Um das Spiel mit dem Unmöglichen und speziell um das Gedankenlesen. In den vielen Jahren, in denen ich als Gedankenleser und Wundermacher aufgetreten bin, habe ich immer wieder eine ganz elementare Erfahrung gemacht: das Erleben des Wundersamen, des Kuriosums. Dieses Erleben schafft auf intensive Weise ein Gefühl der Zusammengehörigkeit. Ganz besonders stark wird dieses Gefühl, wenn es mit der Kunst des Gedankenlesens und deren Poesie verwoben ist. Der Mentalist und sein Akteur gehen auf der Bühne eine enge und zugleich spielerische Beziehung zueinander ein und haben danach ein Erlebnis, das sie ihr Leben lang nicht mehr vergessen werden. Doch nicht nur die beiden, auch jeder, der zusieht, wird in diesen Moment eingesogen. Eine ganze Gruppe von Menschen wird durch einen einzigen Augenblick zusammengeschweißt. Aus Fremden wird auf magische Weise eine Gemeinschaft. Gemeinsam erleben sie einen besonderen, nicht alltäglichen, ja spektakulären Moment.

Nicht nur das Gedankenlesen besitzt diese Kraft, sondern jeder kuriose Moment, den wir erschaffen. Ich werde mein Bestes geben, Ihnen auf den folgenden Seiten einen Einblick in die Welt des Gedankenlesens zu offenbaren. Es ist eine Ehre für mich, mein Wissen mit Ihnen zu teilen. Und da ich diese Momente der Gemeinsamkeit mit anderen Menschen für so wichtig halte, werde ich Ihnen zudem einige Zauberrituale an die Hand geben, mit denen Sie Ihre Umgebung zum Staunen bringen können – und natürlich sich selbst auch. Gestalten Sie Ihren Alltag etwas bunter! Haben Sie Mut zur Poesie und teilen Sie Ihre Phantasie mit anderen.

Wunder sind Ereignisse, die man sich nicht erklären kann. Wunder bilden eine begehbare Brücke zwischen dem Möglichen und dem Unmöglichen und eröffnen einen neuen emotionalen Raum. Es ist eine fühlbare Schönheit, die in diesem Raum herrscht und die sich hinter dem Sichtbaren verbirgt. Das Spüren des Wunderbaren ist ein beflügelndes Gefühl, ein höherer Bewusstseinszustand, weshalb es hier auch um Trance und Hypnose gehen soll.

Mit diesem Buch, mit dieser Sammlung von Wunderdingen, Zauberhandlungen und Zaubersprüchen, können Sie selbst diese Wunderbrücke bauen. Denn Sie lernen nicht nur, den Gedanken eines anderen Menschen zu lesen, sondern unter anderem auch, wie Sie jemanden dazu bringen, sich in Sie zu verlieben, und warum es manchmal so wichtig ist, sich in einen Engel zu verwandeln.

Doch bevor wir damit anfangen, sollten Sie mich ein wenig besser kennenlernen.

Ich liebe Wörter und das Erzählen von Geschichten. Das war schon von klein auf so. Denn mit Geschichten werden wir zu

Gestaltern. Wir erschaffen Welten in den Köpfen derjenigen, die uns zuhören.

Geschichten haben mich immer dazu angeregt, einen schönen Schein zu schaffen. Und dieser Schein kann zur absoluten Wahrheit werden, davon bin ich überzeugt. Ich behaupte, der schöne Schein ist die absolute Wahrheit.

Das, was wir als schönen Schein beschreiben, wenn wir für ein Fest einen Raum oder einen Tisch schmücken, wenn wir uns lieben, besinnen und beschenken, wenn wir den Frieden einkehren lassen, mit der Schönheit übertreiben – das ist die Welt, wie ich sie mir wünsche. Ich selbst strebe danach, jeden Tag zu einem Fest zu machen, auch wenn ich weiß, dass das nicht immer gelingen kann. Dennoch sollten wir es stets versuchen. Tun Sie es mit mir gemeinsam. Zelebrieren wir unseren Alltag!

Meist reagieren wir nur auf die mentale Landkarte der Wirklichkeit, auf die Bilder, die wir – oder andere – von der Realität angefertigt haben. Nie auf die Realität an sich, die sich als weitaus komplexer, intensiver erweist, wenn wir lernen, sie neu und mit all unseren Sinnen wahrzunehmen und den Zauber der Phantasie walten zu lassen. Zu denken, die gewohnte Landkarte wäre die echte, für immer festgeschriebene und nie wieder veränderbare Landschaft, ist nichts anderes, als in einem Restaurant die Speisekarte zu essen und nicht das eigentliche Gericht. Ich möchte Sie dazu ermutigen, Ihre mentale Landkarte der Wirklichkeit spielerisch bunt zu gestalten.

Jeder Mensch sehnt sich nach dem Gefühl des Lebendigseins.

Ich liebe das Abenteuer und die Herausforderung. Jeder Mensch sollte sich mit allem, was er zu bieten hat, in diese einzigartigen Erlebnisse hineinwerfen und sie genießen, je seltsamer sie sind, desto besser. Ich selbst freue mich auf jede neue Erfahrung, versuche neugierig zu bleiben und so selten wie möglich nein zu sagen. »Nein, das ist bestimmt nicht zu machen« habe ich aus meinem Vokabular gestrichen.

Das Erleben von Wundern ist ein Grundbedürfnis und wird von allen Menschen auf der ganzen Welt gesucht. Meine Kunst als Magier besteht darin, diese Wunder in anderen und in mir Tag für Tag zu kreieren, weil das Gefühl für sie in unserer Gesellschaft verloren gegangen ist. Das Wissen, das Sie in diesem Buch erwerben, soll es auch Ihnen ermöglichen, das Wundersame zurück zu den Menschen zu tragen.

Der dänische Polarforscher und Ethnologe Knud Rasmussen hat einmal gesagt: »Jeder große Schamane muss, wenn er gefragt wird oder wenn mehrere Menschen um ihn versammelt sind, seine Kunst auf mysteriöse Art ausführen, um die Menschen zum Staunen und Träumen zu bringen und sie von seinen magischen und allgegenwärtigen Kräften zu überzeugen.«

Haben Sie keine falsche Scheu, lassen Sie die Wunder in Ihrem Leben zu. Erkennen Sie sie auch dort, wo sie sich manchmal vor Ihnen verstecken wollen. Wundern Sie sich. Übertreiben Sie. Sie sind der Dompteur im Zirkus namens Leben. Spielen Sie mit den Löwen.

Warum?

Weil wir so die Welt ein bisschen schöner machen können. Sie wieder phantastischer, traumhafter, geheimnisvoller und schillernder gestalten können. Ich möchte unsere Welt mit Schönheit und dem Unerklärbaren reparieren. Wie ein Handwerker. Helfen Sie mir dabei. Werden wir Naive. Es macht Spaß!

Immer wenn wir etwas Neues erleben, wachsen wir. Buchstäblich, denn unser Gehirn ist ein Organ, das sich verändert, je nachdem, was wir mit ihm machen. Unsere Synapsen und Nervenzellen verändern sich, abhängig davon, wie wir sie gebrauchen. Dieses Prinzip nennt man Neuroplastizität, es beschreibt die Fähigkeit des Gehirns, umzulernen. Jedes Mal, wenn wir Magie erleben, widerfährt uns etwas, das wir so noch nicht gekannt haben. Ein neues Gefühl, eine neue Erfahrung. Dies führt dazu, dass wir ein neues Interesse an der Welt zeigen, in der wir leben, sie hinterfragen. Dass wir plötzlich Verbindungen sehen, die wir vorher nicht wahrgenommen haben. So verändern wir uns, handeln auf einmal anders als vorher. Es kann passieren, dass sich eine innere Blockade löst, ein Komplex oder ein persönliches Problem. Vielleicht erkennen wir auch, wie sehr wir mit allem um uns herum verwoben sind. Gedankenlesen geht einher mit Empathie und lässt uns über uns selbst hinauswachsen, in den Raum des anderen hinein.

Die Kunst des Gedankenlesens und die in diesem Buch aufgeführten Rituale beschreiben einen Weg der Gemeinschaftlichkeit. Aus dem *Es* – einem fremden Menschen am Anfang unseres Kontakts – erschaffen wir durch unsere Sensibilität, die wir über das Gedankenlesen und das Spiel mit uns selbst und unserer Umgebung erlernen, ein *Du*, eine freundschaftliche Beziehung zu dieser Person. Aus dieser freundschaftlichen Beziehung gehen wir dann, über den spielerischen Moment, zum *Wir*. Dadurch wird in kürzester Zeit und auf ganz einfache Weise aus einem wildfremden Menschen ein

Partner. Das kann uns im Privatleben, aber auch beruflich oder geschäftlich enorm nach vorne bringen. Und uns einen entspannten Umgang mit Situationen schenken, denen wir vorher vielleicht viel verkrampfter begegnet wären.

Dieses Buch will mit all seinen kuriosen Experimenten, poetischen Momenten und Ritualen aus dem *Es* ein *Du* machen und schließlich zu einem *Wir* gelangen.

Dabei können Sie gleichzeitig das Abenteuer erleben, Ihre eigenen Gedanken, Gefühle und Wünsche zu erkennen und sie spielerisch zu verwirklichen. Und genau in diesem Moment erleben Sie etwas, das unsere Vorfahren vielleicht mit dem Wort »Magie« beschrieben hätten.

2 Zurück zum naiven Denken – oder das Geheimnis der Motivation

Neuanfang
Wenn dich ein Flüstern erschrickt,
Wenn dich dein Mut zerreißt,
Wenn deine Kraft dich lähmt,
Wenn all deine Taten zu Untaten werden,
Wenn die Musik dich zum Stehen zwingt,
Wenn Rosarot zum Nichts wird,
Wenn ein Windhauch deinen Atem festhält,
Wenn ein Blütenblatt dich erschlägt,
Wenn ein Wassertropfen zu deiner Sintflut wird
Und ein Staubkorn zur unendlichen Wüste,
Wenn du dich verlierst im Jetzt und Hier,
Dann halte ich dich mit Sternenlicht,
Umarm dich gülden, hell leuchtend, voll Trompeten und Posaunen,
Voll Zuckerwatte und Staunen
Und schenke dir
Rosa Esspapier.

Meine Aufgabe als Wundermacher ist es, normale Menschen zum Mittelpunkt eines unglaublichen und unerklärbaren Ereignisses zu machen. Denn ich bin der festen Überzeugung, dass das Erleben eines solchen »Wunder-Momentes« inspirieren und Berge versetzen kann.

Alles fing in der Sendung *The next Uri Geller* an, die über acht Wochen an einem Dienstag auf einem Privatsender lief. Ich hatte dort in der Finalsendung einen Akt mit dem gesamten Publikum und dem Moderator Matthias Opdenhövel, der früher Stadionsprecher von Borussia Mönchengladbach gewesen war. Er wusste wohl, dass ich Fußballfan bin. Ohne es auszusprechen, fragte er mich in seinen Gedanken:

»Was ist mit der Borussia? Wird der Verein das nächste Spiel gewinnen? Wird er in der Ersten Liga bleiben oder absteigen?«

Es ging auf das Ende der Fußballsaison zu. Meine Antwort auf seine gedachte Frage lautete:

»Das nächste Spiel wird dieser Klub für sich verbuchen. Er wird nicht absteigen. Und zusätzlich sehe ich zwei Tore im letzten Spiel der Saison.«

»Aha, du siehst zwei Tore im letzten Spiel ...« Opdenhövel wirkte bass erstaunt.

Seine Bemerkung gab mir zu verstehen, dass ich den richtigen Gedanken erfasst hatte. »Ja, genau.«

»Aber du weißt, dass die Borussen auf dem letzten Tabellenplatz sind und ihr Gegner am kommenden Wochenende, der Hamburger SV, auf dem ersten steht?«

»Das ist mir nicht entgangen.«

Am nächsten Tag, einem Mittwoch, rief mich jemand aus der Geschäftsleitung von Borussia Mönchengladbach an und sagte: »Herr Becker, unsere Fans drehen komplett am Rad. Die Internetforen sind voll. Wegen Ihrer Behauptung, dass unser Verein gewinnen wird, noch dazu gegen den Tabellenersten, spielen alle verrückt. Sie wollen – und wir wollen das auch –, dass Sie ins Stadion kommen und bestätigen, was Sie gesagt haben. Sie müssen für die Fans eine Ansprache halten. Würden Sie das tun?«

Da ich immer ein großer Fan von Gladbach war und als Jugendlicher selbst viel Fußball gespielt hatte, bei Borussia Neunkirchen, einem weiteren großartigen Traditionsverein, sagte ich: »Natürlich mache ich das. Das ist doch eine spannende Sache. Ich wollte eh schon immer mal im Stadion unten auf dem Rasen stehen.«

Zudem dachte ich, aber das behielt ich für mich: Eigentlich treten nur in Südamerika oder Afrika Voodoo-Zauberer und Schamanen vor Fußballspielen auf, um den Ausgang des Matches in eine bestimmte Richtung zu lenken. Und nun will ein deutscher Bundesligaklub mit einer ähnlichen magischen Praktik aufwarten. Das kann nur spannend und lustig zugleich werden.

Erst als ich das Telefonat beendet hatte, wurde mir bewusst, was ich da auf mich geladen hatte. Der Traditionsverein Gladbach war unzweifelhaft abstiegsgefährdet, während der HSV in den vergangenen Wochen ein Spiel nach dem anderen gewonnen hatte. Was konnte ich da ausrichten? Wie konnte ich die offensichtliche Verlierermannschaft und die Fans so motivieren, dass Gladbach genug Tore schoss?

Zuerst überlegte ich mir ein paar Rituale. Schamanen vollziehen mit Tieren, Puppen oder anderen Dingen Beschwörungen. Nein, diese Idee verwarf ich schnell wieder, fand das zu albern.

Als Nächstes dachte ich an einen Zauberspruch aus alten griechischen Zauberpapyri. Dabei geht es darum, sich nachts allein mit einer toten Katze in der linken Hand auf ein flaches Dach zu stellen, sich zwei Hühnerfüße an den Gürtel zu binden, ein rohes Ei in den Himmel zu werfen und darauf zu hoffen, dass der Gott der Siege zum unsichtbaren Begleiter wird. Doch leider hatte ich keine rohen Eier zur Hand, und außerdem würden rund 50 000 Leute um mich herum sein und sich über so einen Hokuspokus vermutlich ziemlich wundern.

»Deine Präsenz muss ausreichen«, sagte ich schließlich zu mir selbst. »Dass du da in Mönchengladbach auf dem Platz stehst, ist schon Kuriosum genug. Rohe Eier hin, Hühnerfüße her.«

Schließlich kam der Samstag, Spieltag. Man hatte mich von Berlin-Tegel aus eingeflogen, vom Flughafen in Köln holte man mich mit einer Limousine ab. Im Stadion warteten auch mein Vater und meine Mutter auf mich, sie sollten dieses Ereignis keinesfalls verpassen.

Dann, kurz vor dem Anpfiff, der Ansager hatte schon die Namen der Spieler verlesen, führte mich der Stadionsprecher mitten auf den Platz. Augenblicklich wurde es seltsam still. Links und rechts vom Feld standen die beiden gegnerischen Mannschaften. Plötzlich ein Raunen. Ich registrierte, wie die Fans der Borussen mich bemerkten. Applaus brandete auf. Es war der Beifall dafür, dass der Verein wirklich getan hatte, was die Gladbach-Anhänger über Internetforen pausenlos gefordert hatten: mich auf den Platz zu holen. Die Spieler vom Hamburger SV sahen mich an, nach dem Motto: »Was ist das denn hier?« Sie hatten von meinem Auftritt offensichtlich keine Ahnung gehabt. In diesem Moment wurde mir klar, dass ich tatsächlich allein durch meine Präsenz etwas ausgelöst hatte.

Und da stand ich nun auf dem grünen Rasen und sagte zu den Borussen: »Ich habe euch mein Glück, das ich am Dienstag hatte, ins Stadion mitgebracht, um es an euch weiterzugeben. Ich mache es euch zum Geschenk, damit eure Mannschaft gewinnt.« Dabei musste ich aufpassen, dass ich nicht zu schnell sprach. Zwar war ich es gewohnt, über Mikrofon zu kommunizieren, aber durch das Echo, das im Stadion entstand, bestand die Gefahr, dass sich meine Worte ineinander mischten und unverständlich wurden. Nach einer angemessenen Pause gab ich den Fans zu verstehen: »Es ist wichtig, dass ihr all eure Energie bündelt und auf den Platz schickt und eure Mannschaft unterstützt.«

Letztlich ging es aber nicht nur um Unterstützung, sondern um etwas Stärkeres. Um eine gemeinsame Arbeit, einen Zusammenschluss. Natürlich löste mein Auftritt unter den Fans im Hamburger Block viele Buhrufe aus. Schön, dachte ich, so eine Negation hat auch ihre Wirkung. Hatte nicht einmal ein kluger Mann den schönen Spruch gesagt: »Ich glaube nicht an Geister, aber ich habe Angst vor ihnen«? Sobald man etwas negiert, bestätigt man indirekt, dass es existiert. Das konnte bei den Fußballern der gegnerischen Mannschaft unbewusst etwas bewirken, was für Gladbach nur hilfreich wäre.

Überhaupt war mein Erscheinen auf dem Rasen ein perfekter psychologischer Trick. Die Borussen hatten einen Funken Hoffnung bekommen, der neuen Mut in ihnen schürte, im Sinne von: »Jetzt reicht's mit den Niederlagen, wir wollen nicht die letzten Deppen sein, die sich schon wieder blamieren, sonst geben sie bei uns morgen noch irgendwelche Energiekristalle ab.«

Nachdem ich meine Beschwörung beendet hatte, ging ich zu meinen Eltern auf die Tribüne. Ich setzte mich neben meinen Vater. Er grinste mich an, stolz, aber auch ein wenig so, als könne er das alles nicht fassen, als wäre sein Sohn möglicherweise nicht wirklich sein Sohn, sondern ein Alien von einem anderen Planeten. Leicht entgeistert fragte er: »Was machst du, wenn die nun verlieren? Hast du dir die Frage eigentlich gestellt? Es sind hier 'ne

Menge Leute im Stadion! Eigentlich hast du sie nicht mehr alle.« Mir wurde heiß. Er hatte recht. Was hatte ich da bloß getan?

Lieber nicht dran denken. Ich wollte auf mein Gefühl vertrauen, das war schließlich meine Grundhaltung bei allem, was ich tat: Vertrauen zu haben. Und vor allen Dingen: Mut. Fußballtrainer Jürgen Klopp sagte einmal sinngemäß in einem Interview in der *Sportschau*: »Unser Gehirn ist ein Drecksack, es geht darum, das zu erkennen und den Mut zu haben, wenn dein Gehirn dich bremsen will, sich gegen diesen Drecksack zu stellen.« Also, Mut!

Das Spiel fing an. Zur Halbzeit stand es 1:1. Ein Reporter vom Stadion-TV kam in der Pause auf mich zu und wollte wissen, ob ich denn noch bei meiner Meinung bleiben würde. Meine Antwort wurde über die gigantische Stadionleinwand übertragen: »Ihr werdet das Spiel gewinnen, da bin ich mir ganz sicher. Ich habe Vertrauen, und ihr müsst es ebenfalls haben.« Und in diesem Moment war ich mir tatsächlich absolut sicher. Im Grunde hatten die Borussen keine Chance, dennoch glaubte ich an einen Sieg für diese Mannschaft.

Und dann ging die zweite Halbzeit los. Die Borussen schossen ein Tor nach dem anderen. Schon als das 2:1 fiel, schaute mich mein Vater von der Seite seltsam an. Da war in seinem Gesicht kein Grinsen mehr zu entdecken, nur ein Staunen. Ich war zugegebenermaßen auch ganz schön überrascht. Am Ende gewann Borussia gegen den HSV mit 4:1. Aus einer so gut wie sicheren Niederlage hatte ich einen Sieg »gezaubert«. Ich musste aufpassen, dass man mich in der allgemeinen Begeisterung der Fans und Spieler nicht für Jesus hielt, der aus Wasser Wein machte. Deutlich gab ich als Erklärung dieses unvorstellbaren Ergebnisses zu verstehen: »Wenn ein Fußballverein auf die Idee kommt, so jemanden wie mich auf den Platz zu holen, dann haben die Spieler mit größter Wahrscheinlichkeit gedacht, dass sie einfach alles tun müssen, um zu gewinnen.«

Wie gesagt: Es ist das Kuriosum, das immer wieder Kräfte freisetzt, es ist der poetische Moment.

Die Hamburger meinten nach dem verlorenen Spiel: »Und nächste Woche kommst du zu uns.« Sie waren nicht verärgert über den Ausgang des Spiels, sondern verlangten einfach nur ausgleichende Gerechtigkeit. Während die Geschäftsleitung von Gladbach mich natürlich nun bei jedem Samstagsspiel dabeihaben wollte.

»Ich bin kein Maskottchen«, gab ich darauf zu verstehen. Außerdem wollte ich mich natürlich vor einer möglichen Niederlage schützen. Immerhin konnte es schon beim nächsten Mal mit meiner Vorhersage nicht mehr klappen. Oder was wäre passiert, wenn ich in der Folge nur Niederlagen für Borussia gesehen hätte? Mein einmaliger Erfolg war Belohnung genug.

Wenn ich die unzähligen und oft unseligen Motivationssprüche, die vorzugsweise von Amerikanern erdacht werden, auch nicht sehr mag, einer scheint mir doch sinnvoll: »Selbst wenn das Ziel noch so unwirklich aussieht und so unmöglich erscheint: Solange du es nicht versuchst, kannst du es auch nicht erreichen. Wenn es wirklich unmöglich ist, wird das von alleine deutlich werden.«

Das lässt sich auch auf meine Situation übertragen: Ich hatte das Stadion betreten, ich hatte den Mumm gehabt, mich aufs Spielfeld zu begeben und zu sagen: »So, Leute, heute wird es funktionieren.« Für die Spieler hieß das: »Geht raus, glaubt an den Sieg, selbst wenn es sich irreal anhört. Zaghaftigkeit macht keinen Sinn.«

Das Geheimnis des Erfolgs ist die Motivation – ein magischer, ein energetischer Moment, der sich nicht genau erklären lässt, aber im Kopf ungeahnte Kräfte freisetzt. Ich habe in diesem Augenblick eine gewisse Kompetenz ausgestrahlt – dabei hatte ich nicht einmal die fußballerischen Leistungen der einzelnen Spieler in den letzten Monaten verfolgt.

Das Entscheidende ist die Energie
Immer häufiger werden Krankenschwestern in deutschen Kliniken in einer Behandlungsmethode ausgebildet, die in Amerika und England weit verbreitet ist. Sie nennt sich Therapeutic Touch (TT, Therapeutische Berührung) und geht davon aus, dass jeder Mensch ein eigenes Energiefeld hat, das mit den anderen Energiefeldern in seiner Umgebung in Verbindung steht. Diese bioenergetische Alternativtherapie ist eine Variante des Handauflegens. Von einer Klinik in Berlin weiß ich, dass sie damit große Erfolge in der Wund- und Schmerzbehandlung haben.

Der Vater meiner Frau, ein Chemiker, erzählte mir von Versuchen, bei denen Krankenschwestern Reagenzgläser mit krankhaft veränderten Zellen in die Hand nehmen sollten. Am Ende hatten sich die Zellen so verändert, dass eine Heilung möglich wurde. Der Grund dafür war ein winziger chemischer Prozess, der durch die Berührung ausgelöst wurde.

Ein anderes Beispiel wurde in der ARD-Sendung *Das Geheimnis der Heilung* im Januar 2011 vorgestellt. Eine Frau hatte nach einer Operation eine Wunde, die selbst nach anderthalb Jahren nicht zuwachsen wollte. Ihr Hausarzt, der gerade einen Kurs in Handauflegen gemacht hatte, bot ihr an, es mit dieser Technik zu versuchen. Die Frau willigte ein – und nach drei Tagen war die Wunde geschlossen. Diese bestimmte, mit dem Handauflegen verbundene Energie und der Glaube an die Selbstheilungskräfte könnten eine Erklärung für die Wirkung sein – und vielleicht auch für den Sieg der Borussen: Es sind die inneren psychologischen Kräfte, welcher Art auch immer, die uns Menschen unterstützen.

Ähnlich wie den Therapeutic Touch könnte man auch das Gedankenlesen betrachten: Im Grunde versucht man dabei mit der eigenen Energie, der eigenen Aufmerksamkeit in den anderen einzudringen. Auf diese Weise ließen sich diverse Effekte erklären, etwa die Erfahrung, die jeder kennt: Man steht auf der Straße oder befindet sich in einem Raum mit vielen Menschen, und plötzlich spürt man im Rücken, dass jemand einen anschaut.

An diesem Tag im Stadion dachten sicher viele, dass ich spinnen würde. Aber die geballte Unterstützung durch die Fans hatte eine solche Suggestionskraft, da wurde wirklich eine enorme Energie losgetreten. Und diese Energie reichte aus, um das an Motivation, was den Gladbachern gefehlt hatte, in Gang zu setzen. Ein guter Trainer kann diese Kraft auch noch aus einer Mannschaft herausholen, wenn diese schon am Boden liegt.

Diese Energie imaginiere ich nicht strahlenförmig wie in einem Science-Fiction-Film, auch nicht in irgendwelchen Formeln, das überlasse ich lieber den Physikern, die können das bestimmt besser darstellen. Energie ist für mich ein Bild, das bei der Umsetzung der Gedanken von anderen hilft. Eine Metapher für Stärke. Wenn mir jemand gedanklich eine Richtung schickt, in die er gehen will, während ich ihn berühre, verändert sich sein Verhalten komplett. Ich habe jahrelang trainiert, dieses Verhalten zu deuten, heute kann ich eine Menge daraus ablesen. Aber von diesem Hokuspokus später mehr.

Im Fußballstadion war alles noch um eine Dimension komplizierter, weil es mir dort gelingen musste, von mir zur Fankurve, von dort zurück zu mir auf den Rasen und schließlich auch noch zu den Spielern zu agieren. Es war also eine Dreierkonstellation. Und zudem hatte ich ein Publikum in einer Größenordnung vor mir, die für mich nicht gerade alltäglich war. Zwar war ich mit meinen Bühnenvorstellungen schon im Prinzregententheater in München aufgetreten, das über tausend Sitzplätze hat, aber die Gladbach-Anhänger waren doch in einer weit größeren Anzahl ins Stadion gekommen und hatten folglich auch eine immense Energie mitgebracht. Das hatte ich spüren können. So wie ich auch die Energie eines Theaterpublikums spüren kann und genau weiß, ob die Menschen tendenziell gut oder schlecht drauf sind, ob der Abend gut oder schlecht wird. Mit meinen Prognosen, die ich vor Beginn der Vorstellung abgebe, liege ich zu 99 Prozent richtig.

Die menschliche Interaktion hat immer etwas Energetisches, etwas Gefühlsmäßiges an sich, das man aber im Gegensatz etwa zur neuesten Autotechnik nicht einem Test unterziehen kann. Eine verbesserte Kupplung oder die schnellere Variante eines Navis sind kaum im Bereich des Unsichtbaren zu verorten. Das Gedankenlesen allerdings schon. Was aber nicht heißt, dass es etwas Übersinnliches ist.

Gibt es das Übersinnliche überhaupt?
Ein Zauberkünstler aus den Fünfzigerjahren, der Kanadier James Randi, hat als Skeptiker und Gegner der Pseudowissenschaften 1996 die James Randi Educational Foundation (JREF) gegründet. Diese Organisation untersucht unter kontrollierten Testbedingungen Phänomene, die sich nicht erklären lassen. Nebenbei hat Randi die Eine-Million-Dol-

lar-Herausforderung gestellt. Diese Summe soll derjenige erhalten, der ihm unter wissenschaftlichen Laborbedingungen übernatürliche Fähigkeiten demonstriert. Bislang wurde die Million noch nicht ausgezahlt. Gäbe es übersinnliche Fähigkeiten, läge das Geld längst nicht mehr auf dem Konto von Randi.

Beim letzten Test, den ich gesehen habe – sie werden im Internet übertragen –, hatte eine Frau behauptet, sie könne auspendeln, welche Spielkarten sich in Umschlägen befänden. Doch als der Versuch gestartet wurde, passierte nichts. Sie konnte nicht eine Spielkarte richtig erpendeln. Auf der anschließenden Pressekonferenz erklärte sie, natürlich könne sie pendeln, es sei nur noch nicht der richtige Zeitpunkt gewesen: Die Öffentlichkeit dürfe bislang nichts von ihrer Gabe wissen. Das war Humbug und Ausrede zugleich.

Ich dachte nur: Das kann gefährlich für die Frau werden, in einem psychischen Leiden enden. Jeder Mensch sehnt sich danach, etwas Besonderes zu sein, etwas Besonderes zu können. Aber wenn man ständig damit konfrontiert wird, dass man das, womit man sich profilieren will, doch nicht beherrscht, könnte das zu einem Problem werden.

Thomas Manns Erzählung *Mario und der Zauberer* – eine wichtige Inspirationsquelle für die Gestaltung meiner Bühnenakte – ist in diesem Zusammenhang ganz spannend. Da gibt es die Aktion zwischen dem zwanzigjährigen Kellner Mario und dem buckligen Hypnotiseur Cipolla mit seinem Schnurrbart und dem stechenden Blick. Am Anfang seiner Vorstellung behauptet der Gaukler, dass er in die Zukunft schauen könne. Hätte er diese Fähigkeit tatsächlich besessen, hätte er dann nicht auch voraussehen müssen, dass er am Ende des Abends erschossen auf der Bühne liegt? Man hätte dies annehmen können – außer er wünschte sich dieses Ende herbei, weil er von seinen Auftritten, dem Cognac, den er auf der Bühne trank, und seinem Leben überhaupt die Nase voll hatte. Im Text finden sich dazu keine Hinweise. Thomas Mann ging es also auch nicht darum, hier übersinnliche Fähigkeiten zu behaupten.

Was Cipolla beherrscht, das sind Suggestivtechniken, die Menschen dazu bringen, Dinge zu machen, die sie eigentlich nicht machen wollen oder von denen sie denken, sie könnten diese nicht, etwa unter hypnotischer Trance dem restlichen Publikum die Zunge rausstrecken. In der Erzählung berichtet eine ältere Dame unter Hypnose von einer Indienreise, die sie unternommen habe, und ein soldatisch aussehender Herr kann auf einmal den Arm nicht mehr heben. Im Grunde bewegt sich dieser Magier in einem schönen Schein, so wie ich es als Gedankenleser auch tue. Nicht mehr, aber auch nicht weniger. Es ist ein Spiel mit der Imagination des Publikums.

Gäbe es Wahrsagerei und Okkultismus, hätte dann der 11. September 2001 passieren müssen? Würde es dann Flugzeugabstürze geben? Eigentlich müssten bei vorhandenen übersinnlichen Fähigkeiten alle bedrohlichen Momente auf der Welt prophezeit werden, was aber nicht geschieht. Es sei denn, sämtliche Wahrsager sind von Grund auf böse Menschen und nehmen diese Katastrophen gerne hin. Also: vorsichtig sein bei solchen Voraussagen! Sie führen labile oder suchende Menschen in Abhängigkeiten.

Als Magier und Nichtwahrsager gehe ich stattdessen vom Wundersamen aus, was bedeutet: Wir alle tragen die Antworten auf unsere Fragen schon in uns. Verlassen Sie sich auf Ihren gesunden Menschenverstand und hören Sie lieber einmal öfter in sich hinein, aber nicht auf einen Menschen, der behauptet, Ihre Zukunft zu kennen.

Der allerbeste Trick, den ich in diesem Zusammenhang kennengelernt habe – Sie merken schon, ich erzähle wirklich gern –, stammt von David Hoy, einem amerikanischen Mentalisten, der in den Fünfziger- und Sechzigerjahren viele Shows hatte, in einer Zeit also, in der die Menschen mehr Zeitung lasen als heute, weil das Fernsehen noch nicht eine so große Bedeutung hatte und an das Internet noch gar nicht zu denken war. In einem Zeitungsinterview sagte Hoy voraus, dass am kommenden Samstag eine bestimmte Baseballmannschaft gewinnen werde, ich kann mich nicht mehr an den Verein erinnern. Am nächsten Tag behauptete er gegenüber einem anderen, geografisch in weiter Ferne angesiedelten Blatt genau das Gegenteil. Das war genial. Egal, was passierte, er konnte sich immer auf eine wahre Vorhersage berufen. Für ihn Beweis genug, dass er hellsehen konnte. Heute wäre Hoy sofort überführt.

Berge versetzen
Noch mal zurück zu Borussia Mönchengladbach. Bei diesem Fußballspiel hätte ich weder vorher noch nachher behauptet, ich hätte den genauen Ausgang der Begegnung »gewusst«. Ich hätte auch niemals gesagt, dies sei ein Beweis für mein Talent. Es war mehr ein Gefühl, und es stimmte für den Moment, aber das besagt noch lange nicht, dass ich in die Zukunft schauen kann. Es war etwas Gefühltes, das in dieser Situation einen glücklichen Ausgang nahm. Dennoch: Es lassen sich durchaus Kräfte in Gang setzen, mit denen man – bildlich gesprochen – Berge versetzen kann. Auch wenn alle sagen: »Wieso soll so etwas möglich sein? Wieso solltet ihr gewinnen, wo ihr doch die Tabellenletzten seid?«

Eine derartige Kraft zeigt sich zum Beispiel bei der Anwendung eines rhetorischen Tricks. OBWOHL – dieses kleine Wort ist ein wunderbares Zauberwort: »Ihr könnt gewinnen, *obwohl* ihr die Tabellenletzten seid.« Schon regt sich ein neues Selbstwertgefühl. Auf dieser Ebene ist es dann möglich, dass ein Viertligist aus einem Pokalspiel gegen Bayern München als Sieger hervorgeht, mit einem 6:4. Obwohl – dieses Wort hat geradezu etwas Phantastisches an sich. Gebrauchen Sie es in jeder Situation, in der Sie anfangen, eine Sache zu negieren oder als unvorstellbar zu deklarieren. Das Geheimnis besteht darin, mit diesem Wort die Motivation zu finden, die aus den einzelnen Spielern eine ausgezeichnete Mannschaft macht. Und genau diese Energie habe ich aufs Spielfeld gebracht, das war meine eigentliche Leistung.

Ich glaube nicht, dass der Sieg vom Schicksal vorherbestimmt war. Das war nirgendwo im sogenannten Buch des Lebens festgeschrieben. Nötig dazu war der Moment der Motivation. Der Glaube an ein Obwohl. Damit beginnt alles. *Obwohl* die Situation aussichtslos erscheint, mache ich die ersten Schritte. Und gehe weiter.

Von dem chilenischen Psychomagier Alejandro Jodorowsky habe ich folgende Geschichte, die sich sehr gut in das eben Erzählte einfügt:

Ein großer Berg schirmt mit seinem Schatten ein kleines Dorf von der Sonne ab. Da kein Sonnenlicht zu ihnen durchdringt, werden die Kinder rachitisch. Eines schönen Tages sehen die Dorfbewohner den Ältesten von ihnen zum Dorfausgang losmarschieren, in der Hand einen steinernen Löffel.

»Wohin gehst du?«, fragen sie ihn.

Er antwortet: »Ich gehe zum Berg.«

»Wozu?«

»Um ihn abzutragen.«
»Womit?«
»Mit diesem Löffel.«
»Du bist verrückt! Das schaffst du nicht!«
»Ich bin nicht verrückt: Ich weiß, dass ich das nie schaffen werde, aber einer muss anfangen.«

BERGE VERSETZEN IN DER PRAXIS

Halten Sie Ausschau nach Leuten, die in Ihnen Berge versetzen können, die das Wort OBWOHL kennen und danach handeln. Das kann der Arzt sein, der anders denkt – damit meine ich nicht den esoterischen Heiler oder jemanden, der mit irgendwelchen Federbüscheln herumrennt. Es kann auch der Bekannte sein, dessen Ansichten vollkommen von den Ihren abweichen und mit dem Sie sich einmal intensiver auseinandersetzen sollten. Suchen Sie nach Menschen, die sich einen anderen Weg zutrauen, die anders aussehen, die anders reden, die etwas anderes an sich haben. Gesunder Menschenverstand wäre perfekt, eine gute Bodenhaftung sollten diese Menschen mitbringen und das Bewusstsein dafür, dass es einen unsichtbaren Raum gibt, in dem Kräfte wirken können. Ohne jedes esoterische Brimborium. Am Ende sind das die Menschen, die mit Ihnen auf einer Wellenlänge liegen. Man muss jedoch lernen, diese zu finden. Das bedeutet Arbeit. Und weil das menschliche Gehirn so angelegt ist, dass wir uns so wenig wie möglich Arbeit machen wollen, suchen wir nach Abkürzungen. Nach jemandem, der den Zauberstab schwingt, und plötzlich weiß man wie ein Universalgenie alles, kann alles. Da das aber nicht geschieht und weil alles so mühsam erscheint, entscheiden wir uns dafür, so zu tun, als ob wir etwas wüssten. Wir denken: Ach was, die anderen kochen auch nur mit Wasser, also muss ich es nicht besser können. Die perfekte Rechtfertigung. Die aber leider verhindert, dass wir uns ausgiebig mit einer Sache beschäftigen. Wunderbar, es gibt doch Wikipedia! Warum sich anstrengen?

Doch erst wenn Informationen nicht nur verarbeitet, sondern auch von uns angewendet werden, kann man von einem wirklichen Wissen sprechen. Das Aufschlagen und Lesen einer Zeitung bedeuten noch längst nicht, dass man sich in einem Thema auskennt.

Bei den Schlangenmenschen, die ich im Varieté kennengelernt habe, war es nicht anders. Eine Frau konnte ihre Beine zwei Mal ums Ohr wickeln, eine andere um den Hals. Hätte mir das einer vorher erzählt, ich hätte es nicht geglaubt. Aber die beiden Frauen haben so lange trainiert, bis sie es konnten. Der menschliche Körper ist zu weit mehr in der Lage, als wir uns gemeinhin vorstellen.

Heute haben wir alle in unseren Handys einen Fotoapparat. Sehen wir etwas Besonderes, machen wir schnell einen Schnappschuss und gehen dann weiter. Alexander von Humboldt unternahm seine Expeditionen noch ohne Kamera. Wollte er ein Bild von einem Vulkan mit nach Hause nehmen, musste er sich stundenlang vor diesen setzen und ihn wirklich studieren, um ein möglichst genaues Abbild davon zu zeichnen. Er hat viel Zeit dafür investiert, aber er hat am Ende den Vulkan »erfahren«, sich mit allen Sinnen mit ihm auseinandergesetzt. Er hat ihn in sich und am Ende auch auf seinem Skizzenblock visualisiert. Um Visualisierung, Sinnlichkeit und Erfahrbarkeit geht es mir auch in meinen Shows.

Im Zen-Buddhismus wird gezeigt, dass man es in einer Sache zur Meisterschaft bringen kann, wenn man sich ihr voll und ganz verschreibt. Kennt man sich auf einem Gebiet aus, wird das Leben rund, dann wird man auch über andere Bereiche nicht nur oberflächlich urteilen. Es gibt eine Aussage in der Zen-Philosophie, die mir in diesem Zusammenhang sehr gut gefällt: »Selbst wenn du ein Leben lang nur den einen Arm hochhältst, kannst du Erleuchtung erlangen. Denn du weißt, wie es sich anfühlt, nach einem Jahr, nach fünf Jahren, nach zwanzig Jahren. Du kannst es genau erzählen, weil du es gemacht hast.«

Jetzt interessiert Sie bestimmt noch eine Frage: Und was wäre geschehen, wenn ich mit meinem »Toresehen« falsch gelegen hätte? Ich hätte gelacht. Denn wie sagt man so schön: Die Weisheit und das Lachen bilden eine Einheit.

Ich glaube kaum, dass mein Leben ruiniert gewesen wäre. Wenn überhaupt, so hätte man sich zwei Wochen lang marktschreierisch darüber ausgelassen und versucht, meinen Ruf als Gedankenleser kaputt zu machen. Dann aber wäre alles vergessen gewesen. Viel wichtiger war, wie gesagt, der Mut. Ich hatte die Aufgabe übernommen und war ins Stadion gekommen.

Nicht wenige Menschen haben Angst, dass sie, wenn sie etwas Ungewohntes anpacken müssen, versagen könnten. Aber ein Versagen kann auch seine guten Seiten haben, dann nämlich, wenn man anhand dessen herauszufinden versucht, was das für einen zu bedeuten hat. Wenn bei mir etwas nicht funktionierte, zeigte mir das jedes Mal, dass ich noch nicht den richtigen Weg gefunden hatte – gleichsam als Feedback.

Also: Einfach mal über Grenzen gehen und Neues ausprobieren! Natürlich sollen Sie dabei keinem anderen

Menschen schaden wollen. Aber das versteht sich ja von selbst. Sagen Sie sich, dass jeder Versuch, den Sie wagen, einen Nutzen hat, für Sie oder für Ihr Umfeld. Wenn Sie sich das klargemacht haben, können Sie keine Fehler begehen.

Werden Sie zum OBWOHL-Menschen. Und denken Sie immer daran: Wenn einmal ein Vorhaben nicht gelingt, lachen Sie darüber. Die wirklich lustigen Momente in unserem Leben sind diejenigen, die uns so richtig peinlich sind.

Alte Zaubersprüche
Immer wieder werde ich Sie in den einzelnen Kapiteln mit alten Zaubersprüchen bekannt machen. Sie sind als Spiel gedacht, denn das magische Denken ist nach wie vor in unseren Köpfen, nur ist uns dies oft nicht bewusst.

Doch in Wahrheit sind wir Meister im magischen Denken, es erzeugt Hoffnung und dadurch Möglichkeiten, Entwicklung. Auch in unserer modernen Gesellschaft wenden wir Tag für Tag das magische Denken an. Und wenn wir genauer hinsehen, erkennen wir vielleicht, dass sich zwar die Attribute der Magie geändert haben, nicht aber das zugrunde liegende Prinzip.

Wir glauben nicht mehr an den Himmel, sondern an den Erfolg. Federschmuck und Hautbemalungen sind Prada-Anzügen gewichen, um Eindruck zu schinden und Macht zu demonstrieren.

Wir beten keine Götter mehr an, sondern Celebrities. Ein Foto von ihnen oder ein Kleidungsstück kann uns in Hysterie verfallen lassen wie Gläubige einst eine Reliquie.

Beim Public Viewing schreien wir eine Großbildleinwand an, in der Hoffnung, dieses Schreien möge dafür sorgen, dass unsere Mannschaft, die Tausende von Kilometern entfernt Fußball spielt, ein Tor schießt.

Magisches Denken und Aberglaube sind eng miteinander verwoben. Aberglaube, das ist der irrationale Glaube daran, dass zukünftige Geschehnisse von einem bestimmten Verhalten beeinflusst werden, auch wenn keine direkte Verbindung besteht. Zwar glauben wir heute nicht mehr an die Wirkung der uralten Zaubersprüche, belächeln diese sogar, aber wir haben dafür neue erfunden. Die Symbole und die Sprache haben sich verändert, aber nicht unsere Motivation:

»Wenn ich jetzt hart arbeite, dann kann ich später all das machen, was mich wirklich glücklich macht und erfüllt.« Oder: »Je mehr Geld ich besitze, umso glücklicher bin ich.« Statt an Beschwörungsformeln und geheimnisvolle Ingredienzien glauben wir an die Slogans der Versicherungen und hoffen insgeheim, dass Geld und Investitionen in die Zukunft uns schützen und uns eines Tages Glück bescheren werden.

Die hier zitierten Sprüche sind alten griechischen Zauberpapyri entnommen, die Albrecht Dieterich im Sommer 1905 vor ausgewählten Mitgliedern des Heidelberger Oberseminars auf geheimniskrämerische Weise zum Thema machte. Das Seminar trug den Decknamen: »Ausgewählte Stücke aus griechischen Papyri«. Das Wort »Zauber« wurde bewusst weggelassen, denn es war damals für einen Altphilologen nicht ratsam, sich öffentlich zur Beschäftigung mit derartigen Zeugnissen »ungebildeter Volksschichten« zu bekennen, die Aberglauben zum Inhalt hatten und denen der Name »Literatur« nicht zukam. Die meisten dieser Zauberhandlungen werden auf das 5. Jahrhundert n. Chr. datiert. Es handelt sich dabei um historisch verbürgte Texte, die uns einen tiefen Einblick in das magische Denken der Antike gewähren. Ins Deutsche übersetzt wurden sie 1928 durch den Altphilologen Karl Preisendanz.

Unfehlbares Mittel, unsichtbar zu werden:
»Nimm das Fett oder das Auge einer Nachteule und die Pille eine (sic) Sonnenkäfers und etwas Öl von grünen Beeren, reib alles fein und salbe deinen ganzen Körper und sprich nach der Sonne zu: ›Ich beschwöre dich bei dem großen Namen (…).‹ Mach es flüssig und sprich darüber: ›Mach mich unsichtbar, Herrscher Helios, vor jedem Menschen bis Sonnenuntergang (…).‹«

[Karl Preisendanz (Hg.): Papyri Graecae Magicae. München/Leipzig 2001, S. 13]

Denken Sie das Undenkbare – Lernen Sie, Gedanken zu lesen

»Können Sie wirklich Gedanken lesen?« Das werde ich immer wieder gefragt, und meine Antwort fällt stets gleich aus: »Ja, das kann ich. Es ist noch viel schöner, ich kann Ihre Gedanken fühlen.« Dennoch hat meine Methode nichts mit Übersinnlichem zu tun.

Ich bin ein großer Fan der Scharlatane, die ab Mitte des 18. Jahrhunderts in England auftauchten. Dies waren Frauen und Männer, die die Salons der höheren Kreise aufsuchten, um dort Séancen und spiritistische Sitzungen abzuhalten, und ihre »übersinnlichen« Fähigkeiten auf elegante Art und Weise demonstrierten. Ich habe alle Bücher, die ich nur bekommen konnte, über sie gekauft, um mir ihre geheimen Techniken und Methoden oftmals in kleinster Puzzlearbeit anzueignen. Ich habe sogar ihre Originalrequisiten gesammelt, Gegenstände, die sie bei ihren Inszenierungen verwendeten und mit denen sie ihr Publikum zum Staunen brachten. Mit denen sie angeblich »Geister« sichtbar machen konnten und die Zuschauer von ihren Fähigkeiten überzeugten.

Natürlich arbeite ich auf der Bühne ebenfalls mit einer gehörigen Portion Dramaturgie und Illusion, mit Inszenierung und Ästhetik, denn ohne diese Dinge kommt kein gutes Theater zustande. Dabei liegen meinen Auftritten Fähigkeiten zugrunde, die ich mir im Laufe der Jahre angeeignet habe. Mit ihrer Hilfe überschreite ich die Grenzen des real Machbaren, breche mit den Konventionen des Vorstellbaren und fordere meine Zuschauer heraus, an ihrem eigenen Verstand zu zweifeln.

Ich demonstriere, wie ich mit den Fingerspitzen sehe und in den Gedanken eines Menschen lese wie in einem offenen Buch. Habe ich deswegen übersinnliche Fähigkeiten? Nein, definitiv nicht. Im Gegenteil. Wir alle leben in einer übernatürlichen Welt, und die Aufgabe dieses Buches ist es, das Übernatürliche zu unseren natürlichen Sinnen zu führen.

Vielleicht hat aber auch der Schweizer Moderator Dieter Moor recht, der in einer Sendung, in der ich zu Gast war, behauptete: »Herr Becker, vielleicht besitzen Sie ja doch übersinnliche Fähigkeiten und sagen nur, Sie hätten keine, um Ihre Ruhe vor uns allen zu haben.« Wer weiß …

In Kontakt mit unseren Gedanken

Das Gedankenlesen ist ein uraltes Handwerk, das zum ersten Mal im 18. Jahrhundert in Amerika öffentlich vorgeführt wurde. Danach fand es als unterhaltsames Spiel unter dem Namen *The Willing Game* in den englischen Salons Eingang. Und jeder, der heute mithilfe des Gedankenlesens einmal eine verborgene Stecknadel gefunden hat, weiß um die Faszination dieser Technik.

Sosehr Gedankenlesen in unserer modernen Gesellschaft an den Rand gedrängt wird, es ist Sinnlichkeit pur. Es hat sich nämlich gezeigt, dass jeder Gedanke eine Bewegung auslöst, dass unser Körper unseren Gedanken folgt. Jede emotionale Erregung, alle Freude, jedes Glücksgefühl sind körperlich erfahrbar. Und mit dieser Erkenntnis lässt sich das angeblich so große Mirakel des Gedankenlesens ganz natürlich erklären.

Wenn Sie das Wagnis eingehen, sich mit dieser Kunst zu beschäftigen, kann ich Ihnen eine Menge Vorteile garantieren: Gedankenlesen schult Ihre Intuition, Ihre Menschlichkeit – Sie müssen sich bei Ihrem Tun voll und ganz auf eine andere Person einlassen – und damit verbunden auch Ihre Empathie. Damit Sie erfolgreich sind, müssen Sie aber ein paar Vorbedingungen mitbringen: Sie sollten offen sein für neue Erfahrungen, die Menschen grundsätzlich lieben und keine Angst vor Berührungen haben. Mit anderen Worten: Für Sie darf es eigentlich keine Grenze des Erfahrbaren geben. Wenn Sie sich darauf einlassen, haben Sie das Beste, was man benötigt, um auf allen Ebenen des Menschseins die eigenen Fähigkeiten im Miteinander auszubauen.

Vergessen Sie jedes Kommunikationsmodell, das Ihnen sogenannte Erfolgstrainer verkaufen wollen. Vergessen Sie bitte jeden, der Ihnen wie ein Autoverkäufer ein psychologisches Allheilmittel schmackhaft machen will. Beim Gedankenlesen werden Sie spielerisch gefordert, da ist Ihre Phantasie gefragt, Ihr poetisches Talent. Das Leben ist Theater: Füllen Sie es mit Schönheit, und spielen Sie mit Freude, so wie wir als Kinder gespielt haben. Betreten Sie die Bühne, und stellen Sie sich vor.

Das Gedankenlesen ist eine Strategie der Sinne. In der Kampfkunst können Sie lernen, einen Gegner mit taktischen Maßnahmen zu schlagen. In der Gedankenlesekunst, die genauso ausgeklügelt ist, geht es jedoch nicht um Sieg und Eroberung von Terrain, sondern um ganze andere Werte: Mitmenschlichkeit, Phantasie und die Entwicklung von Visionen für einen anderen Umgang mit der Welt. Und gerade in unseren Zeiten, in denen nur zu deutlich wird, dass einzig Gemeinsinn, auch Gemeinsinn mit der Natur, eine Chance für ein Weiterleben der Menschheit auf diesem Planeten bietet, kann das Gedankenlesen zu neuen Perspektiven führen. Wenn sie denn überhaupt neu sind und nicht immer wieder nur vergessen wurden. Durch allzu rationales Denken an die Seite gedrängt. Vielleicht trage ich da ein wenig zu dick auf. Aber ich mag, wie Sie wissen, die Übertreibung.

Man muss beim Gedankenlesen jedoch keineswegs in so großen und weltbewegenden Dimensionen denken. Sie können mit dieser Technik auch einfach nur Ihren Alltag lustiger gestalten. Gedankenlesen ist nämlich auch eine Form, Geschichten weiterzugeben, selbst Geschichten zu erfahren und zu kreieren. Begegnungen mit dem Skurrilen, Wunderbaren und Seltsamen hervorzulocken. Ohne dies gäbe es keine Magie, gäbe es nichts, von dem wir erzählen könnten.

Lesen Sie selbst Gedanken, meine Gedanken in diesem Buch und die Ihrer Mitmenschen. Die Grundzüge sind schnell zu erlernen. Gut, ich gebe zu: relativ schnell. Ein bisschen Übung braucht es schon. Und vor allem Leidenschaft.

Ein Traum
(Frei nach Dschuang Dsi)

Aufgewacht aus einem Traum,
Geträumt, ich könnte fliegen.
Als winzig kleiner Schmetterling,
Vom Winde angetrieben.
Doch bin ich Mensch, der davon träumt,
   ein Schmetterling zu sein,
Oder bin ich Schmetterling, der träumt,
   ein Mensch zu sein?

Fangen wir an!
Es ist schwer für mich, Sie mir vorzustellen. Ich habe Sie noch nie gesehen, nie Ihre Stimme gehört, nie Ihren Händedruck oder Ihre Umarmung gespürt. Ich kenne nicht Ihren Gang, Ihren Augenaufschlag. Ich habe Ihnen noch nie beim Atmen zugehört oder Sie nach Ihrer Lieblingsmusik gefragt. Wir sind noch nie gemeinsam ausgegangen, haben gelacht und uns betrunken. Ich habe nie für Sie gekämpft, nie meinen Kopf für Sie riskiert. Kenne nicht Ihr geheimes Leben, die Welten, die Sie in Ihrem Kopf erschaffen haben, die Sie antreiben, mag kommen, was will, ohne Rücksicht auf Verluste.

Was machen Sie gerade? Sitzen Sie in einem Zug, und am Fenster fliegt das Leben vorbei? Häuser. Straßen. Autos. Die Farben wechseln von Grau auf Grün, von Laternengelb zu tiefem Schwarz. Liegen Sie in einer Hängematte am Strand, vor Ihnen das weite Meer, die Zeit haben Sie längst abgeschafft? Oder genießen Sie die Aussicht von einem Berg, den Sie gerade mit Ihrer ganzen Körperkraft bezwungen haben?

Ich weiß es nicht.

Ich weiß nicht einmal, ob Sie existieren. Ich kann Sie nicht beweisen.

Was mir bleibt, ist allein meine Vorstellungskraft. Nur mit dieser Kraft kann ich Sie erschaffen, Sie zu meiner Wahrheit machen, zu meiner Realität. Jetzt, genau in diesem Moment. In meinem Kopf, in meinem Herzen. Auf diesen Seiten.

So, jetzt sehe ich Sie vor mir. Ein Augenpaar, die Hände, zwei Beine mit Füßen. Eine Lunge zum Atmen, ein Geist mit Flügeln, ein eigenes Gehirn zum Denken, Fragen und Neugierigsein. Sie sitzen direkt vor mir. Meine Schöpfung, das Werk meiner Phantasie. Wie der Zauberer Merlin seine

Nimue erschaffen hat, so habe ich Sie erschaffen, meinen geheimnisvollen Gefährten auf diesen Seiten.

Sie sind der beste Beweis dafür, dass wir unserer Vorstellungskraft vertrauen können. Dass wir diesem Gefühl in unserem Hinterkopf vertrauen können, das uns heimlich zuflüstert, dass da mehr sein muss, als unsere Sinne uns jetzt gerade verraten wollen. Es ist das Vertrauen in eine Existenz, die in diesem Augenblick nicht fassbar, aber dennoch vorhanden, spürbar, erlebbar ist.

Sie existieren für mich, obwohl wir uns vielleicht nie begegnen werden.

Also: Glauben Sie – wenn vielleicht auch nur für diese Seiten – an das Unsichtbare. Glauben Sie an Magie!

Machen Sie die ersten Testversuche. Dabei geht es immer um sogenannte Richtungsexperimente. Exakt: Beim Gedankenlesen geht es um die richtige Richtung. Und das ist ganz körperlich gemeint. Die Vorstellung, dass wir einen Gedanken von einem Gehirn zu einem anderen transferieren können, hat, wie erwähnt, nicht nur etwas mit unseren fünf Sinnen – oder gar mit unserem sechsten – zu tun, sondern mit der Tatsache, dass ein Gedanke, den wir denken, eine Bewegung in uns auslöst. Aus diesem Grund hat man anfangs auch nicht von Gedankenlesen gesprochen, sondern von »Gedankenfühlen«, einem Fühlen von kleinsten Muskelbewegungen.

Das klang natürlich nicht wirklich geheimnisvoll, schon gar nicht in den gesellschaftlichen Kreisen, in denen man sich damals gern mit dieser Tätigkeit beschäftigte, also in adligen oder bürgerlichen Zirkeln. Bei Muskeln dachte man an die starken Männer auf den Jahrmärkten in ihren eng anliegenden Trikots, die nichts verbargen. Das sah man sich gern an, blickte auch zweimal hin, angezogen von dieser körperlichen Kraft. Im eigenen Salon aber sollte nichts davon zu spüren sein, das wäre nicht anständig gewesen.

Dabei haben Muskelbewegungen im Sinne des Gedankenlesens wenig mit dem Stemmen von Gewichten zu tun. Es kommt vielmehr auf minimalste Veränderungen kleinster Muskeln an. Einzig durch diese erhält der Gedankenleser die gewünschte Botschaft.

Versuchen Sie eine Richtung zu erspüren
Bitten Sie einen Freund oder eine Freundin, sich neben Sie zu stellen. Jetzt fordern Sie die Person dazu auf, mit einer Hand Ihren Unterarm zu umfassen. Nicht zu vorsichtig. Richtig fest, und zwar mit der ganzen Hand. Ihr Arm kann einiges aushalten, und Sie brauchen einen wirklich spürbaren Kontakt. Dann sagen Sie zu Ihrem Mitspieler: »Denk an eine Richtung, links, rechts, vorne oder hinten. Beweg dich nicht dabei, denk einfach nur die Richtung, für die du dich entschieden hast. Wirklich nur denken.«

Bewegen Sie Ihren Körper ganz leicht in alle Richtungen und versuchen Sie dabei zu spüren, in welche Richtung der andere denkt. Das verlangt einige Übung, doch mit der Zeit werden Sie die Unterschiede fühlen. Die kleinsten Muskelbewegungen in der Hand des Mitspielers sagen Ihnen, ob er nach vorne, nach hinten, nach links oder rechts gedacht hat. Machen Sie dann einen Schritt in die Richtung, die Sie erspürt haben. Fortgeschrittene können den »Zupacker« auch dazu auffordern, in Gedanken einen längeren Weg zu gehen.

Sie selbst spüren am Arm, dass die »denkende« Hand nach einem ganz bestimmten Muster vorgeht. Wenn es nach links gehen soll, dann fühlt es sich *so* an, ist rechts angesagt, dann reagiert der Körper auf ganz andere Weise.

Wenn Sie es nicht bei einem Versuchskandidaten belassen, sondern mehrere bitten, nacheinander Ihren Unterarm zu ergreifen, können Sie feststellen, dass die einen sich verkrampfen, wenn sie an eine Richtung denken müssen – da kann man sich glatt nur im Kreis drehen. Andere schubsen einen gedanklich geradezu nach vorne, und wieder andere führen so perfekt nach links oder rechts, als hätten sie in einem vorhergehenden Leben als Blindenhund gearbeitet. Ein wahres Vergnügen.

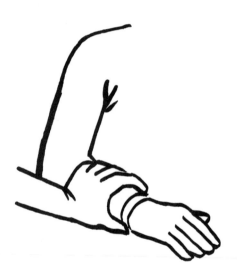

Dieses Nachspüren wird für Sie anfangs etwas schwierig sein. Aber stellen Sie sich vor, wie es war, als Sie Fahrradfahren lernten. Es dauerte, bis Sie heraus hatten, wie es funktioniert, bis Sie wussten, wie man den Lenker halten muss, um nach links oder rechts zu kommen. Doch wer das erst einmal beherrscht, verliert diese Fertigkeiten nie mehr. Aus einer bewussten Anstrengung wurde ein unterbewusstes Wissen. Wenn Sie heute Fahrrad fahren, muss sich Ihr Bewusstsein nicht mehr um das Gleichgewicht kümmern oder die Richtung beobachten, in die Sie fahren wollen. Ihr Unterbewusstsein übernimmt die wichtigen Tätigkeiten automatisch – Sie können sich nahezu entspannt von Ihrem Unterbewussten lenken lassen. Denken Sie daran, dass wir viele solcher Automatismen in uns haben: Autofahren, Atmen, Handgriffe im Alltag und im Berufsleben. Vertrauen Sie auf Ihr Unterbewusstsein. Wenn Sie die Übung des Gedankenlesens häufig genug wiederholen, wird es auch das Erspüren von gedanklichen Muskelbewegungen für Sie übernehmen. Dann stehen Sie voll in Kontakt mit Ihrem Inneren. Und je mehr Sie üben, umso virtuoser werden Sie, umso schneller kommen Sie an den Gedanken eines anderen Menschen heran.

Im Grunde werden Sie durch die Gedanken der Person geführt, die diese für Sie im wahrsten Sinne des Wortes maskiert hat. Und wenn es am Anfang nur ein Links oder ein Rechts ist, ein Ja oder ein Nein.

Die Übung des Kontaktgedankenlesens bietet aber noch viel mehr. Sie ist dazu geeignet, Menschen besser kennenzulernen – über ihre Muskelbewegungen. Sie werden erfahren, dass es manchmal nicht einfach ist, sich auf einen Mitmenschen einzustellen – das körperliche Auspendeln der Richtung ist letztlich nichts anderes, als genau dies zu tun –, da jeder anders auf Ihre Aufforderung reagiert, an eine Richtung zu denken.

Zu Beginn des Gedankenlesens ist es wichtig, Ihr Gegenüber in einen Zustand entspannter Ruhe zu bringen. Der Betreffende soll sich auf genau die Handlung konzentrieren, die Sie ihm vorgeben, soll sich nicht ablenken lassen oder an eine andere Handlung denken. Das ist notwendig, um diesen Prozess, der zwischen Ihnen ablaufen soll, auch aufzubauen. Machen Sie dem Mitspieler klar, dass es immer um eine gemeinsame Trance und die Fokussierung auf ein gemeinsames Ziel geht.

Dazu gehört ein weiteres Richtungsexperiment, Schritt Nummer zwei.

Wenn Ihr Mitspieler noch ausreichend Konzentrationskraft hat, fassen Sie nun ihn an, am besten mit beiden Händen. Fordern Sie ihn dann auf, die Augen zu schließen. Sagen Sie: »Stell dir vor, wir sind in einer großen Seifenblase. Nur wir beide. Alles andere um dich herum ist vergessen. Mit jedem Ausatmen entspannst du dich, mit jedem Wort von mir entspannst du dich. Gut. Nun konzentrierst du dich nur in Gedanken auf die Richtung, in die du gehen willst.«

Da Sie Ihr Gegenüber und seine Muskelbewegungen kennen, werden Sie, wenn die Person wirklich auf eine Richtung fokussiert ist, genau spüren, ob sie nach links, rechts oder nach vorne gehen will – anhand der einzelnen, langsam vertrauten Bewegungen, die die Gedanken Ihres Mitspielers in dessen Körper auslösen. Aufgrund der körperlichen Reaktionen wissen Sie, wohin die Reise gehen wird. Warten Sie daher stets die gedankliche Reaktion Ihres Gegenübers ab. Raten Sie nie! Das ist ein Befehl, eine Notwendigkeit, um ein guter Gedankenleser zu werden. Warten Sie immer, bis sich die Zeichen einstellen. Verlieren Sie nicht die Geduld.

Sie sind erstaunt? Sie hätten nicht angenommen, dass ein anderer Mensch beim Denken so körperlich reagiert? Als ich das zum ersten Mal las, dachte ich auch, das kann nicht stimmen, da will mir einer etwas weismachen. Der Mensch agiert beim Reden mit den Händen, mit den Augen, aber dass sich sein ganzer Körper bewegt, jeder kleinste Muskel, das hätte ich glattweg abgestritten. Doch wenn Sie diese Übungen ausprobieren, merken Sie, dass es sich genau so verhält und dass diese »verräterischen« Muskelkontraktionen – sie sind auch am Kopf zu spüren, an der Schulter, auf der Stirn – nicht kontrollierbar sind. Selbst wenn sich jemand noch so sehr bemüht, jede körperliche Reaktion zu unterdrücken, es wird ihm nicht gelingen. Kein Mensch kann seine geheimsten Gedanken verbergen. Auch wenn man sich dagegen stemmt, bewusst etwas anderes denken will, um den anderen in die Irre zu führen, so sind selbst das wieder Gedanken, die gelesen werden können.

Und finden Sie es nicht spannend, gemeinsam einen Gedanken zu denken? Diese Verbundenheit ist ein Einssein – und schult ungemein das Gefühl für die Menschen um uns herum.

Fordern Sie jeden willigen Mitspieler dazu auf, Meereswellen auf ein Blatt Papier zu malen, aber nur in Gedanken. Schauen Sie sich dabei genau die Augen Ihres Gegenübers an. Bei manchen Menschen, nicht allen, werden Sie feststellen, dass sie in Gedanken einen Pinsel in die Hand nehmen und genau die von Ihnen gewünschten Meereswellen auf ein imaginäres Blatt Papier malen – und zwar mit den Augen. Sie gehen hoch und runter, geradezu im Takt der Brandung.

Diese Bewegung ist sogar noch besser bei geschlossenen Augen unter den Lidern zu beobachten. Wir malen dann mit unseren Pupillen. Und gleichzeitig ist auch der gesamte Körper mit involviert und vollzieht entsprechende Bewegungen. Je mehr Sie dies mit anderen üben und dabei genau hinschauen, umso klarer werden Ihnen die gedanklichen Abläufe Ihrer Mitmenschen.

Bringen Sie eine Person dazu, sich intensiv an eine bedrohliche Situation zu erinnern. Sehen Sie genau hin. Was entdecken Sie? Die Körperhaltung ändert sich ganz allmählich. Es ist nicht zu verkennen, dass die Person sich bei diesem Gedanken unwohl fühlt. Würden Sie Ihrem Mitspieler Zeit lassen, sich mit diesem Gedanken länger zu beschäftigen, und würden Sie dann seinen Puls fühlen, Sie würden feststellen, dass er schneller als sonst schlägt, wahrscheinlich vor Wut. Auch die Haut kann sich dadurch anders anfühlen, sie schwitzt mehr, ist längst nicht mehr so trocken wie noch vor einer Minute.

Denken Sie immer daran: Je entspannter die Person, mit der Sie diese Experimente machen, je fokussierter sie auf ihren Gedanken ist, umso deutlicher sind die Reaktionen, die Sie lesen können.

Das ist nur ein kleiner Vorgeschmack auf das psychologische Gedankenlesen, bei dem Sie nicht mehr darauf angewiesen sind, mit dem anderen in direkten Kontakt zu treten. Das vollkommene Sicheinlassen auf den anderen ist auch im täglichen Leben von Bedeutung. Es ist eine gute Methode zu erkennen, was beispielsweise Ihr Chef Ihnen eigentlich sagt, obwohl er mit seinen Worten etwas Gegenteiliges zum Ausdruck bringt. Und sind Sie selbst Chef, so schulen Sie sich darin zu erkennen, was Ihre Mitarbeiter Ihnen wirklich sagen möchten.

4 Auf dem Weg in die richtige Richtung – Experimente mit Gegenständen

Sind Sie schon richtig neugierig geworden? Wollen Sie mehr übers Gedankenlesen wissen? Ich will Sie nicht aufhalten.

Also zurück zu den Richtungsexperimenten, die die Basis bei der Kunst des Gedankenlesens bilden. Das Austesten von Richtungen, an die gedacht werden, können Sie nun unterschiedlich variieren. Sie können Ihrem Gegenüber zum Beispiel sagen, dass er oder sie an einen von sechs Stühlen denken soll, die um einen Tisch herumstehen. Je mehr Sie auf die Muskelbewegungen Ihres Mitspielers achten, desto zielstrebiger werden Sie auf einen Stuhl zusteuern. Sie können Ihren Freund oder Ihre Freundin auch bitten, in dem Raum an eine bestimmte Ecke zu denken. Wahrscheinlich ist es die direkt neben der Tür. Oder doch nicht? Spüren Sie dem nach, was der andere denkt. Wahrscheinlichkeit spielt bei diesem Phänomen keine Rolle, sondern nur das tatsächliche Gefühl, das Sie von Ihrem Gedankenlesepartner übermittelt bekommen.

Seien Sie nicht enttäuscht, wenn es nicht gleich klappt. Es wird gelingen. Es muss gelingen: Sie müssen nur überzeugt davon sein. Wie bei vielen anderen Dingen im Leben braucht es Zeit, bis man das beherrscht. Keiner kann mit ein, zwei Trainingsläufen den Weltrekord auf einer Sprintstrecke brechen oder nach ein paar Unterrichtsstunden im Zeichnen besser mit dem Pinsel umgehen als Picasso.

Wenn Sie beim Üben nicht nachlassen, sich der Sache voll verschreiben, werden Sie eine ganz besondere Erfahrung machen. Eine, die auch jeder gute Rockmusiker, der die Bühne betritt, kennt. In dem Moment, in dem er zu spielen beginnt, denkt er nicht darüber nach, was vorher am Tag war oder was die Nacht noch bringen wird, wenn die Show vorbei ist. Er ist ganz bei der Musik, die er gleich spielen wird. Es geht ihm allein darum, wie dieser eine Song zu spielen ist, dann der nächste ... Er absolviert gleichsam eine Meditation, widmet seine gesamte Achtsamkeit dem Augenblick. Der Musiker denkt auch nicht mehr darüber nach, wie er die Finger auf der Gitarre bewegen muss, das geschieht automatisch, dafür hat er jahrelang geübt. Und dieses automatische Handeln ist ein Phänomen, das beim Gedankenlesen ausgenutzt wird. Wissenschaftler nennen das Flow.

Sie fragen sich jetzt vielleicht, wie Sie das Gedankenlesen üben sollen. Zu Hause, allein vorm Spiegel, macht das natürlich keinen Sinn, da Sie immer einen Partner brauchen, dessen Gedanken Sie lesen können, am besten sogar viele Mitspieler. Mein Tipp: Richten Sie eine Party aus, laden Sie Gäste ein. Erzählen Sie von dem Phänomen, das Sie gerade in diesem Buch gelesen haben und das Sie einmal mit einigen der Anwesenden ausprobieren möchten. Sollte es dann nicht funktionieren, schieben Sie die Schuld ruhig auf mich. Ich kann das ab.

Probieren Sie sich auch auf jeder Feier aus, die Sie besuchen. Sie werden sehen, wie schnell Sie ein Gefühl für die Kunst des Gedankenlesens bekommen. Nur Mut!

Für den Prozess, den wir beim Gedankenlesen nutzen, gibt es einen Begriff aus der Psychologie: ideomotorischer Effekt, auch Carpenter-Effekt genannt. Demnach führt das Denken an eine bestimmte Bewegung zu deren Ausführung. Das gilt auch für die körperliche Reaktion auf das Sehen. Ihre Augen sehen, wie ein Objekt auf Sie zugeflogen kommt, und Ihr Körper reagiert mit einem unterbewusst gesteuerten Ausweichmanöver. Sie sitzen in einem Sportstadion und beobachten, wie die Zuschauer eine »La Ola«-Welle machen. Ohne dass Sie es bewusst steuern, sind Sie plötzlich ein Teil von ihr. Sie erheben sich zum richtigen Zeitpunkt von Ihrem Platz und reißen die Arme hoch, ohne dass Ihnen jemand den Befehl dazu gibt.

Erstmals wurde der ideomotorische Effekt 1852 von dem Engländer William Benjamin Carpenter beschrieben. Der Naturwissenschaftler und Physiologe wies nach, dass dieser Effekt nicht nur für unwillkürliche Bewegungen und Handlungen zutrifft, sondern auch für Gefühle und Vorstellungen. Den Sitz dieser Fähigkeit machte der Brite im Thalamus aus, jenem Teil des Gehirns, von dem wir heute wissen, dass er von den Sinnesorganen eingehende Informationen zunächst einmal filtert, bevor sie an die zuständigen Stellen weitergeleitet werden. Jedenfalls konnte man sich durch Carpenters Erkenntnisse erklären, wie okkulte Praktiken, etwa Pendeln, Gläserrücken oder Wünschelruten, funktionieren. So geschieht bei den »Pendlern« oder »Gläserrückern« nichts anderes als das Sichtbarmachen von Unbewusstem. Richtig umgesetzt, kann dieses Sichtbarmachen unseres Unbewusstseins einen Weisheit spendenden Effekt haben.

Wir können durch das Sichtbarmachen unseres Unterbewusstseins Antworten auf unsere Fragen bekommen, ähnlich einem Orakel. Der Unterschied hierbei ist der, dass wir eben nicht ein Orakel aufsuchen, sondern unser »inneres Orakel« befragen. Und wer sollte uns besser kennen als unser Inneres? Aber dazu später noch mehr. Was Sie sich in

Bezug auf das Pendeln oder Gläserrücken nur klarmachen sollten: Es gibt keine externe unsichtbare Kraft, die das Glas oder das Pendel bewegt. Es ist unser eigenes Denken, unser ganz eigenes Unterbewusstsein.

Der amerikanische Psychologe George Miller hat herausgefunden, dass die Kapazität unseres Bewusstseins für die Aufnahme von Informationen begrenzt ist, und zwar auf 7 plus/minus 2. (Ein Beispiel: Von neun Zahlen merken sich viele Menschen sieben Zahlen, manche jedoch zwei weniger, also nur fünf Zahlen.) Unser Unterbewusstsein dagegen kümmert sich um den ganzen Rest an Informationen, die in gigantischen Mengen in jeder Sekunde auf uns einprasseln. Genau deshalb ist unser Unbewusstes ein solch guter Ratgeber. Aber wie gesagt, davon später mehr.

Das Gedankenlesen ist nichts anderes als psychologisches Feingefühl. Und da Sie dieses täglich in Ihrem Leben benötigen, können Sie sich mit dieser Technik zu einem hervorragenden Menschenkenner ausbilden.

Jetzt wird es noch spannender!
Sie müssen eine Stecknadel finden
Richtungsexperimente mit der Nadel haben eine lange Tradition. Mitte des 19. Jahrhunderts ließ der Engländer James Randall Brown bei seinen Auftritten in verschiedensten Theatern irgendwo im Saal eine Stecknadel verstecken, die er dann am Abend in seiner Show entdeckte. Sein Assistent mit Namen Bishop schaute sich das Ganze ab – und ging selbst mit dieser Nummer auf Tournee. Bishop hatte wiederum einen Assistenten, der Newman hieß und es ihm gleichtat, und so brachten all diese Männer das Kontaktgedankenlesen, also das Gedankenlesen mit Berührung und den damit verbundenen Richtungsexperimenten, in Umlauf.

Aber wir sind nun im 21. Jahrhundert und beginnen die magische Suche nach der Stecknadel neu.

Sie geben der Person, die zu Ihrem Medium geworden ist, eine Stecknadel in die Hand, am besten eine mit einem bunten Kopf. Das stimmt einen gleich fröhlicher, wenn man sie findet. Dieser Ansicht bin ich jedenfalls. (Ein bisschen Herumspinnen kann nie schaden.)

Sie selbst gehen aus dem Zimmer, doch vorher bitten Sie die Versuchsperson, die Nadel irgendwo im Raum zu verstecken. Hat sie dies getan, dürfen Sie wieder eintreten. Bevor Sie mit der Suche anfangen, erklären Sie ihr, dass sie immer nur jeweils eine Richtung nach der anderen denken darf. Also zum Beispiel erst intensiv geradeaus, danach intensiv rechts, dann wieder intensiv geradeaus.

Dieses Experiment ist deshalb aufregend, weil die Aufgabe, die Sie sich gestellt haben – die Stecknadel zu finden –, nur erfüllt werden kann, wenn Sie den Weg in mehrere Abschnitte unterteilen. Stellen Sie sich verschiedene Kreise vor, die Sie nacheinander schließen wollen.

Nun können Sie beginnen. Lassen Sie Ihren Arm vom Medium umfassen und teilen Sie ihm mit, dass es die entscheidenden Aktionen – rechts, links, geradeaus – allein durch seine Imagination zu erledigen hat. Ohne gedankliche Konzentration auf den jeweiligen Streckenabschnitt geht nichts. Da werden keine Muskeln bewegt, und Sie können keinen Fuß vor den anderen setzen, um den Weg zur Stecknadel zu finden. Haben Sie die richtige Richtung eingeschlagen, dann soll Ihr Medium »Stopp« denken, sobald Sie vor dem Versteck der Nadel stehen. Sie werden nach und nach spüren, wann dieses Wort gedacht wird. Es fühlt sich wie ein Innehalten an. Aber bedenken Sie, jeder Mensch denkt in jeder Situation ein bisschen anders.

Nun haben Sie gespürt, dass die Person »Stopp« gedacht hat. Aha. Die Nadel befindet sich hier in der Nähe, doch noch ist längst nicht klar, ob sie auf dem Boden liegt, in der Polsterrille des Sessels oder oben in der Lampe. Wieder hilft nur eines: Die gedanklich führende Person, die immer noch Ihren Arm umfasst, muss Ihnen klare Anweisungen geben. Sie muss an oben, unten oder Mitte denken, während Sie mit Ihrer freien Hand die Richtungen abfahren, um auszutesten, auf welche sie sich gerade konzentriert. Ihr Medium soll nun Ihre freie Hand zum genauen Versteck hin denken – bis Sie die Stecknadel in genau dieser Hand halten.

Geübtere können einmal ausprobieren, ob sie Gedanken lesen können, wenn nicht eine Richtung angegeben wird, sondern die führende Person an den Gegenstand denkt, in oder auf dem sich die Stecknadel befindet. Ist es das Klavier, das sich in dem Raum befindet, muss sie konzentriert »Klavier« denken. Würde sie stattdessen Feuer denken und in dem Raum wäre ein Kamin, würde ich dorthin laufen.

Haben sich die Kreise für Sie geschlossen? Wahrscheinlich werden Sie sich am Anfang einige Male verlaufen, aber es ist auch für die Führungsperson nicht einfach, die nötige Klarheit der Gedanken zu bewahren. Deshalb sollten Sie sie immer wieder auffordern, deutlich zu denken und Ihnen gedanklich Befehle zu erteilen.

Aus diesem Grund achte ich auch stets darauf, ein Medium auszusuchen, das sich mit Lust und Feuereifer dieser Herausforderung stellt. Zu erkennen an lebhaften Augen, Aufmerksamkeit, großem Interesse. Sympathie. Wenn jemand es nicht wagt, Sie fest anzufassen, oder zusammenzuckt, wenn Sie ihn berühren, können Sie davon ausgehen, dass es in diesem Moment nicht gerade sein größter Wunsch ist, das Experiment möge gelingen. Vielleicht findet die Person es unangenehm, im Mittelpunkt zu stehen, oder zu seltsam, was Sie da treiben. Sorgen Sie dafür, dass die Person sich entspannt, und sagen Sie ihr, sie soll sich nur auf sich selbst und die gedachte Handlung konzentrieren. Wenn Sie den Eindruck haben, dass ein Versuchskandidat überhaupt nicht will, vergessen Sie ihn. Suchen Sie sich eine andere Person aus. Eine, der Sie vertrauen können, die versteht, dass zwischen Ihnen diese absolute Klarheit herrschen muss.

Durch das Gedankenlesen erfahren Sie mehr über sich selbst
Das Gedankenlesen ist kein Kampf, es ist ein gemeinsames Spiel. Machen Sie sich zum Werkzeug der Gedanken Ihres Mitspielers.

Wenn Sie bereit sind, dem zu folgen, was Ihr Gegenüber denkt, wenn Sie das zulassen, so lernen Sie, sich auf einen anderen einzustimmen und sich auf ihn zu verlassen. Bergsteiger müssen einander vertrauen, wenn sie die Eigernordwand bezwingen wollen. Paare, wenn ihre Liebe lebendig bleiben soll. Arbeitskollegen, wenn sie ein schwieriges Projekt nur in Teamwork bewältigen können.

Und überhaupt: Klare Strukturen sind wichtig für unseren entspannten Umgang miteinander. Und wenn man das zusammen einübt, kann man die verschiedensten Situationen meistern. Allein schon deshalb, weil Sie sie zulassen, auch wenn sie noch so befremdlich sind. Sich auf das Stecknadelexperiment eingelassen zu haben bedeutet nichts anderes, als etwas Befremdliches zu akzeptieren.

Auch ganz wichtig: Anhand dieses kleinen Experiments können wir lernen, dass es keine Fehler gibt, sondern nur Rückmeldungen. Wenn Sie merken, Sie tun gerade nicht das Richtige, laufen in die falsche Richtung, probieren Sie etwas anderes aus. Gehen Sie einen neuen Weg. Wenn Sie immer das Gleiche tun und den Fehler wiederholen, können Sie nicht auf neue Ergebnisse hoffen.

Durch das Auspendeln einer Richtung erfahren Sie, wie sehr Sie bei eigenen Entscheidungsprozessen Schwankungen unterliegen. Und sollten Sie in die falsche Richtung gelaufen sein, merken Sie, wie der andere tickt. Vielleicht will er gerade nicht mit Ihnen auf gleicher Wellenlänge sein. Ist auf Rückzug oder Streit und Konfrontation gebürstet und nicht auf Harmonie.

Ein kleines Gedankenleseexperiment bietet somit verschiedenste Möglichkeiten, mehr über andere und sich selbst herauszufinden. Dazu gehört die Erfahrung, dass es ein Ziel bei diesem Experiment gibt – das Finden der Stecknadel – und dass man dieses Ziel auch erreichen kann. Das mag nicht sofort beim ersten Anlauf gelingen, vielleicht aber beim zweiten. Und schon mal daran gedacht, dass es etwas Tolles ist, wenn man ein Ziel spielerisch erreicht, sich ihm in Etappen nähert? Das hat eine ganz andere Bedeutung, als wenn Sie sich nur auf das Endergebnis versteifen, ohne zwischendurch das Undenkbare zu denken. Ein Ziel zu erfühlen, das ist wirklich Magie!

Und die Magie wirkt auf beiden Seiten, beim Gedankenleser wie auch bei seinem Medium. Am Ende meines Aktes, bei dem ich eine Stecknadel in einem großen Theatersaal finde, bestärke ich den Denkenden immer mit dem Satz: »Wenn du es schaffst, nur durch die Kraft deiner Gedanken einen fremden Menschen zu einer winzig kleinen versteckten Nadel zu führen, dann kannst du jedes Ziel in deinem Leben erreichen.« Denn nichts anderes tun wir, wenn wir uns ein Ziel im Leben vornehmen. Wir müssen so fest daran glauben, so stark daran denken, dass es unser Umfeld spüren und miterleben kann. Dass unser Umfeld auf unseren Zielgedanken automatisch reagiert. Automatisch diesen Weg zu unserem abgesteckten Ziel mit uns geht. Das Gedankenlesen zu erlernen ist die beste Art und Weise, dieses Gefühl zu erleben und auf alle anderen Lebensbereiche anzuwenden. Beim Gedankenlesen erfahren wir, wie unser ganzer Körper, unser ganzes Verhalten anderen anzeigt, wo wir in unserem Leben hinwollen.

Stecken Sie Ihre Ziele aber nie zu hoch, es geht darum, kleine Kreise zu schließen. Wenn Sie das Gedankenlesen im Freundeskreis vorführen, sollte Ihr Plan nicht lauten: »Ich werde als Erstes eine Stecknadel finden.« Viel unverkrampfter ist es für Sie, wenn Sie sich einfach nur vornehmen, Ihren Freunden vom Gedankenfühlen zu erzählen, über das Sie hier gelesen haben. Wenn Sie dann auch noch eine Stecknadel finden, umso besser.

Versuchen Sie im Leben die großen Ziele durch kleine Schritte zu erreichen. Mit ihnen kommen Sie viel klarer und entspannter an. Und glauben Sie nicht, dass die kleinen Treppenstufen Sie nicht bis ganz nach oben führen. Gerade mit den kleinen Etappen gelingt es Ihnen, den großen Kreis zu schließen, mit einem soliden Fundament an Erfahrungen im Rücken.

Sie können es auch so sehen: Muskelbewegungen zu lesen ist eine Verkleinerung von großen Momenten. Natürlich können Sie damit keine verloren gegangenen Menschen wiederfinden oder einen verschwundenen wertvollen Gegenstand, denn dazu brauchten Sie einen Führer, der die Richtung kennt. Wer sagt, dass er nur kurz weggeht, um Zigaretten zu holen, und diese Gelegenheit nutzt, um völlig abzutauchen, muss nicht befürchten, dass er durch Gedankenlesen aufgestöbert wird.

Der große Moment ist das Finden der Stecknadel im Heuhaufen.

Gedächtnismittel
»Nimm hieratisches Papier und schreibe die vorliegenden Namen mit Hermestinte, und wenn du sie, wie angegeben, geschrieben hast, spüle sie ab in Quellwasser von sieben Quellen und trink es nüchtern sieben Tage lang, wenn der Mond im Osten ist; trink aber eine genügende Menge.

Was auf das Blatt geschrieben wird, ist das: (...). Wenn du das getan hast, spüle es ab und trink, wie angegeben. Hier ist auch die Zubereitung der Tinte: *Myrrha troglitis* vier Drachmen, karische Feigen drei; Kerne von nikolaischen Datteln sieben; unberegnete Fichtenzapfen sieben; Herzen von einschössigem Beifuß sieben; Federn vom Hermes-Ibis sieben, dazu Quellwasser. Das verbrenne, bereite es und schreib damit.«

[Karl Preisendanz (Hg.): Papyri Graecae Magicae. München/Leipzig 2001, S. 15]

5 Haben Sie Vertrauen –
und tauchen Sie mit Symbolen und
Bildern ins Unterbewusstsein ein

Jeder Gedanke ruft im Körper eine Reaktion hervor. Denken Sie an Albträume, die eine enorme Kraft haben: Man wird durch sie wach, man ist verschwitzt, hat wahrscheinlich tatsächlich Angst – obwohl man nur geträumt hat. Wenn Sie richtig in Kontakt mit Ihrem Unterbewusstsein gelangen möchten, müssen Sie in Symbolen denken. Symbole sind die Sprache des Traumes.

Dieses Symbolesehen trainieren Sie am besten mit einem schlichten Holzwürfel, auf dem sich statt der Zahlen von eins bis sechs Symbole befinden. Entwickelt wurden die Symbole in den Dreißigerjahren im Psychologielabor an der Duke University in Durham, North Carolina, und zwar von dem Assistenten Karl Zener. Mit diesen Symbolen wollte er zum ersten Mal ein System aufstellen, mit dem anhand von einfachen Bildern das Gedankenlesen wissenschaftlich erforscht werden sollte. Seine Ausgangsidee: Sieht man etwas an, verbindet man damit meist Gefühle. Gefühle aber sind komplex und lösen wiederum eine ganze Reihe an weiteren Gedanken und Gefühlen aus.

Für ihre Experimente suchten Zener und sein Psychologieprofessor Joseph Banks Rhine nun nach Symbolen, die völlig ohne jeden emotionalen Bezug waren. Den von ihnen konstruierten Würfel versahen sie dann mit einem fünfzackigen Stern, einem Kreis, einem Dreieck, drei Wellenlinien, einem Kreuz und dem Unendlichkeitssymbol. Denkt man an Liebe, kann man auch an Freundschaft denken, denkt man an ein Dreieck, kommt einem normalerweise kein Quadrat in den Sinn.

So einen Holzwürfel trage ich immer bei mir. Sitzen Sie zum Beispiel zusammen mit einem Freund oder einer Freundin in einem Lokal, können Sie Folgendes machen: Bitten Sie um eine saubere Tasse. Dann sagen Sie zu Ihrem Mitspieler, dass er sich von den sechs Symbolen des Würfels eines aussuchen soll. Danach soll er den Würfel mit der entsprechenden Seite nach oben unter die umgedrehte Tasse legen. Ihr Gegenüber soll nun wie in den Übungen zuvor Ihren Arm umfassen. Erklären Sie, dass Sie als Nächstes alle sechs Symbole aufzählen werden. Beim richtig genannten soll Ihr Freund in Gedanken »Stopp« rufen. Haben Sie dann alle Symbole nacheinander aufgesagt, können Sie Ihrem Gegenüber verraten, welches er sich ausgesucht hat. Vielleicht klappt auch dieses Spiel nicht auf Anhieb, aber je öfter Sie üben, desto besser merken Sie an bestimmten kleinen Veränderungen während der Berührung, wann er in Gedanken »Stopp« sagt.

Ähnlich gehen Sie bei einem zweiten Kontaktexperiment vor. Erneut hält Ihr Mitspieler Ihren Arm umfasst. Bitten Sie ihn, sich wieder ein Würfelsymbol auszusuchen. Danach fordern Sie ihn auf, sich eine weiße Leinwand vorzustellen, auf der er, ohne den Arm zu bewegen, dieses Symbol groß aufmalen soll. An den ersten Impulsen, die Sie von Ihrem Gegenüber empfangen, können Sie sehr genau spüren, welches Symbol auf die imaginäre Leinwand gepinselt wird. Bei jedem Zeichen ist der Druck des Arms anders. Auch wenn Ihr Gegenüber das weiß, so kann es sich doch nicht dagegen wehren, die entsprechenden Impulse auszusenden. Entscheidend für den Magier ist, den Mitspieler auszupendeln, was nichts anderes heißt, als dass dieser sich in einem Zustand der Ruhe befindet und keine irritierenden Signale ausstrahlt. Und das ist auch das Spannende am Würfel: Es hat nichts mit Austricksen zu tun, sondern ist echtes Gedankenlesen.

Bauen Sie Nähe zu Ihrem Mitspieler auf!
Wenn Sie diese beiden Spiele einer Person vorschlagen, die Sie daraufhin nur skeptisch anschaut, dann vergessen Sie sie. Sie wird nicht in Sekundenschnelle bereit sein, sich mit Ihnen auf dieses Abenteuer einzulassen. Neugierige Gespanntheit ist die beste Voraussetzung – danach wähle auch ich die Leute aus, die ich auf die Bühne bitte.

Das Gedankenlesen klappt auch nicht, wenn zwischen Magier und »Versuchsperson« keine Sympathie herrscht. Nun kann ich auf der Bühne aber keine tiefer gehenden Gespräche führen, damit mein Gegenüber mich kennenlernt und sagen kann: »Der Typ ist in Ordnung.« Es muss schnell gehen. Für den Aufbau einer Instant-Nähe gibt es jedoch ein paar kleine Tricks.

Wenn Sie sich beispielsweise über die aktuelle politische Lage unterhalten und Ihr Gegenüber sagt: »Ich musste gerade daran denken, wie todtraurig Frau Merkel immer guckt«, können Sie ihm beipflichten. Vielleicht antworten Sie: »Das ist ja verrückt, genau das Gleiche habe ich auch gerade gedacht.« Das muss nicht unbedingt stimmen, aber es führt sofort zu Vertrautheit.

Mir gelingt das Schaffen von Nähe auch durch die Gedichte, die poetischen Zeilen, die ich einsetze. Nun kann das in Ihrem Alltag vielleicht etwas verkrampft wirken, besonders dann, wenn Sie nicht darin geübt sind, sich als Dichter zu outen.

Meine Gedichte sind auch als Komplimente an die Zuschauer gedacht. Gehen Sie durch die Welt und verteilen Sie Komplimente: »Sie sind aber eine Alleskönnerin. Alle Achtung, wie Sie mit dem Werkzeugkasten umgehen!« – »Mensch, George Clooney könnte neidisch werden, wenn er Sie sieht!« Komplimente heben die Seele eines Menschen, er fühlt sich sofort besser. Zugleich bauen Sie eine Bindung zu der Person auf, der Sie schöne Worte gemacht haben – und die Sie in diesem Fall hoffentlich vollkommen ehrlich meinen.

Die Bindung wird noch intensiver, wenn Ihre Komplimente sich stärker auf Ihr Gegenüber beziehen. Sagen Sie zu jemandem: »Sie strahlen eine große Ruhe aus, in Ihrer Nähe fühlt man sich aufgehoben, ja, richtig geborgen«, sorgen Sie mit einer solchen Aussage nicht nur für ein gutes Gefühl. Sie zielen damit auch auf die Talente des anderen ab. Diese können vorhanden und schon sicht- oder fühlbar sein, sie können sich aber auch erst entwickeln.

Wenn ich Sie jetzt für fähig halte, Gedankenzulesen, dann werden Sie das auch können. Die Wahrscheinlichkeit ist jedenfalls sehr groß, wenn Sie selbst ein wenig mithelfen und nicht beim ersten Versuch, wenn nicht alles so gelingen sollte, wie Sie sich das vorstellen, gleich aufgeben. Ja, da wird Macht dazu benutzt, andere zu beeinflussen, aber in positivem Sinn – das ist also Weiße Magie.

Mein Hauptgeheimnis beim Gedankenlesen ist, wie schon gesagt, die Offenheit gegenüber Menschen. Und je mehr ich mich öffne, je mehr ich jemanden kommen lasse, umso mehr bekomme ich auch von der Person mit, mit der ich mich gerade beschäftige. Dabei bin ich mir bewusst, dass auch andere Gedanken Gefühle und Raum brauchen. Das wird auch Ihnen gelingen. Denn: Gedankenlesen ist gar nicht schwer. Eigentlich müssen wir nur jemandem ganz genau in die Augen schauen, um zu wissen, wie er sich gerade fühlt. Wir können das von Kind auf, aber wir sind meist viel zu sehr mit uns selbst oder mit den Dingen beschäftigt, die wir gerade tun, um unsere Mitmenschen wirklich noch wahrzunehmen.

Es gibt indianische Schamanen, die die Technik des Indie-Augen-Schauens besonders verinnerlicht haben. Sie sitzen einem Menschen gegenüber und sehen ihm eine Stunde lang in die Augen, ohne auch nur ein Wort zu sagen. Erst danach fangen sie an, dem anderen etwas aus seinem Leben zu erzählen. In dem amerikanischen Pseudoanimationsfilm *Waking Life* aus dem Jahr 2001 wird diese Methode thematisiert. Es ist die Geschichte eines jungen Mannes, der unterwegs auf einer Traumreise ist und in diesen Träumen Personen begegnet, die sich gegenseitig nur anschauen und sich erkennen. Die indianischen Schamanen sagen auch: »Ich muss dich erkennen.« Sie sehen in die Augen des anderen hinein, blicken durch sie hindurch – und erkennen Verknüpfungen. Sie denken darüber nach, was sie aus den Augen erfahren haben. Nicht von ungefähr nennen wir die Augen eines Menschen auch Fenster zur Seele.

Denken Sie daran: Mit jedem Blick erzählen wir eine Geschichte. Nehmen Sie sich Zeit für Ihre Mitmenschen, und betrachten Sie sie nicht als Konkurrenten oder Gefahr. Dann wird es spannend, denn jeder hat andere Geschichten zu berichten.

Eine weitere Methode, Nähe zu schaffen, ist der Gebrauch von Bildern und Symbolen in unserer Sprache. Wenn Sie einen anderen Menschen in Bildern beschreiben, ist das eine Einladung zur Veränderung. Eine Einladung dazu, einen wichtigen, starken Teil in ihm aufzuwecken. Ein Symbol oder eine Metapher zu verwenden kann eine Form des indirekten Ratschlags an den anderen sein. Während Menschen Ideen und Konzepte relativ schnell vergessen, brennt sich ein Symbol fest ins Unterbewusstsein ein. Das Symbol sollte immer visuell und suggestiv sein, einfach verständlich und logisch nachvollziehbar. Und es muss Sinn machen. Der Anker im Bauch wäre zum Beispiel ein Symbol mit unterstützender Assoziation, das dazu führt, dass der andere Ruhe in sich selbst findet. Silberne Flügel wären eine Metapher, um Stagnation zu vermeiden. Zu diesem metaphorischen beziehungsweise symbolischen Gedankenlesen erfahren Sie später noch mehr von mir.

Symbole unterstützen den Prozess der Veränderung, sind also Teil der Magie, meiner Magie. Ein Sinn dieser Magie ist ja der, anderen und sich selbst dabei zu helfen, angelernte Verhaltensweisen zu überwinden. Die Welt hat einfach mehr zu bieten, als wir denken, als wir uns gemeinhin vorstellen können. Wie gesagt: Magie kann sehr real sein.

Der Waldlauf
Um Träume Wirklichkeit werden zu lassen, kreierte ich auch den Waldlauf. Es begann damit, dass ich einen Film sah, an dessen Titel ich mich nicht mehr erinnern kann. In ihm ging es um Spieler, die sich die skurrilsten und auch nicht gerade ungefährliche Wetten ausdachten. Etwa diese: Ein Skorpion befindet sich in einer Kiste. Mehrere Männer sitzen um diese herum, abwechselnd halten sie für jeweils eine Minute ihre Hand hinein. Wer von dem Tier gestochen wird, scheidet aus. Derjenige, der übrig bleibt, ist der Gewinner. Die Skorpionwette fand ich gruselig, doch eine andere ging mir als Bild nicht mehr aus dem Kopf.

Fünf Leute rennen durch einen Wald, die Augen verbunden, die Hände auf dem Rücken gefesselt. In dem Wald stehen die Bäume dicht an dicht. Wer durchkommt, ohne sich zu verletzen, erhält eine bestimmte Summe. Aber sie müssen laufen, sie dürfen nicht gehen. Alle geben auf, mit gebrochenen Nasen und zerschundenen Stirnen. Einer schafft es, einer kommt durch. Für mich war das ein sensationelles Bild. Ich wollte das unbedingt für mich umsetzen.

»Bist du verrückt? Willst du dir ein zerkratztes Gesicht und eine gebrochene Nase holen?« Das waren die Reaktionen anderer auf meine Idee. Ich hingegen war überzeugt davon, dass ich durch einen dichten Wald laufen und trotz verbundener Augen die Bäume sehen konnte. Nein, eine zermatschte Nase und Blut, das mir übers Gesicht läuft, sollte es bei mir nicht geben.

»Ich krieg das hin«, sagte ich – und überzeugte mit dieser Haltung auch einen Fernsehsender, die Aktion mit der Kamera zu begleiten.

»Was brauchst du dafür?«, fragte der zuständige Redakteur.

»Mehrere Leute, die am Waldrand stehen, die Strecke von der Seite anschauen und ständig an die Bäume denken, die sie sehen. Ich versuche mich an diesen Außenblicken zu orientieren, selbst wenn meine Augen verbunden sind.«

Allein wollte ich nicht durch den Wald sprinten, ich brauchte wie im Film Gegner. Und die sollte ich auch bekommen: drei Studenten von der Sporthochschule Köln. Sicher konnten sie schneller laufen als ich, außerdem hatten sie noch einen anderen Vorteil: Sie durften sehenden Auges durchs Gehölz hechten. Einzig die Hände wurden ihnen ebenfalls auf dem Rücken zusammengebunden. Verschmitzt sahen mich die drahtigen Typen an. Ich wusste, was die dachten: Da kommt so einer mit ein bisschen Bauch und will es mit uns aufnehmen. Das wird ein Spaß! Ja, ja ...

Das ausgesuchte Waldgebiet lag in der Nähe von Köln. Die Strecke war ungefähr 150 Meter lang, Mischwald, viel Gestrüpp und Astwerk auf dem Boden. Drei Männer und zwei Frauen sollten am Waldrand meine Augen sein. Das Startsignal kam. Los ging es. Im Vergleich zu meinen Mitläufern lag ich anfangs gar nicht so schlecht, bis ich dann vor einem Baum stehen blieb. Wäre ich weitergerannt, so wäre ich tatsächlich heftig mit der deutschen Eiche zusammengestoßen. Mein Innehalten war mehr eine Ahnung gewesen denn ein Wissen. Abbruch der Aktion.

Zweiter Versuch. Und diesmal erreichte ich das Ziel ohne eine haarscharf verhinderte Kollision mit einem Baum. Meine »Seitenseher« hatten gute Arbeit geleistet. Klar, ich kam als Letzter an. Ich musste den Sportstudenten ja die Freude bereiten, dass sie mit ihren Mutmaßungen recht behalten hatten. Aber mir ging es bei dem Rennen nicht um Schnelligkeit, ich wollte unverletzt durchkommen, das war für mich der Kick. Die Action.

Und es war auch ein klasse Bild. Da sieht man jemanden mit verbundenen Augen durch einen dichten Wald mit reichlich Unterholz hechten, was schon für Menschen schwierig ist, die offenen Auges die Strecke bewältigen müssen. Es war für mich wie ein Gemälde von Salvador Dalí oder René Magritte, ein vollkommen surreales Bild, das dennoch in die Wirklichkeit umsetzbar ist.

Schluss mit negativen Gefühlen!
Gedankenlesen bedeutet, Vertrauen zu haben. In uns selbst, in den anderen. Aus diesem Vertrauen resultiert der Mut zur Veränderung, aus uns selbst heraus. Es gibt niemanden, der

uns diese Veränderung abnehmen kann. Kein Wahrsager, kein Therapeut. Doch wir können an uns selbst arbeiten, unser Vertrauen in uns und andere schulen. Menschenkenntnis schließt uns selbst mit ein. Je mehr wir uns selbst verstehen, desto mehr verstehen wir andere. Auch unser Gegenüber will einfach nur leben, und das möglichst glücklich und unbeschwert.

Und noch ein Tipp, wie Sie Ihre Menschenkenntnis, die ja für das Gedankenlesen entscheidend ist, vergrößern können: Legen Sie eine gewisse Konsequenz an den Tag, wenn Sie wiederholt merken, dass sich ein negatives Gefühl in Ihnen breitmachen will. Ziehen Sie unter dieses Gefühl einfach einen Schlussstrich. Es macht keinen Sinn, wenn Sie sich etwa für einen begangenen Fehler immer wieder verteidigen wollen oder einem anderen Menschen die Schuld dafür geben. Wenn Sie jemand verletzt und Sie sich aufregen, steckt die ganze Wut nur in Ihnen – der andere hat sich ja mit seinem Verhalten ausgetobt. Für den ist das gegessen, der denkt keine Sekunde mehr darüber nach, was er Ihnen angetan hat. Der Einzige, der sich wirklich noch Gedanken darüber macht, das sind Sie.

Ich kann nicht behaupten, dass ich bibelfest bin, aber eine Stelle hat mich sehr beeindruckt. Jene nämlich, bei der Jesus während seiner Bergpredigt sagt: »Setzt euch nicht zur Wehr gegen den, der euch Böses tut. Wenn dich jemand auf die rechte Wange schlägt, dann halt ihm auch die linke hin.« (Matthäus 5,38) Was nicht bedeutet, dass Sie alles passiv hinnehmen sollen. Sie sollten Ihre Menschenrechte immer verteidigen. Was aber heißt: Will man seinen Seelenfrieden finden, muss man denjenigen, der einem Gemeines zufügt, erst recht lieben.

Diese Weisheit kommt in vielen Religionen vor, und mich

erstaunt immer wieder, dass jede Generation sie neu entdecken muss. Denn: Wenn es Ihnen seit Jahren beruflich nicht gut geht, reicht es auch nicht, morgens aufzustehen, zum Chef zu gehen und ihm zu sagen: »Ich liebe dich.« Es hilft Ihnen nur, wenn Sie morgens aufstehen, zu Ihrem Chef gehen, ihm sagen: »Ich liebe dich«, und ihm gleichzeitig das Kündigungsschreiben überreichen.

Sich einer unguten Situation zu entziehen kann auch eine wunderbare Handlung sein. Je länger Sie sich in einer Situation befinden, in der Sie sich nicht wohlfühlen, umso mehr erfüllte Lebenszeit stehlen Sie sich. Eine Kündigung ist mit Existenzängsten verbunden, aber wenn Sie kein Vertrauen haben, dass sich bestimmte Sachen von selbst regeln, werden Sie ständig verkrampfter, auch im Umgang mit anderen Menschen. Ohne Vertrauen fühlen Sie sich immer getriebener.

Je mehr Sie Zwänge in sich spüren, diese selbst aufbauen und vergrößern, desto eher kann es passieren, dass Sie insgeheim nach dem Zauberstab verlangen. Ich mache einmal Simsalabim – und im nächsten Augenblick ist mein Problem weg. Die Sehnsucht danach ist groß, aber so funktioniert Leben nicht. Man muss sich selbst bewusst machen, was mit einem und um einen herum passiert. Man darf nicht gefangen bleiben in dem, was andere einem über diese Welt gesagt haben. Stattdessen: hinterfragen und den Blickwinkel wechseln. Und wenn Offenheit überhaupt nicht mehr weiterhilft, dann haben Sie in dieser speziellen Situation auch nichts mehr verloren. Hören Sie nicht auf zu handeln, rennen Sie aber auch nicht wie Don Quichotte gegen die Windmühlen an. Wenn Sie Ihren Kopf gegen die Wand schlagen, wird immer die Wand gewinnen.

Nach buddhistischer Auffassung ist alles richtig, was

einem widerfährt. Auch trägt der Mensch schon alles in sich, um zur Erkenntnis zu kommen. Im Grunde müsste man gar keinen Weg zurücklegen, um zu dieser zu gelangen, aber da man sich leider mit Dingen beschäftigt, die einem überhaupt nicht entsprechen, sich in negative Stresssituationen begibt, gestaltet sich die Sache eben doch kompliziert. Obwohl jeder nach dem einfachen Weg sucht, gibt es in dieser Hinsicht anscheinend keine Abkürzungen.

Die meisten tun sich schwer, »Ich liebe dich« zu sagen, besonders dann, wenn es sich nicht um den Beziehungspartner handelt. Eher gebraucht man die Worte: »Ich mag dich«, auch wenn es nicht so zutreffend ist. »Ich liebe dich« wäre die Wahrheit, aber bei ihr zu bleiben und ihr auch zu vertrauen fällt schwer. Es kommt einem vor, als würde man ein wenig übers Ziel hinausschießen, möglicherweise die Leute zum Nachdenken bringen. Und das wagt kaum einer. Lieber soll alles vor sich hinplätschern.

DER HEILIGE AUGENBLICK

Dieses Ritual befähigt Sie, die Menschen an Ihrer Seite zu erkennen.
Voll und ganz in diesen Menschen zu versinken.
Mit unserem Blick und mit unserem Dasein.
Wir werden in diesem heiligen Moment eins mit ihnen.

Das Ritual selbst ist ganz einfach und wird immer nur zu zweit gespielt: Suchen Sie sich einen ruhigen Ort aus. Nichts sollte Sie von Ihrem Partner ablenken.

Setzen Sie sich einander gegenüber und schauen Sie sich in die Augen. Halten Sie den Blick für mindestens zehn Minuten, noch besser wären dreißig Minuten. Natürlich dürfen Sie zwischendurch blinzeln, aber schauen Sie nicht weg. Tauchen Sie ein in die Augen Ihres Gegenübers.

Lassen Sie jeden Gedanken zu, der sich während dieser Zeit in Ihren Kopf drängt. Erleben Sie den Gedanken für einen kurzen Augenblick, dann lassen Sie ihn wieder weiterziehen. Er ist in diesem Moment nicht wichtig, er kann ruhig vergessen werden. Alles, was zählt, ist der Mensch vor Ihnen, dem Sie gerade in die Augen schauen.

Seien Sie versichert, es wird sich automatisch eine Gedankenstille einstellen. Sie sind dann nur noch in den Augen Ihres Gegenübers. Erspüren Sie Ihren Partner mit Ihren Augen, durch seine Augen. Konzentrieren Sie sich nur auf das, was die Augen Ihres Gegenübers zu Ihnen sagen, was diese Augen Ihnen zu erzählen haben.

Seien Sie ganz bei Ihrem Partner.

Sie spüren dann irgendwann etwas, das man als das Göttliche im Menschen bezeichnen könnte. Sie erkennen ihn und sich selbst im Einssein. Sie werden zu einer Einheit und erblicken und erspüren das Wesen, das wir alle sind.

Pure, wunderschöne Existenz.

Dann, nach mindestens zehn Minuten, beginnen Sie den Blick nach und nach zu lösen, indem Sie sich rückwärts voneinander entfernen. Halten Sie aber noch den Blick! Wenn Sie drei große Schritte rückwärts gemacht haben, drehen Sie sich – wieder langsam – beide gegen den Uhrzeigersinn um, sodass Sie mit dem Rücken zueinander stehen. Verweilen Sie sechzig Sekunden in dieser Position. Schließen Sie Ihre Augen und sammeln Sie sich wieder. Kehren Sie zurück, zu sich. Zu Ihrem Selbstbewusstsein. Nennen Sie in Gedanken dreimal Ihren Vornamen und öffnen Sie danach Ihre Augen.

Sie können dieses Ritual mit jedem Menschen spielen, der Ihnen wichtig ist und dem Sie etwas Gutes tun wollen. Das muss also nicht nur Ihr Partner sein. Ich habe es mir zur Aufgabe gemacht, diesen Augenblick mit so vielen Menschen wie möglich zu teilen. Tun Sie es mir gleich. Gestalten Sie für die Menschen, die Sie lieben, einen heiligen Augenblick.

6 Zweimal quer durch Berlin – oder wie Gedankenlesen das Selbstbewusstsein stärkt

Wenn man eine Stecknadel in einem Raum finden kann, warum dann nicht auch in einer Stadt? In einer großen Stadt. Ganz vermessen dachte ich: Es muss doch möglich sein, beispielsweise in Berlin eine Stecknadel zu finden. Das würde zwar etwas länger dauern, aber interessant stellte ich mir die Aufgabe allemal vor. Zu dem Zeitpunkt hatte ich schon einige Fernsehauftritte gehabt, und so konnte ich den Privatsender RTL davon überzeugen, mich bei dieser Herausforderung zu begleiten.

Das Fernsehteam, ein Notar und ich trafen uns an einem Vormittag im Jahr 2006 am Brandenburger Tor, von dort aus sollte die Suche starten. Damals lebte ich noch nicht lange in der Hauptstadt, konnte also nicht behaupten, dass ich Berlin so gut kennen würde, um die sprichwörtliche Stecknadel im Heuhaufen auf Anhieb zu finden. Aber ich hatte diese Stadt ausgesucht, weil es in ihr eine lange Tradition des Gedankenlesens gibt. Und das Stecknadelexperiment einmal in dieser Dimension öffentlich zu machen war schon immer ein großer Traum von mir gewesen.

Der Notar hatte die Funktion, genau aufzupassen, dass da keine geheimen Absprachen liefen, immerhin ging es ja um einen äußerst unscheinbaren Gegenstand. Misstrauisch betrachtete er mich, es war ihm sichtlich nicht geheuer, einem

Magier notariell beglaubigen zu müssen, dass es bei dessen Experiment mit rechten Dingen zuging.

»Kann ich die Person aussuchen, die die Stecknadel in der Stadt deponieren soll?«, fragte er.

»Selbstverständlich«, antwortete ich. »Der Platz hier vor dem Brandenburger Tor ist voller Menschen. Wählen Sie aus, wen Sie wollen. Den älteren Mann dort, den Jugendlichen mit den in den Knien hängenden Jeans und der Baseballkappe oder die Dame im blauen Etuikleid.«

Der Mann sprach keinen von diesen Passanten an. Klar, dahinter konnte sich eine geheime Verschwörung verbergen. Meine gesamte Familie, alle Freunde hätte ich bestellt haben können, um vor dem Brandenburger Tor zu flanieren. Der Notar schaute über all diese Personen hinweg – wenigstens tat er so – und entschied sich schließlich für ein Paar in etwas größerer Entfernung. Ich sprach die beiden an, erklärte das Experiment. Die Frau war sofort bereit, die Stecknadel mit dem roten Kopf zu verstecken. Als sie sich auf den Weg machte und in der Menge verschwand, blieb der Mann bei mir. Reden durfte ich nicht mit ihm, denn seine Frau konnte ihm etwas gesteckt haben, also schwiegen wir uns an – und warteten. Endlos. Die Frau kam und kam nicht zurück. Wahrscheinlich ist sie bis ans andere Ende von Berlin gefahren, dachte ich. Das wird wirklich spannend.

Dann tauchte sie doch noch in Begleitung des Fernsehteams wieder auf. Der Notar stellte sich vor mich hin und sagte: »Wenn Sie das jetzt schaffen, wenn Sie die Stecknadel finden, erhalten Sie von mir eine Beglaubigung, dass Sie Gedanken lesen können. Sie standen hier die ganze Zeit herum und haben mit niemandem ein Wort gewechselt. Woher sollen Sie wissen, wo die Nadel ist?«

Da hatte er recht.

»Okay, dann fangen wir mal an«, sagte ich.

Ich legte die Hand der Frau auf meine Schulter, um Kontakt zu haben, und sie erhielt die Anweisung, die ganze Zeit an den Ort zu denken, wo sie die Nadel versteckt hatte. Sie sollte sich dabei eine visuelle Vorstellung von ihm machen, damit ich ein Bild vor Augen bekam. Das ist eine weitere Technik, an die Gedanken anderer Menschen heranzukommen, und zwar über eine Metapher (davon später mehr).

Anfangs irrte ich ein bisschen umher, bekam ich doch kaum Kontakt zu meinem Medium. Durch die plötzliche Konfrontation mit einer derartigen Aufgabe und die uns begleitenden Kameras war sie viel zu aufgeregt, als dass ich eindeutige Signale von ihr empfangen hätte. Aber nach und nach verstärkte sich der Eindruck in mir, dass ich mich auf sie eingeschwungen hatte. Bald herrschte ein Gefühl von absoluter Sicherheit. Ich musste irgendwann einfach nur noch gehen. Ich war wie ferngesteuert. In diesem Moment konnte ich sie auch loslassen. Ich lief dann nur noch vor ihr her und versuchte die Richtung zu erfühlen.

Die Suche führte uns einmal quer durch den Ostteil von Berlin. Eine große Strecke bewältigten wir zu Fuß, eine andere mit einem Taxi, da wusste ich, dass es eine Zeit lang nur geradeaus gehen würde. Wir fuhren auch eine Station mit der S-Bahn. Ich konzentrierte mich nur auf die Richtung, nahm nichts anderes wirklich wahr, und schließlich, nach vielen Umwegen, befanden wir uns auf dem Alexanderplatz. Plötzlich blieb ich stehen und dachte: Mensch, hier bin ich richtig. Ich fasste die Frau noch einmal an, um mich einzustimmen, um sie richtig zu »messen«, zu kalibrieren. Das ist eine Form von Trance, bei der die Impulse stärker werden. Schließlich stand ich vor dem Fernsehturm. Toll, überlegte ich, die Nadel konnte oben auf der Aussichtsplattform sein oder am Fuß des Turmes. Wieder kalibrieren. Oben, unten, links, rechts. Auf einmal lief ich auf einen Pfeiler neben dem Fernsehturm zu. Und tatsächlich: Die Nadel mit dem roten Kopf verbarg sich in einer Silikonschicht, genau dort, wo sie ungefähr zwei Stunden zuvor von der Frau versteckt worden war.

»Das gibt es doch gar nicht!«, rief ich aus, selbst überrascht, dass ich diesen Ort gefunden hatte.

Der Notar schaute mich nicht minder irritiert an.

»Können Sie sich das erklären?«, fragte er.

»Nein, nicht wirklich«, erwiderte ich ehrlich. »Bis zu einem bestimmten Punkt verwende ich eine Technik, danach wird es aber auch für mich nicht mehr nachvollziehbar.«

Oder war das nur ein Trick, was ich da sagte? Eine Methode, wie sie Scharlatane anwenden, wenn sie behaupten, sie wüssten selbst nicht, wie ihnen dieses unglaubliche Experiment gelang? Nein. Es gibt beim Gedankenlesen wirklich einen Punkt, den ich nicht rational erklären kann. Dieses Phänomen entsteht nur durchs Machen, durch die ständige Wiederholung.

Mit einem kleinen Lächeln überreichte er mir zum Schluss meine notariell beglaubigte Urkunde. Ich vermute mal, dass ich weltweit der einzige Gedankenleser bin, der eine solche besitzt.

3. Ausfertigung

Urkundenrolle-Nr. 76/2006

Diese Urkunde ist durchweg einseitig beschrieben.

[Unterschrift Notar]

Tatsachenfeststellung

Auf Ersuchen der

i & u Information und Unterhaltung TV Produktion GmbH, Hohenzollernring 89-93 in 50672 Köln, Herrn Redakteur Stefan Euler,

begab sich der unterzeichnende Notar

Detlef Häusler, Fasanenstraße 68 in 10719 Berlin,

am 18. November 2006 um 10.00 Uhr in das Café Starbucks, Pariser Platz am Brandenburger Tor.

Nach vorheriger Abstimmung mit der Notarkammer Berlin, Herrn Geschäftsführer Peter M. Gläser, habe ich mich, der Notar, bereit erklärt, im Rahmen einer Tatsachenfeststellung für den nachfolgend dargestellten Sachverhalt mitzuwirken:

Meine Aufgabe war es, den sogenannten Mentalmagier

Herrn Jan Becker, geboren am ▮▮▮▮ wohnhaft ▮▮▮▮ ▮▮▮▮ in ▮▮ Berlin

zu begleiten, der folgende Behauptung aufstellte:

Eine von ihm wahllos auf dem Pariser Platz Berlin angesprochene Zielperson verstecke eine Stecknadel im Raum Berlin und er würde diese Nadel finden, ohne hierüber verbalen Kontakt mit der Zielperson über den Ort des Verstecks zu haben.

Meine Aufgabe beschränkte sich auf die Tatsachenfeststellung, dass zwischen der Zielperson

Frau Simone L. geboren am ▮▮▮ wohnhaft ▮▮▮ in ▮▮▮ Berlin

und Herrn Jan Becker keine verbale Kommunikation über den Verbleib der Nadel erfolgt ist.

Mir wurde gegen 10.15 Uhr eine Stecknadel mit einem roten Kopf übergeben, die ich geprüft habe und festgestellt habe, dass Manipulationen an dieser Stecknadel nicht vorhanden waren.

Diese Stecknadel wurde alsdann von der Zielperson in Begleitung des Fernsehteams des Radio Television Luxemburg und dem Redakteur der i & u Information und Unterhaltung TV Produktion GmbH, Herrn Stefan Euler, im Land Berlin versteckt.

Mir war der Ort des Versteckes nicht bekannt, ich hatte die Aufgabe den Mentalmagier, Herrn Jan Becker und die Zielperson, Frau Simone L. zu begleiten, um jegliche verbale Kommunikation über den Verbleib der Nadel auszuschließen.

Dieser Aufgabe bin ich auftragsgemäß nachgekommen und kann hiermit bestätigen, dass es verbale Kommunikationen zwischen der Zielperson, Frau Simone L. und dem Mentalmagier, Jan Becker über den Ort des Verstecks der Nadel nicht gegeben hat.

Die Suche begann am Pariser Platz vor dem Café Starbucks um 11.50 Uhr und endete mit dem Auffinden der Nadel am Alexanderplatz an einem Betonpfeiler um 12.41 Uhr.

Feststellungen, die auf eine Manipulation hätten schließen können, konnte ich nicht treffen.

Berlin, den 18. November 2006

Notar

L.S.

Ein ähnliches Experiment unternahm ich später am Berliner Hauptbahnhof. Mitarbeiter eines anderen Privatsenders sprachen dabei ankommende Reisende an. Schließlich war eine junge Frau bereit, sich von mir nach Hause bringen zu lassen – ohne dass ich ihre Adresse kannte. Ihre Aufgabe bestand einzig darin, an den Ort zu denken, wo sie wohnte.

Einen Großteil der Strecke fuhren wir mit dem Taxi, wobei es dieses Mal nicht eine lange gerade Straße entlangging, sondern viele Abbiegungen nötig waren. Der Taxifahrer war zum Glück gut drauf, er lachte immer, wenn ich ihm wieder die nächsten hundert Meter angab, aber den Zielort nicht nennen konnte. Ich stand dabei permanent in Kontakt mit der Dame, das heißt, ich hielt sie am Arm. Zum Schluss ließ ich den Taxifahrer am Arkonaplatz halten. Wir stiegen aus, und ich schaute mich um. Der Arkonaplatz ist ein lang gezogenes Rechteck, und in diesem Augenblick wusste ich, dass es geradeaus ging. Ich konnte die Dame loslassen, ich musste sie nicht mehr berühren, um den Weg zu erspüren. Durch den langen Körperkontakt mit der Frau hatte ein Energieaustausch stattgefunden, der mich nun leitete. Zuerst dachte ich daran, mich an ihren Füßen zu orientieren, aber trotz aller Augenwinkelverrenkungen konnte ich nichts erkennen, die Frau lief zu weit hinter mir.

Halt! Ich stand vor einem Gebäude mit einem großen U-förmigen Eingang. Den passierte ich, dann ging ich weiter in den Hof, bis zu einem Hauseingang. Zuvor hatte die Dame mir noch ihren Schlüssel gegeben. Der passte, die Tür ließ sich öffnen. Ich muss noch in den dritten Stock hinauf, dachte ich. Oben blieb ich vor einer bestimmten Wohnungstür stehen, obwohl es drei identisch aussehende gab. Erneut konnte ich sie problemlos aufschließen.

Hatte ich das in meinem Hinterkopf gespürt? Am Rücken?

Es blieb wie beim Stecknadelexperiment ein Rätsel. Noch verwunderter war aber die junge Frau. Sie war mehr oder weniger aus dem Nichts heraus damit konfrontiert worden, dass ihr jemand sagte, was sie gedacht hatte.

Mit beiden Frauen hatte ich das Glück gehabt, dass sie offen waren für diese Erfahrung, spontan reagierten und Spaß am gemeinsamen Spiel mit dem sogenannten Übersinnlichen hatten. Beide konnte ich zwischenzeitlich nach einem Anfangskontakt loslassen, sodass das physiologische Gedankenlesen durch das unerklärbare abgelöst wurde.

Zwischen mir und den mir ansonsten völlig unbekannten Frauen hatte sich eine Empathie entwickelt, die es mir ermöglichte, ihre Gedanken zu lesen, in diesem Fall die Richtungen, in die sie gehen wollten. Das ist eine Möglichkeit, meinen Geist nach einer Energie zu richten. Man könnte sagen: Dorthin, worauf ich meinen Geist richte, fließt auch meine Energie, nach links, rechts oder geradeaus. Geradezu automatisch. Mein Körper folgt der Wärme, die er spürt. Sie können sich das auch als Kopfkino vorstellen. Sie fühlen sich gut, sind glücklich, Ihnen wird heiß, wenn Sie sich eine Liebesszene vorstellen oder in einem Film sehen. Sie fangen an zu frösteln, wenn Sie etwas Unangenehmes imaginieren.

Wie auch immer: Gedankenlesen auf dieser Ebene ist eine seltsame Empfindung, als wären Grenzen niedergerissen, Fallen gesprengt worden. Und je mehr ich mich mit Menschen beschäftige, desto möglicher wird es, mit ihnen weitere Strecken zu gehen. Und umso mehr Selbstbewusstsein habe ich gewonnen.

Jahreszeiten
Die Blume schweigt.
Rosafarben ist dieser Frühling.
Ohne zu denken, spielt die Musik des Windes
 in den Bäumen
Ihre wunderschöne Melodie.
Die Blume leuchtet.
Blau ist dieser Sommer.
Ohne zu denken, hält sich die Sonne lachend
 ihren dicken Bauch.
Die Libelle schwebt leicht über dem klaren Wasser.
Die Blume träumt.
Goldfarben ist dieser Herbst.
Ohne zu denken, ruft der Wind alle Namen.
Im Tal küsst ein Buchenblatt zärtlich die Erde.
Die Blume durchbricht die Illusion.
Lila ist dieser Winter.
Ohne zu denken, spiegeln Kristalle dein Gesicht.
Der Schnee knirscht bei jedem Schritt.
Wiedergeburt

Das Gedankenlesen kann Ihnen Halt geben
Ich atme jetzt ein, hole tief Luft und puste mit den folgenden Worten einen Bewusstseinsschwall zu Ihnen, Gefährte: Dieses scheinbar unerklärliche Wissen ist ein Wissen über uns Menschen. Früher sagte man über einige Personen, sie hätten ein »drittes Auge«, obwohl es nichts anderes war als gesammelte Erfahrung durch kontinuierliches Beobachten. Sie hatten eine Ahnung davon, was gleich passieren würde. Ein ähnliches Gefühl hatte ich bei den Experimenten mit den beiden Frauen. Und so ähnlich empfinden auch Kinder im Spiel, wenn sie vorherbestimmen, wie ihr »Feind« gleich

reagieren wird, ob er als Cowboy oder Indianer »tot« zu Boden fallen muss. Man spielt diese Spiele immer mit denselben Freunden, und von daher erahnt man intuitiv, wie der Junge, der sonst neben einem die Schulbank drückt, als Gegner einzuschätzen ist.

Menschen, die dieses »dritte Auge« in sich spüren, haben oft Angst vor ihrem Wissen, versuchen es sich regelrecht abzutrainieren, um nicht mehr mit all diesen ungewöhnlichen Sinneswahrnehmungen konfrontiert zu werden. Das ist schade, denn sie klammern viel aus ihrem Leben aus. Auch eine magische Orientierung in einem Raum, in der Umgebung, in der man sich befindet. Auf dieses Abenteuer zu verzichten heißt, auf eine Menge Phantasie im Leben zu verzichten. Was aber auch heißt, dass das wahre, das bunte Leben als einziges großes Sicherheitsrisiko empfunden wird. Jede Unwägbarkeit, jede andere Denkmöglichkeit versuchen wir auszuschalten in dem Bemühen, nicht vom Weg abzukommen. Dadurch verkümmert unsere Neugier, und wir liefern uns der Ödnis eines durchorganisierten und wenig spielerischen Lebens aus. Schon Odysseus hatte sich an den Mast seines Schiffes fesseln lassen, um sich nicht vom Gesang der Sirenen zu Dingen verleiten zu lassen, die er nicht wollte.

Das Gedankenlesen hat mir die Augen dafür geöffnet, trotz einer ungewissen Zukunft mich nicht dem Neuen und Fremden zu verschließen. Nur so kann es gelingen, das Leben von einer spannenden Seite kennenzulernen, einer, die in ihrer Unvorhersehbarkeit letztlich auch wieder vorhersehbar ist. Das Gedankenlesen ist etwas, das uns Halt geben kann. Aber keinen festen, denn das, was wir meinen, im Griff zu haben, kann sich schon im nächsten Moment wieder ändern. Es ist eher aufgrund seiner spielerischen

Möglichkeiten eine Kunstform, die, auch wenn sich alles ändert – der Arbeitsplatz geht verloren, der Partner verliebt sich in einen anderen Menschen, eine nahestehende Person erkrankt an einer kaum heilbaren Krankheit –, letztlich gleich bleibt. Das Leben ist Veränderung, und es geht darum, Veränderungen anzunehmen, sich nicht gegen sie zu wehren.

Odysseus, dieser antike Held, hatte sich nur für einen Moment an den Schiffsmast fesseln lassen. Nachdem er die Sirenen überstanden hatte, sah er Grenzsituationen ins Auge, ließ sich auf Befremdliches ein. Ich würde sagen, er ließ sich auf die Erfahrungen der Magie ein. Wenn Sie versuchen, die Phantasie aus Ihrem Leben zu verbannen, wird es Ihnen nie gelingen, der Routine Ihres Alltags zu entkommen, aus der Sie doch schon immer auszubrechen wünschten. Wenn Sie so leben, als wäre alles vorherbestimmt, wenn Sie glauben, einen bestimmten Plan erfüllen zu wollen, dann werden Sie die Erfahrung machen, dass Ihnen alles mehr und mehr oberflächlich erscheint. Es ist ein Leben auf Sparflamme. Ohne den Kick, den Thrill des Andersartigen ist das Leben so praktisch, stabil und wenig inspirierend wie ein Billy-Regal.

Vermutlich fällt es Ihnen schwer, sich dem magischen Denken hinzugeben. Zu begreifen, welchen Herausforderungen Sie sich stellen können, wenn Sie sich dem Ungewissen, dem vielleicht Unerklärlichen ausliefern, vielleicht auch dem kaum Aushaltbaren wie dem dritten Auge. Fangen Sie wieder zu spielen an, entdecken Sie eine neue Qualität in Ihrem Leben, und Sie werden merken: Nie wieder wird Ihnen etwas trostlos erscheinen – schon deshalb nicht, weil Sie Ihrem Dasein faszinierende Wendungen geben können. Rufen Sie nicht nach einem Therapeuten, einem Coach, einem Berater, finden Sie den Magier in sich selbst. Dieser Rat klingt vielleicht erst einmal nach einem großen Versprechen, aber im Grunde ist er das nicht – er ist einfach aus einem Weg erwachsen, den ich eingeschlagen habe und bei dem ich mich zum Magischen angestiftet habe.

Wieder atme ich ein und langsam aus.

Rituale
Das, was ich bislang mit Ihnen, was ich mit den zwei Frauen in Berlin gemacht habe, ist nichts anderes als ein gemeinsames Spielen. Dieses Spielen dient vordergründig keinem höheren Zweck, als Ihnen zu zeigen, in welche Richtung jemand denkt, welchen Stuhl man gerade ins Auge gefasst hat, ob die Stecknadel vor einer Klaviertaste liegt oder auf dem Kaminsims. Aber dieses Spiel gibt Ihnen genau den Mut, der notwendig ist, um der Magie zu vertrauen, sich selbst zu vertrauen. Im Grunde ist das nichts anderes als ein Ritual.

Rituale sind für mich dazu da, unser Leben mit spielerischer Poesie zu füllen und Hoffnung zu schenken. Sie sind ein wunderbares Mittel zur Veränderung, da sie den Menschen aus seiner alltäglichen Routine herausheben.

Ein ganz wichtiges Ritual für mehr Selbstvertrauen ist das, welches ich »Engelsflügel« genannt habe. Es zeigt Ihnen, dass Sie ganz bewusst steuern können, was Sie ausstrahlen. Wenn Sie selbst davon überzeugt sind, dass Sie ein Engel mit zwei Flügeln sind, dann wird das auch bei all den Leuten, die Ihnen unterwegs begegnen, so ankommen. Die werden vielleicht nicht denken, dass Sie ein Engel sind, aber in ihrem Unterbewusstsein werden sie es wahrnehmen, spüren.

Aha? Noch irritiert? Sie fragen sich: In welche Regionen heben wir denn jetzt ab? Das müssen Sie nicht. Wir haben volle Bodenhaftung. Doch nicht durch die Beschneidung unserer Möglichkeiten, sondern durch die Übertreibung gelangen wir zur Reflexion, zum Verständnis unseres Ichs.

Nach und nach werden Sie begreifen, dass ein Magier, ein Gedankenleser, ein Wundermacher neben seinen nachvollziehbaren und erklärbaren Techniken auch einige Rituale beherrschen sollte, will er sich wirklich in der Welt des Phantastischen zu Hause fühlen.

Im Irdischen kann das Phantastische uns erheben, es kann aber auch ganz schlicht aussehen. So können Sie, weil das Ritual der Engelsflügel eine positive Form der Kommunikation ist, damit etwas erreichen, was Ihnen bislang unvorstellbar erschien: Sie können im Restaurant noch für den morgigen Abend einen Tisch bekommen, obwohl es seit Wochen ausgebucht ist. Sie können mit einer Frau oder einem Mann ausgehen, obwohl Sie gedacht hätten, dass er oder sie niemals zustimmen würde. Es gelingt Ihnen sogar, nicht durch eine mündliche Prüfung zu rasseln, obwohl Sie, wäre es mit rechten Dingen zugegangen, null Chancen hatten. Lernen sollten Sie sicherheitshalber dennoch.

ENGELSFLÜGEL

Mit diesem Ritual will ich Sie dazu animieren, mehr mit sich selbst zu spielen. Damit tun Sie etwas Magisches. Wann haben Sie das letzte Mal etwas Derartiges getan? Sie kreieren dadurch einen besonderen Moment.

Sie sind zuweilen ein unsicherer Mensch und wollen aber andere Menschen kennenlernen? Damit Ihnen das gelingt, brauchen Sie Sicherheit, denn Unsicherheit führt nur dazu, dass Sie unnahbar wirken, im schlimmsten Fall arrogant.

Sicherheit, das wird oft vergessen, bedeutet, dass andere das Gefühl haben, man könne Nähe zu Ihnen aufbauen, im Sinne von: Ich bin mir meiner selbst sicher, also habe ich auch Platz in meinem Herzen für Mitmenschen. Und diese Sicherheit bekommen Sie durch die »Engelsflügel«.

Jedes Mal, wenn Sie einen Raum betreten, in dem sich wildfremde Leute aufhalten – das kann ein Café, ein Restaurant, eine Party sein – und Sie eine gewisse Kraft ausstrahlen wollen, stellen Sie sich vor, Sie sind ein Engel mit zwei Flügeln. Ihre zwei Flügel liegen nicht an Ihrem Körper an, nein, Sie breiten sie stolz aus. Denken Sie nun wie ein Engel, lächeln Sie wie ein Engel. Übernehmen Sie diese Rolle, spielen Sie sie. Sie werden merken, dass Sie eine bestimmte Energie aussenden. Wenn Sie bewusst als Engel durch eine Gruppe von Menschen gehen, werden diese es in ihrem Unterbewusstsein wahrnehmen und positiv registrieren. Sie werden zurücklächeln, Ihnen Ihre Energie zurückschicken.

Das würde nicht passieren, wenn Sie diesen Raum einfach nur etwas schüchtern betreten und augenblicklich in die nächste Ecke starren, um ja nicht wahrgenommen zu werden. Der Vorteil beim Flügelausbreiten ist: Sie haben in diesem Augenblick etwas zu tun, Sie müssen nicht verlegen irgendwohin schauen.

Obwohl Sie sich das alles nur vorstellen, wenn Sie Ihre Engelsflügel ausbreiten – niemand bekommt das ja mit, niemand kann Sie für verrückt erklären! –, verändern Sie den gesamten Raum. Die Imagination in Ihrem Kopf reicht dazu völlig aus. Allen Menschen, denen ich dieses Ritual empfohlen hatte, sagten mir hinterher, noch nie hätten sie in ihrem Leben in so kurzer Zeit so viele Leute kennengelernt. Und dazu auch noch die unterschiedlichsten Menschen. Und wenn Sie gerade kein gutes Verhältnis zu Engeln haben, diese Figur für Sie zu wenig fassbar ist, dann suchen Sie sich eine andere Rolle aus. Vielleicht ist ein Flamingo für Sie viel fassbarer.

Auf dieses Ritual bin ich gekommen, als ich darüber nachdachte, wieso ich keine Probleme damit habe, vor fünfhundert Leuten eine Show vorzuführen, mich aber total unwohl fühle, wenn ich eine Diskothek betrete oder alleine auf ein Stadtteil- oder Dorffest gehe. Ich konnte sicher vor vielen Menschen auftreten, aber auf einem Fest verzog ich mich sofort auf eine Bank oder einen Stuhl und blieb dort den ganzen Abend über sitzen. Warum war das so? Nach einigem Überlegen wusste ich es: Wenn ich auf der Bühne bin, habe ich etwas vor. Da weiß ich genau, was ich will. In einer Gruppe verschwinde ich, gehe ich unter, weil ich in ihr keine Aufgabe habe. Wie konnte ich nun unter Menschen gehen mit dem Gefühl, etwas vorzuhaben? Spiel mit dir selbst! Das war die Lösung, auf die ich dann kam. Der Engel als Spielfigur war schnell gefunden, da ein Engel für mich Güte bedeutet, jemand, der Liebe gibt und andere beschützt. Wenn ich also einen Raum betrete und Güte ausstrahle, dann erwarte ich in ihm auch nicht das Böse, sondern das Gute. Ein Engel ist eine Rolle wie der Bühnenmagier. Sie ist ein Schutz – und verändert zugleich meinen gesamten Habitus. Ich werde viel direkter. Als Engel werde ich vom Nehmenden zum Gebenden. Dieser Verhaltenswechsel ändert eigentlich alles.

Während Sie eine Rolle wie die des Engels annehmen, bleiben Sie bei sich. Sie kommen nicht darauf, sich mit den anderen Menschen, die sich in dem Raum befinden, zu vergleichen: Der Typ da drüben wirkt viel selbstsicherer als ich, und die Frau etwas weiter rechts hat schon den dritten Mann um sich geschart. Wenn Sie solche Vergleiche anstellen, dann sind das nicht einmal echte Vergleiche, sondern Sie spiegeln Ihre eigene Person in den Abbildern der anderen. Sie haben sich ja nicht einmal mit den Leuten, zu denen Sie Parallelen gezogen haben, genauer auseinandergesetzt. Oder haben Sie die Frau gefragt, ob sie sich wirklich wohl in der Gesellschaft der drei Männer fühlt? Wissen Sie, ob der Typ tatsächlich so selbstsicher ist? Vielleicht wirkt er bei genauer Betrachtung eher nur von sich selbst überzeugt?

Sobald Sie als gebende Figur einen Raum betreten, kommen Sie gar nicht erst in Versuchung, sich mit anderen zu vergleichen. Sie schenken jedem ein Lächeln, und man wird Sie dafür mögen, ganz egal, ob Sie reich sind oder nicht, einen tollen Beruf haben oder gerade arbeitslos geworden sind. Als Engel müssen Sie sich niemals unterordnen. Und je mehr Sie geben, umso mehr Erfüllung werden Sie finden.

In der Hypnose, auf die ich noch ausführlich zu sprechen komme (siehe S. 206 ff.), wird mit dieser Methode gearbeitet, die für mich nahezu biblisch ist. Wenn dir jemand Böses tut, dann tu ihm etwas Gutes. Wenn dir jemand etwas nimmt, gib ihm etwas. Je mehr du dich mit der Boshaftigkeit eines anderen beschäftigst, umso mehr zieht dich das hinunter. Ihm ist das, was er getan hat, vollkommen egal. Er hat es schon längst vergessen. Aber du bist derjenige, der darunter leidet. Statt auf ihn zu reagieren, wünsche ihm das Beste, weil das dich dann nicht mehr zum Opfer macht, sondern zu einem selbstbestimmten Menschen. Ich lasse mich nicht mehr so behandeln, ich wünsche dir alles Gute. Ich vergebe dir.

Sie sehen: Die Welt ist einzig in Ihrem Kopf. Wohin die Engelsflügel einen doch bringen können!

Hebammen sprechen übrigens seit jeher von einem Engelslachen, wenn ein Baby zum ersten Mal seine Mutter bewusst anlächelt. Es ist ein anderes Lächeln als das normale Lächeln, und für die Mutter ist das Erfüllung und Glück pur. Und so wird auch Ihr Engelslachen, wenn Sie einen Raum betreten, von den Menschen positiv aufgenommen. Beim Lachen werden im Gehirn Endorphine ausgeschüttet, sogenannte Glückshormone. Sie können also Ihren Körper, wenn Sie sich schlecht fühlen, mit einem Lachen auch ein bisschen reinlegen, indem Sie einfach eine Zeit lang Ihren Kummer vergessen und in die Rolle des Engels schlüpfen.

Und wenn Sie einen anderen Menschen anlächeln, wird er meist zurücklächeln. Lächeln kann wie Gähnen ein automatischer Reflex sein. Somit können Sie Ihre Mitmenschen regelrecht zu ihrem Glück zwingen, indem Sie sie anlächeln. Das ist doch auch eine Form von Beeinflussung, oder? Ich sehe darin auf jeden Fall eine Zauberhandlung.

7 Das Zauberwort, meine ersten Experimente und der magische Dreisatz

Eigentlich wollte ich einfach nur ein glückliches und erfülltes Leben führen. Also las ich Hunderte Bücher über das Leben, das Glück und die Philosophie des erfüllten Seins, durchforstete stundenlang das Internet, kaufte mir Tag für Tag Zeitungen, verbrachte jede freie Minute in den Bibliotheken dieser Welt, schaute jeden Abend die Nachrichten im Fernsehen an, dachte unaufhörlich über meinen Sinn in dieser Welt, über das, was mich nun wirklich erfüllen und befreien könnte, meine Wünsche und Träume, mein Glücklichsein nach, besuchte Seminare und hörte jedem vermeintlich weisen Menschen zu. Und obwohl ich all das tat, hatte ich doch immer die Vermutung, dass sämtliche Informationen, die ich durch dieses Studium erhielt, nur für die allgemeine Ablenkung, zur seichten Unterhaltung, zur Zerstreuung der Massen gedacht waren und zur allgemeinen Verwirrung beitrugen.

Ich hatte das Gefühl, nicht einen Schritt näher an mein Glück heranzukommen. Dieses erlernte Wissen schien nur die Spitze des Eisbergs darzustellen. Bestenfalls kam das Wissen, das ich in mich aufsog, einem Kratzer an der Oberfläche des wirklichen Lebens gleich.

Ich wurde das Gefühl nicht los, dass es unter dieser Oberfläche noch viel mehr geben musste. Ein magisches Wissen, mir verborgen. Vielleicht ein Geheimbund, eine Vereinigung von weisen Menschen, die das wahre Geheimnis des Lebens entdeckt haben und es sicher bewahren, die diese Magie täglich anwenden, täglich das Glück erfahren, aber niemandem außerhalb ihres verschworenen Zirkels davon erzählen.

Aus sehr guten Gründen.

Mit dem Risiko, aus dieser geheimen Welt wieder ausgeschlossen zu werden, möchte ich Ihnen dennoch sagen: Diesen Geheimbund, diesen verschwiegenen Kreis von wirklich weisen Menschen, und dieses tiefgründige magische Wissen über das wahre Glück im Leben gibt es. Meine Vermutung hat sich bestätigt.

Es gibt diese geheimen Zusammenkünfte, zu denen wir niemals eingeladen werden, bei denen unglaubliche Erkenntnisse ausgetauscht werden. Bei denen unfassbare Dinge geschehen, die wir anders niemals erleben würden, die wir uns für kein Geld der Welt erkaufen können, die wir auch niemals mit Gewalt besitzen werden. Die wir nicht stehlen können. Die wir uns nicht mal erdenken können.

Heute möchte ich Ihnen etwas aus dieser Welt schenken. Ein einziges Wort. Ein Wort, das Ihnen den Zugang zu dieser großartigen magischen Welt des wirklichen Glücks, der Weisheit und Erfüllung verschafft.

Als Gegenleistung dafür, dass ich Ihnen dieses Wort verrate, müssen Sie ein kleines Opfer erbringen, die obligatorische gute Tat: Halten Sie sich an dieses Wort. Von nun an für immer.

Dieses magische Wort wird, wenn Sie sich daran halten, Ihr Leben mit Sinn erfüllen, es verwandeln, Ihnen Entspannung und Ruhe bringen, Sie von falschen Ängsten befreien und zu einem glücklichen Menschen werden lassen. Alles in Ihrem Leben wird Ihnen leichter fallen. Alles.

Aber seien Sie sich bewusst, was Sie von mir erhalten, ist nur ein Wort. Nicht mehr, aber auch nicht weniger.

Ein Wort mit so großer Kraft jetzt einfach so zu verraten wäre unwürdig und außerdem langweilig. Deshalb habe ich es in diesem Buch versteckt. Und zwar nicht weniger als fünfzig Mal. Damit Sie es auch finden, hier ein kleiner Tipp: Das erste Mal finden Sie es auf Seite 13, in Zeile 12. Es ist das achte Wort. Na, überrascht?

Wie ich zur Magie kam
»Ich will nicht zum Zahnarzt!« Wie jedes Kind hatte ich Angst davor, wenn sich der Bohrer Richtung Mund bewegte, und so weigerte ich mich, mit meiner Mutter zu diesem Termin zu gehen. »Nein, da komme ich nicht mit!« Vehement betonte ich wieder und wieder, dass ich keineswegs gewillt war, ihr Folge zu leisten.

Doch statt wütend zu werden oder mich zu bedrängen, sagte sie nur: »Wenn du mitkommst, schenke ich dir ein Buch.« Das war jetzt gemein. Nun ja, ehrlich gesagt war es ein guter Trick, denn sie wusste, dass Bücher mir alles bedeuteten – wenn ich nicht gerade mit meinen Freunden im Wald herumlief, um mal wieder irgendeinen Unsinn anzustellen, oder Fußball spielte. »Na, was ist? Ich hab gerade auf dem Flohmarkt ein ganz tolles Buch entdeckt. Darin geht es um Gedankenlesen und Telepathie, das interessiert dich doch bestimmt.«

Ich nickte. Verdammt, ich wollte das Buch haben. Schon damals faszinierte mich alles Geheimnisvolle, alles Magische, das sich in unserer Vergangenheit abgespielt hat. Anscheinend war ich ein seltsames Kind. Fußballspielen und Magie waren meine Leidenschaften. Für die Schule hatte ich nie richtig Zeit.

Meine Mutter hielt ihr Wort, nach dem Besuch beim Zahnarzt übergab sie mir ein altes Buch, bei dem die Seiten noch aufgeschnitten werden mussten. Ich drehte es vorsichtig in den Händen, wie einen Schatz, den ich gerade aus einer Piratenhöhle entwendet hatte. »Wien 1920« stand auf dem resedagrünen Umschlag, und: *Das Gedankenlesen / Telepathie*. Der Autor hieß Erik Jan Hanussen-Steinschneider. Von dem Mann hatte ich noch nie gehört, erst später erfuhr ich, dass sein eigentlicher Name Hermann Chajm Steinschneider war, er österreichischer Jude und in den Zwanziger- und Dreißigerjahren Deutschlands berühmtester Hellseher und Magier war. Hauptsächlich trat er in Berlin auf.

Wie kann man sich doch in Menschen täuschen. Jahrelang war Hanussen mein Lehrmeister, sein Buch die wichtigste Lektüre in meinem jungen Leben. Erst durch die intensivere Beschäftigung mit der Kunst des Gedankenlesens erfuhr ich, dass dieser Mann auch ein Verbrecher der übelsten Sorte war. Verwickelt in dubiose Unterweltgeschichten, suchte er die Nähe zu ranghohen Mitgliedern der NSDAP, um seine eigene Karriere zu fördern. Einige Biografen sagen, dass er Hitlers Wahrsager war, andere streiten das ab, doch zweifellos trat er für die Politik des Diktators ein. Anfang 1933 verkündete Hanussen, obwohl er behauptet hatte, er würde sich niemals politisch äußern: »Der endgültige Sieg der NSDAP kann unter keinen Umständen aufgehalten werden.« Und in seiner astrologischen Zeitung *Der Blitz*, die hohe Auflagen hatte, schrieb er, wen er als neuen Führer sah, natürlich Adolf Hitler. Damit wurde er zum Hellseher des Dritten Reiches, zum Staatshellseher, und man kann sich vorstellen, wie viel Macht und Kraft eine solche Person entwickeln kann, um die Öffentlichkeit zu beeinflussen.

Hanussen, darüber ist man sich einig, soll vielen NS-

Schergen Geld geliehen haben, darunter Heinrich Himmler und Joseph Goebbels. Er erpresste Leute, im Stil von: »Entweder ich bekomme von dir 10 000 Reichsmark, oder in meiner Zeitung erscheint ein böser Artikel über dich.« Mädchen, die ihn bei seinen Auftritten im »Wintergarten« oder auf der Varietébühne »Scala« anhimmelten, nahm er mit auf Jachten, um den Orgien, die er mit SA-Männern auf der Spree feierte, mehr Reiz zu geben. Damit schuf er Abhängigkeiten, nur bei den falschen Leuten. Denn Abhängigkeiten sind Gift für die Freiheit des eigenen Selbst.

Am 26. Februar 1933 gab er eine Privatséance, in der er »ein großes Haus brennen sah«. Später brannte der Reichstag, ein Ereignis, das viele mit dieser »Prophezeiung« in Verbindung brachten. Kurz danach deckte man auf, dass Hanussen Jude war. Im März 1933 wurde er tot im Grunewald aufgefunden, erschossen von einem SA-Kommando.

Jeder Magier sollte sich bei seinem Tun der Verantwortung bewusst sein, die er hat. Menschlichkeit ist das höchste Gut, weshalb es meine Verantwortung ist, in Zuneigung zu meinen Mitmenschen zu handeln – auch wenn ich letztlich nie weiß, welchen Einfluss meine Gedanken auf meine Umgebung haben. Wie auch Sie nicht wissen können, wie Ihre Gedanken auf Ihre Mitmenschen wirken.

Natürlich wusste meine Mutter nicht, was für ein furchtbarer Mensch dieser sogenannte Hellseher war, sonst hätte sie mir bestimmt nicht dieses Buch geschenkt. Doch was fesselt einen Zehnjährigen an solch einem Titel? Natürlich das Versprechen, nach der Lektüre des Buchs Gedanken lesen zu können. Da behauptete einer, dass er nicht nur Gedanken lesen könne, sondern es wurden konkrete Richtungsexperimente dargestellt, dem Leser wurde erklärt, wie Hypnose funktioniert. Ich war davon so begeistert, dass ich nur noch einen Wunsch hatte: Das, was dort beschrieben wurde, wollte ich auch können. Andererseits glaubte ich dem Autor erst einmal nicht. Typische Attitüde eines Kindes. Und um ihm das zu beweisen, probierte ich seine Versuche aus. Doch sie klappten! Vom ersten Moment fühlte es sich so an, als hätte mein Körper nur darauf gewartet, Gedanken zu lesen. In relativ kurzer Zeit konnte ich die größten Erfolgserlebnisse für mich verbuchen. Alle Freunde, Mutter, Vater, sie wurden zu meinen Versuchspersonen – und natürlich ging ich ihnen nach einer Weile ganz schön auf die Nerven, weil ich mit Feuereifer übte. Begonnen hatte ich mit einfachen Richtungsexperimenten, die Sie ja jetzt selbst schon ausprobiert haben. Doch schon bald dachte ich mir etwas Neues aus.

So knacken Sie ein Zahlenschloss
Auf der Schule wurde ich der ungekrönte Schlösserknacker – mithilfe des Kontaktgedankenlesens. Ich hatte darauf gewettet, jedes Zahlenschloss aufzubekommen – und schaffte es auch, solange es sich um eine Dreierkombination handelte. Ging es darüber hinaus, dauerte es einfach etwas länger. Wichtig war, dass die Leute, die die Zahlenkombination kannten, klar und deutlich hintereinander an die einzelnen Zahlen dachten.

Sie müssen sich das so vorstellen: Malen Sie auf einem großen Zeichenblock die Zahlen von 0 bis 9 in folgender Aufteilung auf, ähnlich einer Handytastatur:

1	2	3
4	5	6
7	8	9
	0	

Dann bitten Sie Ihren Mitspieler, an die erste Zahl der Kombination zu denken. Er soll Sie dabei wieder am Handgelenk anpacken und Ihre freie Hand, die leicht – sozusagen als Anzeiger – über dem Zahlenraster schwebt, gedanklich zu dieser gedachten Zahl führen. Befindet sich Ihre Hand über der richtigen Zahl, soll Ihr Gegenüber »Stopp« denken. So verfahren Sie mit jeder Ziffer der Kombination – und können so jeden einzelnen Gedanken, in diesem Fall die Geheimzahl der Schlösserkombination, aus dem Kopf Ihres Mitspielers herausziehen.

Bald war, wie gesagt, kein Schloss mehr vor mir sicher, ganz gleich, ob Fahrradschloss, Vorhängeschloss von Spinden oder Kofferschloss. Und da die Welt voll von Schlössern ist, wenn man erst einmal darauf achtet, konnte ich wunderbar jeden Tag üben. Für meine Kameraden und meine Eltern war das keine so erfreuliche Erfahrung.

Zugleich verstärkte ich meine Beobachtungen, die eine wichtige Voraussetzung für das Gedankenlesen sind. So setzte ich meine Techniken des Gedankenlesens etwa beim Fußballspielen ein. Dazu brauchte ich nur die körperlichen Reaktionen der Spieler genau zu erspüren. Ich lernte, dass sich Elfmeterschützen dadurch verraten, dass das Knie ihres Standbeins eine bestimmte Stellung einnimmt, wenn sie sich in Gedanken für die Ecke entschieden haben, in welcher der Schuss landen soll. Das Knie zeigt meist die Richtung an, wohin der Treffer geht, auch wenn der Fuß noch längst nicht den Ball berührt hat. Torhüter brauchten eigentlich keine Videoaufzeichnungen von Spielern der gegnerischen Mannschaft anzusehen, um deren Elfmetertaktik einzustudieren. Einfach nur beim Schuss auf das Knie des Standbeins achten.

Vielleicht habe ich schon zu viel verraten, denn eigentlich könnte ich dieses Wissen doch gut als Geschäftsidee verkaufen. Wie auch immer: Probieren Sie es einmal selbst aus. Der Ball liegt vor Ihnen, und wenn Sie sich in Gedanken dafür entschieden haben, das runde Leder in die linke oder in die rechte Ecke zu zielen, bleibt Ihnen nichts anderes übrig, als beim Schuss das Standbein neben den Ball auf diese oder jene Weise zu platzieren. Es sei denn, Sie machen sich überhaupt keine Gedanken über die Richtung. Dann kann dabei etwas herauskommen, das in jedem Fall für den Torwart überraschend sein wird. Interessant wäre es da natürlich, ob sich dieses Nichtdenken auch wieder an irgendwelchen Körperreaktionen ablesen lässt.

Übrigens, auch Abwehrspieler können durch gutes Gedankenlesen einschätzen, in welche Richtung der Gegner denkt: Will der rechts an mir vorbei oder links? Was macht der im nächsten Moment?

Oder beim Handballspiel. Jemand wirft Ihnen einen Ball zu. Sie fangen ihn. Der Körper hat auf einen Gedanken von Ihnen reagiert: Ich muss meine Hände genau in diese Position und Höhe bringen, damit ich ihn erwischen kann.

Das ist die Umsetzung eines Gedankens in die Tat. Gedankenlesen ist also gar nicht so fern von unserer Realität. Es ist ein Sich-bewusst-Machen von bestimmten Abläufen: Erleben – Denken – Handeln. Beim Fuß- oder Handballspiel handelt man meist intuitiv und macht sich diesen Dreisatz nicht klar. Das holen wir hier nach, weil er die Grundlage für mein magisches Vorgehen ist.

Der magische Dreisatz: Erleben – Denken – Handeln
Leben ist Veränderung. Wir werden älter, die Umgebung wird neu gestaltet, Geschäfte schließen oder werden aufge-

macht, Bäume gepflanzt oder geholzt, es kommt zu Begegnungen mit bislang fremden Menschen, zu Gesprächen, die uns eine neue Perspektive eröffnen.

Wenn wir etwas Neues *erleben* – was bei Magischem meist der Fall ist –, spüren wir unsere Neugier aufflammen, und unser Interesse an der Welt wird stärker. Wir hinterfragen Gegebenheiten, reflektieren über unsere Wirklichkeit, sind gespannt. Die tragische Atomkatastrophe in Japan führte weltweit dazu, neu über Atomenergie und Kernkraftwerke nachzudenken. Dieses Bewusstmachen führt wiederum zu einem weiteren Nach*denken* darüber, was wir anders machen können. Entsprechend *handeln* wir anschließend.

Diese Kraft steckt im Erleben von magischen Dingen und Akten: Man tut etwas, was man noch nie getan hat. Und somit ist es ein wunderbares Mittel zur Veränderung. Deshalb zeigt so manches magische Ritual zuweilen mehr Wirkung als jedes therapeutische Gespräch. Es lässt uns den Kopf aus dem normalen Dasein heben. Was nicht bedeutet, dass der Psychologe überflüssig wird. Im Gegenteil, ein guter Psychologe ist sich dieses Wissens vollkommen bewusst.

Ein magisches Ritual macht Sie wieder »rund«, indem es spielerisch die Kommunikation zwischen Ihrem Bewusstsein und Ihrem Unterbewusstsein wiederherstellt. Neue neuronale Verbindungen entstehen in Ihrem Gehirn, angeregt durch nichtalltägliche Erfahrungen. Die Folge ist eine Balance, aus der heraus es Ihnen leichter fällt, Ihre Aufgaben zu erledigen, Ihre Ziele zu erreichen. Ich kann es nur wiederholen: Wenn Sie immer das Gleiche tun, können Sie kein neues Ergebnis erwarten. Brechen Sie mit Ihren eingefahrenen Verhaltensweisen, probieren Sie sich als Zauberhandelnder!

Alejandro Jodorowsky hat es in seinem Buch über Psychomagie so formuliert: »Sobald wir etwas tun, was wir noch nie getan haben, sind wir schon auf dem Weg der Heilung. Man muss mit der Routine brechen. Da wir von der Sprache des Unbewussten oder der Traumsprache sprechen, können diese Akte nach außen hin seltsam wirken. Es ist der entgegengesetzte Weg zu Freud mit seiner Psycho- und Traumanalyse. Der Psychoanalytiker notiert die Träume und interpretiert sie im Licht des Verstandes, er geht vom Unbewussten zum Rationalen. Ich gehe andersherum vor: Ich nehme das Rationale und gebe es in die Sprache der Träume, führe die Träume in die Sprache der Realität ein. Die psychomagischen Akte entsprechen der Konstruktion von Träumen in der Realität.«

Und damit diese Akte auch wirklich zustande kommen, hat der Magier alle Hände voll zu tun.

Daneben gibt es die Möglichkeit, mit einer Handlung bewusst einen bestimmten Gedankengang, ein Gefühl auszulösen. Um das nachvollziehen zu können, brauchen Sie wieder Ihre Versuchsperson. Bitten Sie diese, die folgenden beiden Handbewegungen vor Ihren Augen zu machen, nacheinander, mit einer kleinen Pause dazwischen: Bei der ersten Bewegung geht die Hand des Mediums in einer langsamen, weichen Aufwärtsbewegung vom Kinn hoch zum Kopf. Danach in einer ebenso langsamen, weichen Abwärtsbewegung vom Kopf zum Kinn. Sie werden feststellen: Die erste Bewegung wirkt irgendwie hebend, die zweite seltsam drückend. Zwei sehr ähnliche Reaktionen, und trotzdem sind Ihre Wahrnehmungen ganz unterschiedlich.

Diese Technik können Sie in jedem Gespräch anwenden, privat wie beruflich. Führen Sie beim Reden nach oben gehende Handbewegungen aus. Denken Sie an den Magier: Auch sein Zauberstab weist immer in die Höhe. Durch eine kleine Bewegung können Sie die Gedanken Ihres Gegenübers beeinflussen. Manchmal durch ein scheinbar nebensächliches Handeln.

Neueste wissenschaftliche Erkenntnisse zeigen, dass unsere Gedankenwelt in Beziehung zu dem Raum steht, in dem wir leben, also zu unserer Umwelt. Der australische Neuropsychologe Tobias Loetscher von der University of Melbourne fand heraus, dass unsere Augen einen Einblick in die Arbeitsweise unseres Gehirns geben. Wenn wir im westlichen Kulturkreis an Zahlen denken, positionieren wir sie automatisch im Raum, und zwar von links nach rechts, wie auf einer diagonalen Linie: die kleineren Zahlen links unten, die größeren Zahlen rechts oben. Das bedeutet: Unsere Innenwelt orientiert sich beim Denken an unserer räumlichen Außenwelt. Unsere Augen erlauben uns demnach nicht nur, die Welt um uns herum wahrzunehmen und zu erkennen, sondern sie präsentieren uns auch einen Blick, wie durch ein Fenster, auf die Arbeitsweise unseres Geistes.

Noch ein anderes Beispiel, das Ihnen zeigt, wie Ihr Körper auf die reine Vorstellung reagiert. Es ist eine Übung, für die Sie wieder einen Mitspieler benötigen. Sie selbst sind nun dazu aufgefordert, an einen Menschen zu denken, an jemanden, zu dem Sie positive Gefühle entwickeln können, der gedanklich in Ihrer Nähe ist, den Ihr Mitspieler aber nicht kennt. Den Vornamen dieser Person schreiben Sie auf einen Zettel, am besten langsam, damit Sie sich diesen nahen Menschen auch richtig vorstellen können. Nun falten Sie den Zettel mit dem Namen zusammen und umfassen ihn – wenn Sie Rechtshänder sind, mit der linken Hand, und als Linkshänder mit der rechten. Sie stehen jetzt. Den linken (rechten) Arm halten Sie nach unten an den Körper gelegt, den rechten (linken) Arm strecken Sie nach vorne aus. Nun bitten Sie Ihren Mitspieler, den ausgestreckten Arm herunterzudrücken. Sie stemmen sich dagegen. Mit aller Kraft. Stellen Sie sich vor, Sie halten die Person in der Hand, die auf dem Zettel steht. Sie gibt Ihnen die Kraft, sich zu wehren.

Danach legen Sie den Zettel mit dem Namen aus der Hand. Stellen Sie sich nun vor, die betreffende Person ist nicht mehr in Ihrer Nähe, Sie ist nicht mehr in Ihrer Hand. Sie bitten Ihren Mitspieler, den Zettel zu zerreißen. Danach strecken Sie wieder die Hand aus, die Sie schon zuvor ausgestreckt hielten. Ihr Mitspieler soll sie nochmals nach unten drücken. Sie halten erneut dagegen. Wieder mit aller Kraft.

Merken Sie den Unterschied? Ihre Kraft ist in der zweiten Variante viel geringer. Und das liegt einzig daran, dass Sie in Ihrem Kopf andere Gedanken haben. Nichts weiter. Eine schöne Metapher, wie wir unsere Säule im Leben bei den Menschen finden, die zu uns stehen, uns so annehmen, wie wir sind. Ohne ein Warum.

Noch ein anderes wissenschaftliches Experiment hat gezeigt, wie unser Körper unser Denken beeinflusst. Dabei bat man eine Gruppe von Studenten, einfache Glasmurmeln von unten nach oben in ein Regal zu legen, wobei sie eine Aufwärtsbewegung mit ihrem Körper vollzogen. Eine zweite Gruppe sollte die entgegengesetzte Bewegung ausführen, die Murmeln von oben nach unten räumen.

Die Teilnehmer der beiden Gruppen wurden während dieser Handlung nach ihren Erinnerungen oder Erlebnissen in der vergangenen Woche befragt. Erstaunlicherweise erzählten die Studenten, die eine Aufwärtsbewegung vollzogen, fast ausschließlich von positiven Dingen und Gedanken, während bei der anderen Gruppe die negativen eindeutig überwogen.

MENTALES JUDO

Der amerikanische Psychiater und Neurowissenschaftler Jeffrey Schwartz prägte den Begriff »mentales Judo«. Um das zu beherrschen, benötigen Sie keinen schwarzen Gürtel. Es ist eine einfache Methode, negative Gedanken in eine positive Aktion zu überführen.

Immer dann, wenn wir uns nicht gut fühlen, traurig sind oder gar depressiv gestimmt, sollten wir nicht versuchen, uns allein mit positiven Gedanken zu füllen. Viel wichtiger ist es, auf eine positive Handlung umzuschalten, etwas zu tun, was uns erfüllt. Hat Sie der Job tagsüber gestresst, gehen Sie abends eine halbe Stunde joggen oder spazieren, gärtnern Sie, kochen Sie etwas Leckeres. Oder fangen Sie einen neuen Sport oder ein ausgefallenes Hobby an, das Sie schon immer mal machen wollten. Überraschen Sie sich selbst mit Aktionen (siehe den Dreisatz: Erleben – Denken – Handeln). Der Körper beeinflusst hier die Gedanken.

Mentales Judo als Ritual ist deshalb so faszinierend, weil es meist schwerfällt, allein mit dem Willen den Gedankenfluss bewusst zu verändern. Erhalten wir jedoch Unterstützung von den unterbewusst ablaufenden körperlichen Reaktionen auf unser Gefühlsleben, gelangen wir relativ schnell wieder in eine ausgeglichene Grundstimmung.

Durch das Kontaktgedankenlesen wurde man auf diese unbewussten Reaktionen unseres Denkens aufmerksam. Beim mentalen Judo zeigt sich, dass die Sache auch andersherum funktioniert – vom Körper Richtung Emotion. Vielleicht denken Sie, das ist zu einfach? Probieren Sie es aus, und lassen Sie sich angenehm überraschen!

Apollinische Anrufung

»Nimm einen Lorbeerzweig mit sieben Blättern und halt ihn in der rechten Hand, während du die himmlischen Götter und die Dämonen der Erde anrufst. Schreib auf den Lorbeerzweig die sieben Schutzzeichen. Die Zeichen sind folgende | ⌣ ⊏ ⵟ ▱ ⌣ ⵟ ⊛ |: das erste Zeichen auf das erste Blatt, das zweite wieder so auf das zweite, bis die sieben Blätter und die sieben Zeichen zu Ende sind. Sieh aber zu, dass du kein Blatt verlierst und dich dadurch nicht schädigst; denn das ist für den Leib das größte Amulett, durch das alle (Menschen dir) untertan sind, und Meer und Felsen erschaudern und die Dämonen hüten sich vor (der Charaktere) göttlicher Gewalt, die du haben wirst; denn es ist das größte Amulett des Zauberers; damit fürchte du nichts. (...)«

[Karl Preisendanz (Hg.): Papyri Graecae Magicae. München/Leipzig 2001, S. 15]

8 Der Trickster – oder der Zauber des Bösen. Verschieben Sie den Fokus!

Ein ganz normales Kartenspiel – damit fordere ich heraus, führe an Grenzen heran. Ich erzähle von einem Traum, in dem ich einen Wahrsager getroffen habe. Danach bitte ich einen männlichen Zuschauer auf die Bühne. Traum und Realität vermischen sich. Ich fordere den Mann auf, meine Rolle zu übernehmen, werde selbst zum Wahrsager. Ich halte ein Kartenspiel in meinen Händen und sage:

»Jede Karte in einem Kartenspiel hat eine besondere Bedeutung für dein Leben. Nenn mir eine Spielkarte!«

»Pik-Dame.«

»Diese Karte hat eine ganz besondere Bedeutung, denn diese Karte steht für den Tod. Es ist deine Todeskarte.«

Der Mann schaut mich erschrocken an.

»In diesem Kartenstapel liegt deine gewählte Karte. Ich werde von der ersten Karte an, die obenauf liegt, bis zu der Stelle zählen, an der die Pik-Dame liegt. Die Zahl der Karten bis dahin zeigt dir an, wie viele Jahre dir noch verbleiben.«

Ich fange an zu zählen. Ein Raunen geht durchs Publikum: »Das darf man doch nicht ... Der kann dem doch nicht wirklich sagen ...«

Diese Aktion wirkt auch deshalb so stark, weil ich mein Publikum in einem neuen Glaubenssystem abhole, das ich vorher durch mein Gedankenlesen geprägt habe. Gedankenlesen war im alten Glaubenssystem meiner Zuschauer nicht möglich, genauso wenig wie der Blick in die Zukunft. Doch mein Publikum hat Ersteres gerade hautnah miterlebt: Gedankenlesen gibt es tatsächlich. Dann muss dieser Blick in die Zukunft ebenfalls stimmen. Aber das geht jetzt zu weit. Es geht um den Tod eines Menschen!

Manchmal brechen Tumulte los, ich sehe, wie die Emotionen hochkochen, Reibung entsteht. Aber mir ist es egal, ich mache weiter – jedenfalls dann, wenn der Mann nicht zuvor von seinem Stuhl aufgesprungen ist und die Bühne verlassen hat. Auch das ist schon vorgekommen.

Ich zähle weiter. Die Menschen im Publikum denken: Aufhören! Das können Sie nicht machen! Wir wollen gar nicht wissen, wann der stirbt. Und der Mann will es erst recht nicht!

Dabei zeige ich keinen Horrorfilm, male keine Unglücksszenarien aus. Alles, was ich in der Hand habe, ist ein schlichtes Kartenspiel, ein Pokerspiel, mit insgesamt zweiundfünfzig Karten. Völlig unbeirrt zähle ich weiter die Karten. »Neunundvierzig, fünfzig, einundfünfzig ...« Eine Karte fehlt. Es ist genau die Karte, die der Mann genannt hat, die Pik-Dame.

»Was kann das bedeuten?«, frage ich ihn.

Er schaut mich irritiert an.

»Eigentlich nur, dass du unsterblich bist«, antworte ich an seiner Stelle.

Auf dem Gesicht des Mannes zeigt sich Erleichterung. Auch ein Grinsen ist zu entdecken. Er hat plötzlich erkannt, dass ich ihn an der Nase herumgeführt, mit ihm auf einer umfassenden Gefühlsklaviatur gespielt habe: Schmerz, Tod, Freude. Wobei ich mir immer Männer aussuche, die schon etwas älter sind, so um die fünfzig, sechzig. Sie haben mit dem Thema Tod nicht ganz so große Probleme wie etwa Zwanzigjährige.

Manche erzählen mir nach der Show: »In letzter Zeit habe ich öfter daran gedacht, dass ich irgendwann mal sterben werde, aber Sie waren der Erste, der es so offensiv angesprochen hat. Und wenn Sie sagen, dass ich unsterblich bin, so ist das irgendwie auch ein tröstlicher Satz. Letztlich sehnen wir uns alle danach, dass sich jemand an uns erinnert.« Denn unsterblich werden wir durch die Geschichten, die man sich über uns erzählt.

Ich mache bewusst, dass ich als Mensch sterblich bin. Das Leben ist sehr fragil, und von einem Augenblick zum nächsten kann es vorbei sein. Zugleich werfe ich mit dieser Nummer Fragen auf: »Glaubst du an ein Leben nach dem Tod? Glaubst du an Geister?« Meine Botschaft ist: Ja, ich glaube an ein Leben nach dem Tod, und zwar durch das, was existiert, und durch die Geschichten, die wir weitertransportieren. Durch die Erinnerungen bleiben wir in den Köpfen anderer Menschen lebendig.

Werde ich gefragt: »Bist du religiös? Glaubst du an Gott?«, erwidere ich: »Ich glaube an die Existenz. Mich unterscheidet nichts von der Tasse, aus der ich am Morgen meinen Kaffee trinke, nichts von dem Tisch, an dem ich sitze. Dass ich im Gegensatz zur Tasse und zum Tisch atme, macht für mich keinen Unterschied – solange auch die anderen Gegenstände da sind.«

Auch meinem Mitspieler ist anzusehen, dass sich sein eigenes Glaubenssystem ein wenig verändert. Mit Sicherheit ist er als großer Skeptiker auf die Bühne gekommen. Und nach dieser halben Stunde der magischen Vorstellung, in der ich die Karten aufdecke und sie zähle, ist er so weit, dass er in Erwägung zieht: Es könnte etwas dran sein am Moment der Magie.

Unabhängig von allen philosophischen Bekenntnissen will ich aber mit dieser Kartennummer provozieren, es nach oben treiben, fast in die Schwarze Magie hinein. Natürlich kann ich mich auf die Bühne stellen und behaupten: »Wir alle müssen aufpassen, wir alle müssen uns vor den politischen Führern und Verführern schützen, denn wir alle sind verführbar.« Das Spiel mit der Todeskarte ist für mich jedoch ein viel stärkeres Symbol für genau diese Verführbarkeit – gerade weil es so unerwartet passiert.

Sicher, ich selbst bin ein Verführer. Ich verführe mein Gegenüber, um Erkenntnisse aus ihm herauszuholen und ihm Gedanken näherzubringen, die ich für richtig halte. Diese meine Sicht ist äußerst subjektiv und kann völlig konträr zu jener der Frau oder des Mannes sein, die bei mir auf der Bühne stehen. Im Idealfall übernimmt die Person diese Form der Verführung, im Idealfall kann ich ihr diese Übernahme auch bewusst machen. Das wäre dann eher Schwarze Magie ins Weiße gewendet.

Mich erinnert das an einen Film des rumänisch-französischen Regisseurs Radu Mihaileanu. In *Zug des Lebens* versuchen während der Nazizeit jüdische Bewohner eines osteuropäischen Schtetls den Deportationen im Konzentrationslager zu entkommen. Schließlich verfällt der Dorftrottel Schlomo auf eine geniale Idee, nämlich selbst einen Deportationszug zu bauen. Sie wollen sich selbst deportieren, um so den KZs zu entrinnen. Sie fahren mit dem Zug Richtung Russland, sie spielen die Nazis in Uniform, die Bewacher, und sie spielen die Gefangenen. Überall, wo der Geisterzug von SS-Soldaten angehalten wird, lässt man ihn durch. Von den Schtetlbewohnern geht in ihrem Spiel eine solch große Suggestionskraft aus, dass sie die SS-Schergen »verführen« können. Am Schluss wird erzählt, dass Schlomo es bis nach Palästina geschafft habe – aber in der allerletzten Einstellung sieht man ihn in KZ-Häftlingskleidung. Das Rail-Movie endet in der Wirklichkeit.

Nicht von ungefähr hat der Dorftrottel Schlomo diese Idee mit dem Zug. Er steht in der Tradition der Trickster, der Narren und Schelme, die der Gesellschaft von außen den Spiegel vorgehalten, die gesellschaftliche Missstände aufgedeckt und mit Streichen Personen bloßgestellt haben – und auch Tricks anwendeten, um die Leute auf etwas aufmerksam zu machen. Till Eulenspiegel ist eine solche Tricksterfigur. In dieser Tradition fühle ich mich sehr wohl.

Jeder Gedanke wird Realität
Schon als Kind machte ich eine sensationell faszinierende Entdeckung: Jeder Gedanke wird Realität. Böse Gedanken wie auch gute Gedanken. Denkt man den ganzen Tag daran, dass es einem schlecht geht, dann geht es einem auch schlecht. Ein mittlerweile alter Hut, aber damals, als Kind, war das für mich eine erstaunliche Erfahrung. Kein Wunder, dachte ich, wenn man die Aufmerksamkeit auf all das Üble in der eigenen Welt richtet. Konzentriert man sich nur auf die positiven Dinge, sieht alles gleich günstiger aus. Ich brauche mir nur ein Bild zu erschaffen, das für das Schöne und Glückliche im Leben steht, eine Metapher, an die ich selbst immer denken kann, um mich wohlzufühlen. Erschaffen Sie sich einen kleinen Platzhalter vor Ihrem inneren Auge. Etwas, das Sie daran erinnert, dass das Leben schön ist. Das ist auch eine Form von Magie: allein durch die Bildersprache eine Verschiebung des Fokus zu erreichen.

Das gelingt nicht immer, auch ich habe meine dunklen Phasen. Aber ich habe mir weitestgehend diese einfache Denkweise, die Denkweise meiner Kindheit, bewahrt. Wenn man sich bewusst macht, dass man für das eigene Selbstwertgefühl verantwortlich ist, hilft das aus den größten Krisen heraus. Wir alle sind Meister im Verdrängen, aber wir sollten dabei niemals das wegschieben, was wir alles geleistet haben, sondern stolz darauf sein.

In Situationen, in denen ich nicht mehr weiterweiß, versuche ich mich an das zu erinnern, was mir im Leben schon gelungen ist. Tun Sie es mir gleich. Loben Sie sich dafür. Sie erkennen auf diese Weise, wer Sie sind.

Unsere Persönlichkeit definiert sich durch unsere Erinnerung an unsere Vergangenheit. Je mehr wir von diesen schönen, kraftvollen Erinnerungen zulassen, umso gestärkter können wir durch das Jetzt gehen und die Zukunft gestalten.

Hier stellt sich eine alte philosophische Frage, die immer wieder spannend ist: Wie sähe meine Persönlichkeit aus, wer wäre ich mit einer anderen Erinnerung? Ein neuer Mensch? Und wäre eine Person mit meinen Erinnerungen ich? Viel Spaß beim Philosophieren.

AUS BÄLLEN KATZEN MACHEN

Dieses Ritual ist eine wunderbare Verbildlichung, gelesen habe ich es in dem Buch *Provocative Hypnosis* des norwegischen Hypnosetherapeuten Jørgen Rasmussen. Es geht darum, dass Sie sich bewusst machen: Sie sind ein Mensch, der stets die Möglichkeit zum Handeln hat. Ihnen stehen immer mehrere Wege zur Verfügung, die Sie einschlagen können. Von diesen Wegen gibt es wieder Abzweigungen, die Sie frei nach eigenem Willen nehmen können. Sie sind ein Wesen mit Bewusstsein und deshalb in der Lage zu handeln. Egal in welcher Situation Sie sich befinden, Sie sind kein Opfer.

Ein Ball kann nicht frei wählen. Ein Ball ist das Opfer seiner Umstände. Liegt ein solcher vor Ihnen, und Sie treten mit dem Fuß dagegen, kann man mathematisch genau ermitteln, wo er nach dem Kick landen wird. Besonders dann, wenn Sie sich Ihren Fuß als einen Roboterfuß vorstellen. Man kann die Flugbahn des Balls berechnen, den Winkel, die Kraft, die Sie auf den Schuss verwandt haben, die Windrichtung und so weiter.

Bei einer Katze ist das nicht möglich. Bei dem Versuch, sie wegzuschießen – eine gemeine Vorstellung, aber auch eine schöne Metapher –, kann sie plötzlich abhauen, Sie angreifen, hochspringen oder ausweichen. Deshalb könnte niemand mathematisch errechnen, wo die Katze nach dem Kick landen wird. Und genau darum geht es bei diesem Ritual:

Seien Sie sich bewusst, dass Sie eine Katze sind, die stets handeln kann. Sie sind kein Ball, kein Opfer der Umstände. Waren Sie sich dessen nicht bewusst, dann wird dieses Ritual Sie jetzt in eine Katze verwandeln. Immer wenn Sie sich in extremen Situationen befinden, wenn Sie das Gefühl haben, Opfer der Umstände zu sein, verwandeln Sie sich einfach in eine Katze. Simsalabim!

Packen Sie Streitpunkte in einen Korb

Hanussen hatte in seinem Buch über das Gedankenlesen etwas zu negativen Gedanken im weitesten Sinn im Rahmen einer Vorführung geschrieben: »Wenn du nicht spürst, was dein Medium will, dann schicke es weg, tausche es gegen ein anderes aus. Du willst doch keinen Kampf bieten, sondern eine Show.«

Im Leben sollten wir auch nicht gegen Widerstände anrennen. Wenn Sie beim nächsten Mal Streit mit Ihrem Partner haben oder eine Unstimmigkeit mit einem Ihrer Freunde aufkommt, verfahren Sie folgendermaßen: Stellen Sie sich vor, Sie sammeln die Argumente der anderen Person in einem Korb, der auf Ihrem Schoß steht oder den Sie in beiden Händen halten. Danach schauen Sie sich all diese Rechtfertigungen an, denken Sie darüber nach, philosophieren Sie über die Ansichten der Gegenseite. Der Vorteil dabei ist: Sie können den Korb, wann immer Sie wollen, wegstellen. Sie müssen die Entgegnungen und Erklärungen der Gegenseite nicht in sich aufnehmen und dauernd mit sich herumtragen. Das Bild des Korbes erlaubt Ihnen, sich mit diesen Gedanken zu beschäftigen, wann immer Sie es wollen. Und das wiederum erleichtert ungemein den Umgang miteinander. Wir nehmen die Energie auf und leiten sie in Bahnen weiter, die nicht destruktiv, sondern vielmehr konstruktiv sind.

DIE ROTE AMPEL IM KOPF

Dieses Ritual, das immer wieder weitererzählt wird, macht uns unser Denken und den Umgang mit negativen Gedanken bewusst.

Achten Sie auf Ihren Gedankenfluss, wenn Sie beim nächsten Mal einen negativen Gedanken fassen, der Sie in eine für Sie ungute Stimmung versetzt. Stellen Sie sich dann sofort eine grellrot leuchtende Ampel vor. Diese Ampel sagt Ihnen: »Halt, stehen bleiben, nicht mehr weiterdenken.«

Schmücken Sie sich diese rote Ampel richtig aus, lassen Sie sie vielleicht hellrot blinken, denken Sie sich noch ein lautes Geräusch dazu und ein Stoppschild, das aus dieser Ampel ausklappt. Ihrer Phantasie sind keine Grenzen gesetzt. Hauptsache, dieses Bild lässt Sie innehalten, lässt Sie Ihren Gedankenfluss stoppen.

Wenn Sie nun diese Ampel vor Augen haben, sagen Sie innerlich mindestens zwölf Mal das Wort »löschen«. Löschen, löschen, löschen ... Danach drehen Sie Ihren negativen Gedanken in etwas Positives um. Zum Beispiel wird aus »Ich kann das nicht« ein »Ich schaffe das«, aus »Ich komme nicht weiter« wird »Ich gehe weiter, Schritt für Schritt«. Wandeln Sie das Negative Ihres inneren Monologs ins positive Gegenteil um. Sagen Sie sich diesen neuen positiven Satz ebenfalls mindestens zwölf Mal innerlich auf. Sie können mit dem Satz auch spielen, indem Sie jedes Wort bei jeder Wiederholung neu betonen.

Nachdem Sie das getan haben, fangen Sie einfach an zu lächeln. Halten Sie dieses Lächeln mindestens eine Minute, besser wären zwei. Ihr Kopf kann sich gegen die körperliche Aktion des Lächelns nicht zur Wehr setzen. Und Ihr Unterbewusstsein unterscheidet nicht, ob Sie lächeln, weil Sie gerade etwas Lustiges gehört haben oder weil Sie sich frei, ohne äußeren Grund dazu entschieden haben. Ihr Gehirn reagiert auf das Lächeln Ihrer Lippen mit der Ausschüttung von Serotonin und Endorphinen. Glückshormonen.

Und so haben Sie nach nur etwa drei Minuten Ihren negativen Gedankengang erfolgreich gestoppt und können voller Tatendrang weitergehen.

Das Schöne an diesem Ritual ist, dass wir uns damit unsere eigenen Denkprozesse Tag für Tag bewusst machen.

9 Das Leben spannend gestalten – oder wie Sie mit einfachen Mitteln das Bewusstsein beeinflussen können

Jede Gesellschaft hat den Scharlatan, den sie verdient. Der polnische Hellseher und Hypnotiseur Wolf Messing war in der Nachkriegszeit im Umfeld Stalins zu finden, der in den Fünfzigerjahren die Parapsychologie förderte, weil er unbedingt herausfinden wollte, was die Leute insgeheim über ihn dachten. Diktatoren wie Mussolini, Hitler und Stalin wollten nicht nur das Reale beherrschen, sondern auch das Okkulte. Es ging um Verblendung und Verführung, um die Frage: Wie verändert man Bewusstsein?

Schreiben ist eine magische Handlung
Wie schnell das gelingen kann, zeigt eine Studie, die der amerikanische Psychologe Robert Cialdini in seinem Buch *Die Psychologie des Überzeugens* veröffentlicht hat. In der Untersuchung ging es darum, US-Bürger dazu zu bewegen, vor ihrem Haus ein fünf mal fünf Meter großes Schild mit der Aufschrift: »Bitte Achtung im Straßenverkehr« für einige Wochen anzubringen. Man ging von Tür zu Tür und zeigte den Eigentümern Fotos von dem Schild, das nahezu die gesamte Front des Hauses verdeckt hätte. Schließlich fragten die Mitarbeiter der Studie: »Können wir das bei Ihnen im Vorgarten aufstellen?« Die meisten Hausbesitzer antworteten mit Nein. Eine andere Gruppe zog los und

interviewte ebenfalls Hausbewohner: »Sie sind doch sicher für mehr Sicherheit im Straßenverkehr? Wir machen eine Unterschriftenaktion – würden Sie für die Sicherheit im Straßenverkehr unterschreiben?« Kaum einer negierte dies, und als man die Befragten aufforderte, die eigene Einstellung mit einer Unterschrift zu bezeugen, folgten fast alle dem Appell.

Unterschätzen Sie nicht die Macht, die eine scheinbar harmlose Unterschrift über uns hat. Mit ihr machen wir unsere Meinung öffentlich, plötzlich ist für andere nachprüfbar, was wir denken, wofür wir einstehen. Unterschriftenaktionen schaffen also ein neues Bewusstsein oder verfestigen das bestehende.

Das wirklich Spannende an diesem Experiment ist aber, dass Menschen, die vorher nicht einen einzigen Gedanken an das Thema Verkehrssicherheit verschwendet hatten, nun absolut der Meinung waren, sich schon immer dafür eingesetzt zu haben. Und als man zwei Wochen später mit der Bitte zu ihnen kam, ob man nicht für einen bestimmten Zeitraum ein Schild mit der Aufschrift »Bitte Achtung im Straßenverkehr« aufstellen könne, wurde diese nur in wenigen Fällen abgelehnt. Die Leute der zweiten Versuchsgruppe reagierten anders, weil sie das Gefühl hatten, in das Geschehen in ihrer Stadt, ihrem Dorf eingebunden worden zu sein. Plötzlich fühlten sie sich als aktive Bürger, was sie zwei Wochen zuvor noch nicht gewesen waren. Und das alles nur wegen einer kleinen Unterschrift.

Jede Form der Verschriftlichung ist eine magische Handlung, denn wir machen das, was wir denken, für uns und andere erkennbar. Wir werden an diesem Geschriebenen gemessen.

Es gibt kaum eine bessere Methode, eigene Ziele zu definieren, als sie aufzuschreiben und gut sichtbar in der Wohnung zu platzieren. An einer Stelle, an der wir jeden Tag vorbeikommen, die uns jeden Tag mindestens einmal ins Blickfeld gerät. Sie können allem Möglichen nachgehen und es wieder vergessen, dieses Ziel aber, das Sie sich aufgeschrieben haben – und wenn es nur Stichworte sind –, bleibt in Ihrem Gedächtnis. Haben Sie sich vorgenommen, in fünf Jahren Millionär zu sein, so werden Sie jeden Tag überlegen, wie weit Sie schon gekommen sind, um dieses Ziel zu erreichen, und was Sie noch alles dafür tun müssen.

Wenn Sie zum Beispiel das Rauchen aufgeben möchten, würde ich Ihnen raten, erst einmal allen Freunden und Bekannten eine Postkarte zu schreiben, auf der steht, dass Sie sich entschlossen haben, nicht mehr zur Zigarette zu greifen. Dieses Vorgehen hat gleich mehrere Vorteile: Zum einen weiß die Umgebung jetzt von Ihrer Entscheidung und kann darauf entsprechend unterstützend reagieren. Und zum Zweiten fühle ich mich als Postkartenschreiber in die Pflicht genommen, diesen Weg auch zu gehen. Niemand will ja gern als Wendehals dastehen. Wenn der Entschluss öffentlich bekannt ist, fällt es leichter, konsequent dabei zu bleiben. Und durch das handschriftliche Aufzeichnen wird das, was sich in Ihrem Kopf befindet, real. Es wird zu einer Handlung. Greifen Sie also zum Stift – ein Computer ist dafür viel zu abstrakt. Egal ob Sie abnehmen, mehr Sport treiben oder endlich mit der Landschaftsmalerei anfangen wollen – machen Sie es öffentlich!

Übrigens: Achtung im Berufsleben bei sogenannten Selbsteinschätzungsformularen! Sie sind in vielen Firmen und Agenturen gang und gäbe geworden. Diese Formblätter binden Sie psychologisch, was aber nicht unbedingt positive

Folgen hat, wenngleich das der eigentliche Zweck der Sache ist. Diese Selbsteinschätzungen verhindern meiner Meinung nach sogar eine positive Entwicklung des Unternehmens, da die Mitarbeiter lediglich nach den Maßstäben handeln, die sie womöglich ein halbes Jahr zuvor schriftlich definiert haben. Viel mehr wird die Geschäftsleitung dann auch nicht von ihrem Personal erwarten können. Was doch schade ist! Andererseits kann eine solche schriftliche Selbsteinschätzung zu großem psychologischem Druck führen, da die Mitarbeiter stets das Gefühl haben, nach dem, was sie aufgeschrieben haben, agieren zu müssen, selbst wenn das nicht zur aktuellen Situation passt.

Wie gesagt, das Schreiben ist eine der magischsten Handlungen, die ein Mensch vollbringen kann.

Es bedeutet Öffentlichkeit und konsequentes Verhalten.

Machen Sie sich das immer bewusst.

Schattenzauber

»Opfere Weizenmehl und reife Maulbeeren und unausgekörnten Sesam und ungebrannte Thrionspeise, gib Mangold zu, und du wirst deines eigenen Schattens habhaft werden, dass er dir diene. Geh gegen Sonnenaufgang zur sechsten Tagesstunde an einen einsamen Ort, nachdem du dir angebunden hast einen Palmfaserkorb und um den Kopf das scharlachrote [Band] einer Kopfbinde, ans rechte Ohr eine Sperberschwinge und ans linke die eines Ibis. Geh an den Ort, [knie nieder] mit emporgestreckten Händen und sprich dieses Gebet: ›Mach, dass mir [jetzt] mein Schatten dienen muss, denn ich weiß deine heiligen Namen, Zeichen, Symbole, [wer du zur Stunde bist] und wie dein Name lautet.‹

Dein Schatten wird dein verborgenes Wissen preisgeben.«
[Karl Preisendanz (Hg.): Papyri Graecae Magicae. München/Leipzig 2001, S. 59]

Seien Sie nett zu Ihren Mitmenschen
Bewusstseinsveränderungen und Manipulationen gehen manchmal ganz rasch vonstatten. So fand man heraus, dass der beste Weg, Spenden über das Telefon einzusammeln, der ist, den Angerufenen erst nach seinem Wohlbefinden zu fragen. Das sieht dann folgendermaßen aus.
Erster Anlauf ohne Manipulationsversuch:
»Hallo und guten Tag, wir sammeln Spenden für ein Altersheim, würden Sie zwei Euro spenden?« Die Antwort darauf: meist ein klares Nein. Denn wer spendet schon Geld, wenn er aus dem Nichts angerufen wird.
Zweiter Anlauf mit Manipulationsversuch:
»Hallo und guten Tag, wie geht es Ihnen?« Häufig wurde darauf mit der Floskel »Eigentlich ganz gut!« geantwortet. Danach kam die Manipulation: »Würden Sie Menschen helfen wollen, denen es gerade nicht so gut geht? Würden Sie vielleicht zwei Euro für das Altersheim spenden?«
Sicher haben Sie den Unterschied gemerkt. Also Augen auf bei der Verwendung von Alltagsfloskeln – sie können leicht gegen uns verwendet werden.
Bleiben wir noch weiter beim Bewusstsein: Wenn man etwas erlebt, was man sich normalerweise nicht hätte vorstellen können, verändert sich das Bewusstsein. Das Kreativzentrum im Gehirn wird weiter ausgebaut, neue Perspektiven werden sichtbar. Das kann man auch Entwicklung nennen.
Bei einem Experiment mit Kindern, das ich wiederum bei dem Psychologen Robert Cialdini gefunden habe, ging es

den Versuchsleitern darum zu zeigen, wie Bewusstsein entsteht, und zwar im Hinblick darauf, wann man etwas tut oder nicht.

Man ließ einen zwölfjährigen Jungen in einem Raum mit viel Spielzeug allein, darunter ein besonders cooles, nämlich ein Roboter. Dem Jungen wurde gesagt, er dürfe mit allen Sachen spielen, nur nicht mit dem Roboter. Diese Aussage verband der Versuchsleiter mit einer Drohung: »Ich gehe jetzt hinaus, und wenn ich wieder reinkomme und dich erwische, wie du doch mit dem Roboter spielst, dann passiert das und das.« Der Mann verließ den Raum, und nach einer halben Stunde kehrte er zurück. Der Junge hatte den Roboter nicht angerührt.

Zwei Wochen später wiederholte man das Experiment, diesmal mit derselben Versuchsperson, aber mit einem anderen Versuchsleiter. Wieder gab es das Spielzeug wie vierzehn Tage zuvor, auch den Roboter. Der Versuchsleiter verließ das Zimmer, allerdings ohne eine Bemerkung. Natürlich spielte das Kind dieses Mal mit dem Roboter, weil der Mann, der sagte, dass man das Spielzeug nicht anfassen dürfe, ja nicht da war. Das Verbot war vergessen.

In einem zweiten Experiment wurde einem anderen Jungen ohne Drohung zu verstehen gegeben: »Mit dem Roboter wird nicht gespielt!« Der Junge hielt sich an das Verbot. Das mag schon erstaunlich genug sein, aber noch erstaunlicher war: Zwei Wochen später, als man diesen Jungen einer ähnlichen Situation aussetzte wie den Jungen Nummer eins, hielt sich Junge Nummer zwei immer noch an das Verbot, obwohl der Roboter nicht ausdrücklich verboten worden war. Als man den Jungen fragte, warum er denn dieses tolle Spielzeug ignoriert habe, antwortete er: »Ich möchte nicht mit dem Roboter spielen.«

Dadurch, dass es keinen greifbaren Grund für das Verbot gab, keinen Erwachsenen, der sozusagen das Böse verkörperte, hatte sich das Verbot in eine Bewusstseinsform umgewandelt: »Mit dem Roboter will ich nicht spielen.« Na – für die Erziehung Ihrer Kinder ist das doch ein guter Hinweis!

Da sich Bewusstseinsveränderungen auch durch Manipulation bewirken lassen, können sie gefährlich sein. Aber sie können eben auch herausfordern. Das ist eine Gratwanderung, das sollte uns immer bewusst sein, eine sehr schmale Gratwanderung.

Auf der Bühne bekommt man schnell ein Gefühl für die Menschenmengen, man weiß sehr genau, wie man die Strippen zu ziehen hat, um sie zu bewegen. Ich spinne zum Beispiel mit Blicken Fäden, schieße sie ins Publikum, meistens nach hinten, denn wenn die hinteren Zuschauer dich angucken, dann tun es meist auch die vorderen. Das Geheimnis ist dabei, einigen Menschen mindestens fünf Sekunden lang direkt in die Augen zu schauen – das ist ein kurioser Moment, er schafft aber Neugier, erregt Aufmerksamkeit. Der Blick als Inszenierung, das funktioniert. Probieren Sie es aus! Halten Sie den Blickkontakt!

In einem Meeting ist das eine Garantie, dass man Ihnen zuhört. Der Zuhörer weiß nach jenen fünf Sekunden, dass Sie ihn meinen. Also lassen Sie Ihren Blick auf jedem Teilnehmer ungefähr fünf Sekunden ruhen, und man wird Ihnen gespannt folgen.

Auch in der Hypnose gibt es eine Technik, die darin besteht, den Blick des zu Hypnotisierenden zu fixieren. Es heißt, wenn der Blick fixiert oder fokussiert ist, ist auch der innere Dialog, also das gedankliche Zwiegespräch mit sich selbst, verlangsamt, meistens sogar ganz abgestellt.

Probieren Sie es. Suchen Sie sich einen Punkt in Ihrer Umgebung, einen Fleck an der Wand oder eine Kerzenflamme. Richten Sie den Blick voll und ganz auf diesen Punkt. Versuchen Sie nun, viele verschiedene Dinge zu denken. Es klappt nicht. In diesen Momenten sind Sie auch ganz offen für Suggestionen des Hypnotiseurs von außen. Den Blick zu fixieren, das bedeutet, den Gedankenfluss zu stoppen. Wir kommen später noch genauer auf dieses Thema zu sprechen (siehe Hypnose, S. 206 ff.). Hier schon mal eine einfache Anwendung im Privatleben: die Blitztrance.

Die Blitztrance

Jedes Mal, wenn uns etwas Ungewöhnliches in den Blick gerät, bündelt sich unsere bewusste Aufmerksamkeit auf genau diesem Punkt. Wir sind für einen kurzen Moment, manchmal nur für den Bruchteil einer Sekunde, auf diesen Ort des Ungewöhnlichen fokussiert. Dies ist ein Zustand höchster Trance. Trance definiert sich nämlich für mich als gebündelte, entspannte Aufmerksamkeit.

Um auf die eigene Umwelt Einfluss zu nehmen, müssen Sie sich nur dieser Blitztrance bewusst sein. Sie auszulösen ist einfach. Werden Sie ungewöhnlich, ziehen Sie sich ein ungewöhnliches Kleidungsstück an, tragen Sie einen auffälligen Button oder wie in meinem Fall eine seltsame Frisur. Verändern Sie irgendetwas an Ihrem Äußeren, das die Blicke anderer auf Sie zieht – jeder hat solche Möglichkeiten! In dem Augenblick, in dem Sie die Aufmerksamkeit eines anderen Menschen spüren, reagieren Sie mit einem Lächeln. Dies wiederum führt dazu, dass die Freude, die Sie ausstrahlen, sich tief im Unterbewusstsein des Betrachters verwurzelt. Seien Sie sich aber bewusst, dass auch negative Gefühle, ein grimmiges Gesicht es dorthin schaffen.

Versuchen Sie dieses Experiment – und stellen Sie sich mit Ihrer wahren und liebenswürdigen Persönlichkeit Ihrem Gegenüber vor. Es funktioniert wie die Liebe auf den ersten Blick, die ebenfalls ein schöner Beweis für meine Theorie der Blitztrance ist.

Mit dieser kleinen suggestiven Technik machen Sie im Flugzeug vielleicht eine neue Bekanntschaft, oder der Nachbar, der Sie am liebsten in die Luft schießen würde, weil Sie die Hecke nicht geschnitten haben, grüßt Sie mit etwas Glück wieder. Der Finanzbeamte, wenn Sie persönlich bei ihm vorbeikommen, drückt möglicherweise noch mal ein Auge zu und verlängert die Abgabefrist für Ihre Steuererklärung. Das hat nicht unbedingt etwas mit Sympathie zu tun, sondern eher mit dem Gefühl, dass Sie Ihrem Gegenüber Aufmerksamkeit schenken. Im Grunde geht es darum, andere mithilfe dieses Geschenks zu überzeugen. Das Schöne daran ist, Sie steuern die Aufmerksamkeit und können in hohem Maß die Reaktion Ihres Gegenübers bestimmen.

Verteilen Sie Geschenke!
Schenken ist in unserer Gesellschaft eine Verpflichtung. Wenn ich ein Geschenk von jemandem bekomme, fühle ich mich automatisch in die Pflicht genommen, etwas zurückzugeben. Dies ist immer wieder zu beobachten bei Paaren, die sich seit Jahren geschworen haben, sich an Weihnachten nichts mehr zu schenken – und dann gibt es trotz gemeinsamer Absprache doch jedes Mal die tollsten Sachen, von beiden Seiten. Anscheinend reicht allein der Gedanke aus, dass der Partner sich am Ende doch nicht an die Abmachung hält, und dann will man natürlich auch nicht mit leeren Händen dastehen.

Beim Ritual des Schenkens ist es wichtig zu wissen, dass es bei Gegengeschenken keinen Werteabgleich gibt. Das bedeutet: Wenn ich Ihnen einen Cappuccino spendiere, heißt das nicht, dass ich von Ihnen nur eine Cola zurückverlangen kann. Ich kann auch nach einem wertvolleren Geschenk fragen. Natürlich verdeckt, wie in folgendem Experiment:

Ich saß in einem Café, mehr ein Kaffeehaus, und irgendwann stand ich auf, weil ich zur Toilette gehen wollte. Im selben Moment erhob sich ein Mann auf der anderen Seite des Raumes, er hatte dieselbe Idee wie ich. Fast gleichzeitig kamen wir vor der einzigen Herrentoilette an. Da der Mann älter war als ich, ließ ich ihm den Vortritt, dabei lächelte ich ihn an. Aha, dachte ich im Stillen, jetzt probierst du mal was.

Während der Mann auf der Toilette war, nahm ich einen Stuhl von einem Tisch, der ungefähr fünf Meter von mir entfernt war, stellte ihn an meinen und legte anschließend meine Sachen darauf. Nach ungefähr einer Viertelstunde – der Mann war wieder an seinen Platz zurückgekehrt und las weiter in dem Buch, in das er schon zuvor vertieft gewesen war – stand ich erneut auf, zog meine Jacke an und legte das Geld für meinen Kaffee auf den Tisch.

Bevor ich das Lokal verließ, ging ich jedoch zu dem Mann hinüber und sagte: »Entschuldigung, ich bin ein wenig in Eile. Könnten Sie für mich den zweiten Stuhl an meinem Tisch an diesen dort stellen?« Dabei zeigte ich zu dem Tisch, von dem ich den Stuhl weggenommen hatte. Ich weiß gar nicht mehr, ob der Mann nickte, denn ich musste ja vortäuschen, dass ich mich in Zeitnot befand.

Draußen konnte ich durch die große Glasfront des Cafés verfolgen, wie der Mann sein Buch weglegte, sich erhob, den Stuhl, auf den ich gezeigt hatte, in die Hand nahm und tatsächlich zu dem entsprechenden Tisch hinübertrug.

Wenn ich ihn nicht bei den Waschräumen vorgelassen, wenn ich ihn nicht fünf Sekunden angelächelt hätte, dann hätte der Mann sich gefragt: »Was will der denn? Wer ist das überhaupt?« Aber so tat er einfach etwas, weil ich ihn zuvorkommend behandelt und er das Gefühl hatte, mir etwas zurückgeben zu müssen, obwohl ich längst nicht mehr im Raum war und er auch kaum Gelegenheit dazu bekommen hatte, einschätzen zu können, ob ich nun ein sympathischer Mensch war oder nicht. Er handelte vorwiegend aus einem gesellschaftlichen Druck heraus. Sollten Sie übrigens dieser Mann sein, vielen Dank noch einmal im Nachhinein. Sie haben mir geholfen, klarer zu sehen.

Ähnlich reagierten Studenten in einem anderen Cialdini-Experiment. Sie sollten Kinobesuchern Lose für eine Tombola verkaufen. In einer ersten Versuchsvariante standen sie an den Ausgängen des Saals und versuchten am Ende der Vorstellung ihre Lose loszuwerden, der Preis pro Stück war ein Dollar. Wenn die Studenten Glück hatten, erstand der eine oder andere Besucher ein Los, kaum einer nahm zwei Lose ab.

In einem zweiten Experiment besuchten auch die Losverkäufer die Filmvorstellung. Mittendrin standen sie auf, gingen hinaus und besorgten für sich und ihren unbekannten Sitznachbar ungefragt eine Cola. Als der Abspann des Films lief, konnte der Student diesem fremden Menschen bis zu fünfzehn Lose verkaufen, erzielte mit einer einzigen Person also Einnahmen in Höhe von bis zu fünfzehn Dollar. Dabei hatte der Student für die Cola im Vergleich dazu nur einen Dollar bezahlt. In diesem Fall gab man wie bei meinem Kaffeehaus-Experiment viel mehr, als verlangt wurde. Die Person, die eine Cola geschenkt bekommen hatte, fühlte sich verpflichtet, dem Studenten zu helfen. Im Sinne von: Er hat mir etwas Gutes getan, also muss ich ihm auch etwas Gutes tun.

Mein Selbsttest mit dem älteren Herrn zeigt wiederum, dass Schenken nicht nur etwas Erfreuliches ist, sondern auch eine magische Handlung, die Abhängigkeiten hervorbringen und damit manipulativ sein kann. Denn habe ich ihm ein Geschenk gemacht, als ich ihn auf der Toilette vorgelassen habe? War das wirklich schon ein Geschenk? Im Prinzip war das nichts anderes als Knigge. Gutes Benehmen. Höflichkeit. Dennoch war es ein magischer Prozess. Wir können anhand dieser Beispiele jedoch auch sehen, welche Vorteile wir uns durch zuvorkommendes Verhalten unseren Mitmenschen gegenüber verschaffen können.

Geben ist deshalb so wichtig, weil man immer etwas verlangen kann. Und wenn man es darauf anlegt, kann man sogar mehr verlangen, als man gegeben hat. Mit diesem Wissen im Hinterkopf könnten Sie in einen Laden gehen, in dem zum Beispiel kleine Steine verkauft werden. Kaufen Sie davon zehn, zwanzig Stück, schön bunt, sie sind nicht teuer, und verschenken Sie die Steine an Freunde oder nette Menschen, die Ihnen begegnen. Sagen Sie denjenigen, denen Sie einen Stein überreichen: »Der bringt Glück, mir hat er auch schon geholfen.« Sie können sicher sein, dass Sie diesen Menschen etwas Gutes getan haben. Sie vermitteln den betreffenden Personen ein angenehmes Gefühl. Sie können statt eines Steins auch drei Zahlen aufschreiben und einem anderen geben mit den Worten: »Mit diesen drei Zahlen habe ich letzte Woche drei Richtige im Lotto gehabt, vielleicht bringen sie auch dir Glück.« Bei diesem Ritual geht es allein um den ideellen Wert eines Geschenks, keineswegs um den materiellen.

Vielleicht ist Ihnen das zu viel Aberglaube, vielleicht denken Sie, das mag früher bei den Schamanen funktioniert haben, aber heute, in unserer aufgeklärten Zeit, klappt das nicht mehr. Da kann ich Ihnen nur widersprechen: Seit den okkulten Zeiten hat sich nicht wirklich viel geändert. Gut, wir gehen heute nicht mehr zum Schamanen, der uns einen Tigerzahn um den Hals hängt, um uns im Kampf zu stärken, oder uns einen Federbusch übergibt, auf den wir unseren Wunsch sprechen sollen. Nein, das sicher nicht. Aber ich behaupte, diese Rituale sind geblieben, ihre Gesichter haben sich nur gewandelt.

Statt wie früher einen Tigerzahn kaufen wir uns teure Designeroutfits und erhoffen uns dadurch den Respekt unseres Gegenübers und die gebührende Anerkennung im Geschäftsleben. Wir flüstern zwar nicht mehr auf Federbüsche, aber wir feuern den Fernsehbildschirm an, auf dem sportliche Wettkämpfe übertragen werden, in der Hoffnung, unser Favorit möge gewinnen.

Wir haben das Gefühl für das Magische in unserem Leben nie verloren. Wir haben nur die Gestalt dieser magischen Rituale verwandelt. Machen Sie sich das bewusst! Wir umgeben uns, ohne es zu merken, tagtäglich mit magischem Denken.

Auch Komplimente sind hilfreich
Ähnlich wirkungsvoll sind die an anderer Stelle schon einmal erwähnten Komplimente. Wenn Ihnen an einer Person etwas Schönes auffällt, sprechen Sie es aus. »Sie haben wunderschöne Augen.« Wenn Sie das als Mann zu einer Frau sagen, kann das als Anmache gelten, aber das ist egal. Es geht darum, einem fremden Menschen ein gutes Gefühl zu schenken. Komplimente über die eigene Person kann man nicht oft genug hören. Gebrauchen Sie beim Komplimente-

machen Wörter, die Ihnen zunächst fremd vorkommen: die Dame, der Herr, galant, elegant ... Sie zeigen damit, dass Sie nicht angepasst sind. Äußern Sie einer anderen Person gegenüber die Bemerkung: »Sie sehen heute aber elegant aus«, so ist das keine Plattitüde wie die amerikanische Begrüßungsformel *You are looking great*, sondern ein wirkliches Kompliment, eine magische Handlung.

Denn was ist Magie? MAGIE ist wie das Gedankenlesen nichts anderes als der poetische und bewusste Umgang miteinander. Man muss sich dazu nicht auf ein Dach stellen und tanzend ein Huhn schlachten. Es ist Achtsamkeit, ein achtsamer Umgang mit dem anderen.

Sehen Sie die Rituale und Zauberhandlungen in diesem Buch auch als Geschenke an. Sie können sie an Menschen weitergeben. Erzählen Sie von den Engelsflügeln oder den roten Ampeln im Kopf. Machen Sie den Menschen das Magische in ihrem Leben bewusst – und Sie haben immer etwas zu verschenken dabei.

GLÜCKSBRINGER AUF ERDEN

Ein wunderbarer Glücksbringer ist der Himmelsbrief. Er wurde der Legende nach von Gott diktiert und von den Engeln in goldenen Lettern geschrieben und in einer Sturmnacht auf die Erde gebracht.

Im Jahr 805 sollte eine Abschrift dieses Briefes einen angelsächsischen Kleinkönig im Kampf beschützen, und tatsächlich kehrte dieser unverletzt vom Schlachtfeld zurück.

Viele Jahrhunderte später, genauer gesagt um 1900, als in England eine hohe Kindersterblichkeit herrschte, legten die Mütter diesen Brief in die Wiegen ihrer Neugeborenen, auf dass sie Hunger und Krankheit überstanden. Auch viele Mütter und Frauen von britischen Soldaten, die in den Ersten und Zweiten Weltkrieg zogen, griffen diese uralte Tradition auf. Ihren Söhnen und Männern nähten sie eine Abschrift des Himmelsbriefs in die Uniformen ein, und viele der so beschützten Soldaten überlebten tatsächlich und kehrten unverletzt nach Hause zurück.

Noch heute entfaltet dieser Brief mit seinen kämpferischen Worten eine Stärke, die seinen Träger im täglichen Leben beschützen und ihm Kraft für kommende Aufgaben schenken kann. Auf der folgenden Seite finden Sie eine übersetzte Abschrift des Himmelsbriefs. Trennen Sie ihn aus dem Buch, denn er ist ein wunderbares Geschenk. Überreichen Sie ihn einem guten Freund, einem geliebten Menschen, Ihrem Sohn, Ihrer Tochter. Natürlich können Sie auch selbst der Träger dieses Glücksbringers werden, denn der Glaube an diese Worte kann Berge versetzen. Ich weiß es aus Erfahrung.

10 Wie mir der Zufall zu meinem ersten Engagement verhalf

Das Leben wird von Zufällen bestimmt. Sie sind die Würze des Lebens. Wer wären wir, wenn wir nicht in diesem Moment genau an diesem Ort wären? Es sieht doch so aus, als ob jede Sekunde in unserem Leben, jeder noch so kleine Moment in unserer Vergangenheit, alles dafür getan hat, dass wir genau da sind, wo wir uns jetzt befinden. Was wäre geworden, hätten wir nicht in diesem einen kurzen Moment in die Augen unserer Liebe geblickt? Was wäre passiert, hätten wir in diesem Moment die andere Straßenseite gewählt? Was wäre geschehen, hätten sich unsere Eltern nicht genau in diesem einen kurzen Moment kennengelernt? Wer wären wir dann?

Mein Weg auf die Bretter, die mir die Welt bedeuten, war einer dieser Zufälle. Frau Baldermann war die Tochter von Telse Meyer-Grell, der damaligen Chefin des Hansa-Theaters. Sie hatte mich in einem kleinen ZDF-Beitrag gesehen und gleich danach angerufen. Für mich Fünfundzwanzigjährigen war das Hansa-Theater eine der wenigen Varietébühnen, die ich kannte und mit der ich die große Welt des Showbusiness verband, deshalb brachte ich vor Aufregung kein Wort heraus. Aber Frau Baldermann fuhr unbeirrt fort, mit ihrer temperamentvollen Stimme auf mich einzureden – einer Stimme, der man anmerkte, dass sie in der Lage war, ein Varieté zu leiten, in dem Schlangentänzer, Jongleure und Akrobaten aus aller Welt auftraten. Schließlich sagte sie: »Also, wissen Sie, bei uns ist da eine Nummer ausgefallen, und ich suche jemanden, der diese ersetzt. Könnte ich nicht mal zu Ihnen nach Saarbrücken kommen, um mir Ihr Programm anzusehen?«

Ich konnte es nicht fassen: Ich sollte die Möglichkeit erhalten, mich vor einer der einflussreichsten Damen der Varietékultur zu beweisen? Ich? Natürlich stimmte ich sofort zu, ohne wirklich darüber nachzudenken, denn von einem Programm konnte bei mir noch keine Rede sein. Also sagte ich: »Am nächsten Samstag trete ich wieder auf.«

»Das ist doch perfekt. Wo finde ich Sie?«

»›Kabarett im Ostviertel‹. 20 Uhr.«

»Ich werde da sein.«

Damit war das Gespräch beendet. Das »Kabarett im Ostviertel« klang nach etwas Professionellem, war aber nur eine provisorische Bretterbühne, der abgetrennte Teil einer Kneipe. Besucher verirrten sich kaum dorthin, außer man war Stammgast in dem Lokal. Fieberhaft überlegte ich, wie ich in drei Tagen eine Show auf die Bühne im wahrsten Sinn des Wortes zaubern konnte. Das Publikum war das geringste Problem. Familie, Freunde und Kumpels würden bestimmt ihren Samstagabend opfern, wenn sie von meiner Not erfuhren. Sie waren schon oft erschienen, um mir zuzusehen. Schwieriger sah es da schon mit einzelnen Nummern aus, die doch so spektakulär sein sollten, dass die Chefin des Hansa-Theaters mich engagieren würde. Was erwartete sie überhaupt? Sie hatte mich am Telefon als Magier bezeichnet? Aber war ich nicht eher ein Gedankenleser? Egal, ich musste mir eine Show überlegen.

Ich stand gerade erst am Anfang meiner magischen Ausbildung. Langsam bildete sich in mir ein Gefühl für den besonderen Moment heraus, den ich meinem Publikum verschaffen wollte. Ein vages Gespür für die Magie, für das Wunderbare, das mich nicht mehr loslassen sollte, bis zum heutigen Tag.

Fieberhaft durchforstete ich mein Gehirn, meine Notizen und Ideenliste. Ließ all die Momente vor meinem inneren Auge erscheinen, die mich selbst seit meiner Kindheit in Erstaunen versetzt hatten. Schließlich wusste ich, was unbedingt in meine Show an diesem Samstagabend mit hinein musste.

Es war die Nummer, bei der ich drei Bücher auf einen Tisch legte und drei Zuschauer auf die Bühne bat. Jede der drei Personen sollte sich ein Buch nehmen – meist wählte ich für diesen Akt Franz Kafkas *Das Schloss*, *Narziss und Goldmund* von Hermann Hesse und einen aktuellen Lieblingskrimi. Dann forderte ich die drei Personen auf: »Schlagen Sie irgendeine Seite auf, suchen Sie sich ein Wort aus und denken Sie ständig daran!« Ich tastete mich mit dem Kontaktgedankenlesen an das Wort heran, und dann, nach einiger Zeit, sagte ich, für welches Wort sich die Mitspieler entschieden hatten. Dieses Kunststück faszinierte immer enorm. Aber was ich sonst noch an diesem Abend vorführen wollte, dazu hatte ich höchstens Vermutungen, von konkreten Vorstellungen konnte keine Rede sein.

Frau Baldermann kam tatsächlich zu meiner kleinen Show im »Kabarett im Ostviertel«. Sie saß in der letzten von acht Zuschauerreihen und blickte streng in die Runde, mit Papier auf den Knien und einem Stift in der Hand. Es machte mich total nervös, wenn sie etwas notierte – später sollte ich erfahren, dass sie jede Nummer mit einer Note bewertet hatte. Zum Glück lief alles gut, und als die Show vorbei war, kam sie zu mir und meinte:

»Na ja, das ist zwar ganz schön, was Sie da machen, aber wissen Sie, wir sind ein Varieté. Bei uns, da braucht man Glitter und Glamour. Hätten Sie vielleicht nicht noch ein Kunststück mit Feuer?«

Ein Kunststück mit Feuer? Ich fühlte mich in meiner zarten Künstlerehre gekränkt und erwiderte: »Nein, bei mir geht es nur um Gedanken. Um den puren Minimalismus. Wenn Sie eine Show mit Feuer wollen, dann bin ich für Sie der Falsche.«

Anscheinend beeindruckte sie meine Haltung, mein Selbstvertrauen: »Okay, wenn Sie so überzeugt von Ihren Gedanken sind, dann probieren wir es. Ich engagiere Sie für zwei Monate. Sie können sofort anfangen.«

Ich konnte mein Glück kaum fassen. Das war es, wovon ich immer geträumt hatte. Voller Verwirrung, aber auch mit viel Tatendrang packte ich meine Koffer und fuhr mit dem Zug nach Hamburg. Inzwischen hatte ich in Erfahrung gebracht, dass das Varietétheater im Stadtteil St. Georg lag, direkt hinter dem Hauptbahnhof, zwischen Drogenszene und Straßenstrich. Der Illusionskünstler und Brauereibesitzer Paul-Wilhelm Grell eröffnete es 1894, Josephine Baker schwang hier ihren Bananenrock, der Clown Charlie Rivel trat auf, Harry Houdini entfesselte sich selbst und die Phantasie der Menschen; Siegfried und Roy starteten von hier aus in den Sechzigerjahren ihre Karriere, die ihren Höhepunkt in einer Großkatzenshow in Las Vegas fand. Die Zuschauer saßen in diesem Haus am Hamburger Steindamm auf 491 roten Plüschstühlen vor Tischen mit kleinen Lämpchen und konnten dazu nachmittags ein Kaffeegedeck konsumieren, abends pappsüßen Sekt und belegte Brote mit Gurke. Es war eine skurrile Welt voller Freaks und Körperkünstler, eine Welt, die mir gefiel.

Als ich das Theater betrat und zum Bühneneingang kam, rannte ein komplett geschminkter Clown an mir vorbei. Er schrie gellend laut, und seiner roten Nase folgte ein älterer Mann, der wie ein Seemann aussah und eine Eisenstange in der Hand hielt. Das war das Ende einer Nummer, bei der der Clown sich wohl geweigert hatte, etwas zu tun, und deshalb die Flucht ergriffen hatte.

»Na, ein neuer Kollege?«, fragte der Clown, als er mit Schreien und Laufen aufgehört hatte.

»Ja«, sagte ich und nickte zur Bestätigung.

»Was für eine Nummer?« Dabei nahm er seine rote Nase ab, und eine kräftige Männernase kam zum Vorschein, die in ihrer Form an einen Fahrradsattel erinnerte.

»Gedankenlesen.«

»Ist das möglich?«

»Natürlich.«

»Heute Abend, bei der zweiten Vorstellung des Tages, wirst du es zeigen müssen. Du kommst nach der Schlangenbeschwörerin dran, steht hier jedenfalls auf dem Programmzettel.« Der Clown zeigte auf eine Tür, an der das Abendprogramm angeschlagen war.

»Machen wir denn keine Probe?«

»Du bist wohl noch nicht lange im Geschäft!« Der Clown griente, sein breit ausgemalter Mund wirkte aus der Nähe fast unheimlich. »Hier kommt jeder mit ein oder zwei Nummern an, bleibt für zwei, drei Monate, dann zieht er weiter, ins nächste Theater oder zum Zirkus – oft ein Leben lang. Die Nummern kennt er in- und auswendig, da muss man nichts proben. Höchstens Licht und Ton.«

Der Clown hatte sich schon zum Abschminken in seine Garderobe begeben, während ich noch immer dastand. Ich fühlte, wie mir der Schweiß auf die Stirn trat. Mir war klar:

Ich musste funktionieren, wenn ich mein Engagement nicht verlieren wollte. Es gab keine andere Chance.

Ich schaute mir an diesem Nachmittag noch die anderen Nummern an, die auf dem Programm standen: eine Hula-Hoop-Tänzerin, eine Pudelnummer, ein Mann, der mit Hupen Musik machen konnte. Als die Show zu Ende war, konnte ich mich immerhin beruhigen: »Du bist eingebettet in einen feststehenden Ablauf. Auch wenn deine Nummer ein kompletter Reinfall wird, so muss der ganze Abend doch keine Katastrophe werden.« Mag sein, dass ich meine Worte laut geflüstert oder der musikalische Leiter der Show nur meine Unsicherheit bemerkt hatte, auf jeden Fall sprach er mich aufmunternd an: »Sei einfach, wie du bist. Tu das, was du kannst.« Das gab mir viel Kraft, und ich bereitete mich auf den Abend vor. In wenigen Stunden sollte die Vorstellung beginnen.

Was ist dieses seltsame Ding, das wir Selbstbewusstsein nennen?

Selbstbewusstsein hat nicht nur mit dem Gefühl des Glücklichseins zu tun. Ein wirklich selbstbewusster Mensch nimmt auch alles, was nicht nach Plan läuft, auf seine Kappe. Er kann die Gefühle, die sich in ihm aufbauen, selbst steuern. Außerdem weiß er, dass die Umwelt erst einmal nichts mit diesen Gefühlen, ganz gleich ob Glück, Angst oder Trauer, zu tun hat. Das nenne ich ein selbstbewusstes Leben. Die Verwandlung des Satzes »Diese Person nervt mich« in die Formulierung »Ich nerve mich« ist ein selbstbewusster Schritt.

Mit meinen drei Büchern und einigen Zetteln absolvierte ich meinen ersten Auftritt. Die Zuschauer sollten eine Frage aufschreiben und anschließend an diese denken – ich sagte ihnen dann, was auf dem Zettel stand. Trotz großer Nervosität lief alles gut, auch der zweite Auftritt gelang. Erstaunlicherweise. Doch der dritte war ein absolutes Fiasko. Bat ich einen Zuschauer: »Wären Sie bitte so freundlich und würden Sie auf die Bühne kommen?«, so erhielt ich eine Abfuhr. Auch der Nächste, den ich fragte, war nicht bereit, sich von seinem Platz zu erheben. Niemand war am Ende bereit. Was lernte ich daraus?

Keineswegs durfte ich nur so sein, wie ich war, der nette junge Mann von nebenan, der Schwiegersohn, den alle mochten. Das war viel zu privat. Ich musste die Teile, die ich in mir trug, seit ich Gedankenleser werden wollte, überzeichnen. Ich musste den Magier verkörpern, musste meine dunkle poetische Seite herauslassen – und das hieß befehlen: »Steh auf und komm auf die Bühne!« Das war ein interessanter psychologischer Prozess: Die Zuschauer reagierten augenblicklich auf Autorität, keiner widersetzte sich meinen Anordnungen.

Ebenso hatte ich anfangs die Aufmerksamkeit des Publikums verloren, wenn ich die Zuschauer höflich begrüßt hatte: »Einen wunderschönen guten Abend, meine Damen und Herren.« Das war vollkommen überflüssig, weil ich ja nicht die erste Nummer im Programm war und der Conférencier die Begrüßung schon erledigt hatte. Okay, keine persönliche Ansprache, dachte ich, stattdessen versuchte ich es mit einem meiner Gedichte, die ich seit einigen Jahren schrieb. Und das war ein perfekter Einfall. Im Publikum war es augenblicklich still. Wer ist das? Was will der von uns? Diese Fragen standen auf einmal zwischen Gurkenschnittchen und roten Samtstühlen im Raum. In der Folge entwickelte ich dann eine eher dominante und dunklere Bühnenpräsenz, die meine Zuschauer von Anfang an in eine gespannte Trance versetzt.

Entsprechend stylte ich mein Äußeres um: In einem Laden für Hochzeitsbekleidung kaufte ich mir einen stilvollen schwarzen Gehrock, dazu trug ich eine schwarze Samthose, eine schwarze Samtweste, darunter ein schneeweißes Hemd und statt Krawatte ein weißes Plastron – so wie ich es auf den Abbildungen der Salons aus der viktorianischen Zeit gesehen hatte, wenn die Trickster von damals ihre Erfolge feierten. Ich trat ja auch nicht mehr vor Kumpeln auf, sondern vor Hunderten von Menschen, die mir alle fremd waren und eine Erwartungshaltung hatten: Sie wollten nicht nur unterhalten, sondern verzaubert werden. Meine Aufgabe war es, sie in Erstaunen zu versetzen.

Und das gelang mir nun mit meinem Aufzug, meinen Gedichten, drei Büchern und ein paar Zetteln, während die anderen Artisten zum Teil mit Requisiten ankamen, für die sie einen Lkw brauchten. Irgendwann waren mir sogar die drei Bücher noch zu viel. Meine einzigen Requisiten wurden die Poesie und die Unmöglichkeit, die Bilder im Kopf auslöst und einen aus dem Alltag heraushebt. Die mein Publikum vergessen lässt, dass es im Theater sitzt.

Dennoch: Trotz aller Befehle und magischer Inszenierung passierte es immer wieder, dass nichts klappte. Da hatte ich nun meine drei Leute auf der Bühne, die intensiv an ihre Wörter aus den Büchern dachten, und dann sagte ich: »Du hast an das Wort ›Landvermesser‹ gedacht! Du hast an das Wort ›Kloster‹ gedacht! Du hast an das Wort ›Mond‹ gedacht!« Doch jede der drei Personen antwortete: »Nein, daran habe ich nicht gedacht.«

Im Grunde war die Show für mich in solchen Momenten vorbei, auch wenn sie gerade erst angefangen hatte. Ähnlich wie beim Jongleur, der fünf Mal hintereinander seinen Ball fallen ließ, oder wenn der Pudel partout nicht auf den Vorderbeinen laufen wollte. In diesen Momenten musste man sich eingestehen: »Heute hast du verloren.« Doch mit der Zeit lernte ich, damit umzugehen.

Auf dieser Bühne begriff ich auch, dass es keine Fehler im Leben gibt, sondern nur ein Feedback: Wenn etwas nicht gelingt, dann versuche etwas anderes. Sei flexibel und neugierig auf das Leben. Probiere dich aus und lass dich nicht in ein Raster pressen. Du bist frei, zu jeder Stunde, an jedem Tag.

Platzte das Gedankenlesen, musste ich schnell zum Hauptakt überleiten. Ich verteilte Zettel und Stifte unter den Zuschauern, auf denen sie Fragen oder Erlebnisse aus der Vergangenheit aufschreiben sollten. Ich versuchte dann zu erspüren, was die Menschen bewegte. Diese Nummer hatte etwas von Lebenshilfe an sich, und ich kam mir schon vor wie Rasputin, der russische Wanderprediger, der als Geistheiler große Erfolge erzielt haben soll. Eigentlich wollte ich nicht in diese Richtung, aber nach Hula-Hoop, Schlangenmenschen und Käsehäppchen hatte das Aufgeschriebene eine besondere Kraft bekommen. Wenn ich sagte: »Du hast an deine erste Liebe gedacht« oder: »Du hast auf dem Zettel stehen: ›Tod der Mutter‹«, dann war das für die Menschen sehr überraschend: »He, woher weiß der das denn von mir? Der schaut mich nicht nur an, der schaut auch in mich hinein.«

Und bei allem Respekt vor meiner Gedankenlesekunst, bei all den positiven Gedanken, die ich meinen Zuschauern schenkte, einschließlich des Staunens, schwang da auch immer Angst mit. »Was kann der noch sehen, wenn er schon das erkennt? Bin ich ein offenes Buch für diesen skurrilen Typen da auf der Bühne? Kann der in meine Seele eingreifen und vielleicht Manipulationen mit mir anstellen?« Im Prinzip war das nicht viel anders, als sich einen Psychothriller anzuschauen: Man ahnt, da passiert gleich was Schlimmes, dennoch ist es unmöglich wegzusehen. Man will unbedingt wissen, was da Schreckliches geschehen wird.

Daneben war das Erlebte irritierend: Wieso weiß der Mann im schwarzen Gehrock etwas, das nicht einmal meine Frau erahnt? Und ich war damals ja erst Mitte zwanzig und der durchschnittliche Hansa-Theater-Besucher um die sechzig aufwärts. Für sie war ich sozusagen der merkwürdige Enkel, wenn nicht gar der übersinnliche Urenkel, der durch ihre Köpfe wanderte.

Für alle war aber faszinierend zu erleben, dass mitten in der spielerischen Unterhaltung, mitten im Bunten eine Selbstreflexion einsetzen konnte. Für mich bedeuteten diese heraufbeschworenen besonderen Momente Entwicklung. Es war das spielerische und staunende Erleben von Kunst. Ein Mittel zur Heilung, wie ich Jahre später herausfinden sollte.

Das Hansa-Theater bot mir, da ich jeden Abend hinaus auf die Bühne musste, die Möglichkeit, mich selbst zu finden und zu inszenieren. Es wurde ein Ort, an dem ich lernte. Wenn ich mit gesenktem Kopf die Bühne verließ, weil einige Sachen nicht so gelaufen waren wie erhofft, klopften mir die anderen Artisten auf die Schulter und meinten: »Beim nächsten Mal wird es besser. Keine Angst, mach weiter!« Dadurch bekam ich ein gewisses Selbstvertrauen. Hätte ich diese Erfahrung nicht gemacht, ich weiß nicht, ob ich beim Gedankenlesen geblieben wäre.

Diese liebenswerten Freaks, Heimatlosen, Trickbetrüger und Fallensteller waren meine Lehrer. Vielleicht muss man manchmal das Extrem leben, um die Norm zu finden und sie genießen zu können. Wie ein Pendel, das erst in alle Richtungen schwingen muss, um seine Mitte zu finden.

Je mehr Erfahrung ich sammelte, je mehr ich übte und lernte, um so sicherer wurde ich. Das Gedankenlesen wird einem nicht in die Wiege gelegt. Um es mit Virtuosität zu beherrschen, muss man es mit Leidenschaft betreiben. Man muss sich diesem Phänomen mit Haut und Haaren verschreiben. Wundermacher zu sein ist kein Beruf, es ist ein Lebensentwurf. Das Gedankenlesen nur kurz ankratzen, es wie vieles andere im Vorbeigehen auch noch mitnehmen wollen, das klappt meist nicht. Was aber nicht bedeutet, dass man – wie ich – verrückt genug sein muss, um diese uralte mentale Technik einzuüben. Jeder ist in der Lage, ein paar kleine Tricks einzustudieren, um zu unterhalten, zu inspirieren. Tun Sie das, denn damit können Sie die eigene Wirklichkeit schillernder gestalten und den eigenen Horizont erweitern.

Meine zwei Monate beim Hansa-Theater bestand ich mit der Note Drei. Damit kam ich noch ganz gut weg, bedeutete es doch, dass man wieder ein Engagement bekam, wenn man Jahre später nachfragte, ob man nochmals auftreten dürfe. Dann wurde in einem Karteikasten nachgeschaut, in dem die einzelnen Artisten alphabetisch erfasst waren. Da sich keiner mehr an all die vielen Nummern erinnern konnte, wurde das System mit den Noten entwickelt. Hatte ein Künstler ein »Ausreichend« hinter seinem Namen stehen, musste er mit einer Absage rechnen.

Als die Saison zu Ende war und ich wieder nach Saarbrücken fuhr, vermisste ich schon im Zug die Atmosphäre dieses ungewöhnlichen Ortes. Das Haus war jedoch ein Auslaufmodell, Ende 2001 musste es schließen. Die Kellner hätten schon seit zwanzig Jahren in Rente sein müssen, so alt waren sie. Aber besonders traurig war ich, dass ich Jannick nicht mehr sehen sollte, den Leiter des kleinen Orchesters, dessen Mitglieder mit den Kellnern altersmäßig konkurrierten. War Pause, schliefen der Kontrabassist, der Mann an der Klarinette und am Schlagzeug hinter der Bühne augenblicklich auf ihren Stühlen ein, gleichsam wie auf Kommando.

Jannick war Pole. Er hinkte, und sein Gesicht passte eher zu einem Zirkusartisten als zu einem Musiker – er war einfach ein Kuriosum. Lange hatte er sich mit Handlesen beschäftigt, er kannte auch hervorragende und erstaunliche Kartentricks, von denen er mir einige beibrachte. Beim Handlesen erklärte er mir die Bedeutung von Lebens- und Kopflinien. Was er mir aber hauptsächlich empfahl und was für mich auch in Zukunft Bedeutung haben sollte: »Verlass dich auf deinen gesunden Menschenverstand und deine Intuition. Du hast eine Gabe, nutze sie und folge deinen eigenen inneren Bildern. Mach deine Kunst zum Lebensinhalt und lerne, die Wege in deinem Leben immer selbst zu gestalten. Geh nie die vorgetretenen Pfade. Mach das Gefühl für das Gedankenlesen in dir zu einem automatischen Prozess. Werde eins mit der Magie.«

Als ich im Zug saß und die Landschaft an mir vorbeizog, dachte ich daran, wie ich als Siebenjähriger im Kinderzimmer unter meinem Bett lag. Ich stellte mir damals vor, ich sei Hubschrauberpilot und würde über Berg und Tal fliegen. Als Cockpit diente mir ein ausrangierter Kassettenrekorder meines Vaters. Er war groß und schwer und hatte viele Knöpfe. In meiner Vorstellung war dieses Cockpit vollkommen real, ebenso meine Flüge. Und als ich wieder unter dem Bett hervorkroch, war mir klar, dass ich das mein ganzes Leben lang machen wollte. Immer nur spielen. In diesem

Augenblick schwor ich mir, in meinem Kinderzimmer: »Ich werde nie erwachsen. Ich will nicht jeden Tag zur selben Arbeit gehen müssen, das ist mir viel zu viel Wirklichkeit und zu wenig Magie.«

Für mich ist dieses Erlebnis eine Schlüsselszene. Mag sein, dass ich mich ihretwegen dem magischen Denken verschrieben habe: um nicht fernab von der Phantasie zu sein, sondern in ihr zu leben. Heute spiele ich nicht mehr Hubschrauberpilot, sondern habe die Rolle des Magiers übernommen. Des Wundermachers. Ich habe mir einen spielerischen Umgang mit mir selbst verschrieben. Die rationale Realität kann warten.

Was aber nicht nur Vorteile mit sich bringt, sondern auch enorme Nachteile. Wenn ich zum Beispiel zu einer Behörde muss, ganz gleich ob Finanz- oder Einwohnermeldeamt, zieht sich bei mir alles zusammen. Ich bekomme Angstzustände, erinnert es mich doch an Ordnung und funktionierende Systeme, an Disziplin und Hamsterrad. Ich lehne das alles nicht ab, aber ich habe eben meine Schwierigkeiten damit.

Noch eine Szene fiel mir während der Zugfahrt ein. Ich bin vierzehn, und die gesamte Familie sitzt um den Tisch herum. Es ist eine Feier im Gang, und auf einmal wird über mich gesprochen. Sicher, ich kann alle gut unterhalten, habe da schon hypnotisiert und meinen Tanten und Onkeln mit Gedankenlesen und Zaubertricks vergnügliche Momente bereitet, aber auf einmal heißt es: »Was willst du denn später mal werden?« Jeder kennt diese Situation, sie gehört zum Erwachsenwerden dazu. Frech blicke ich in die Runde und sage: »Hypnotiseur. Vielleicht auch Magier.« Sofort ertönt es aus allen Ecken: »Das geht nicht, das kann man nicht werden, davon kann man nicht leben.«

Meine Eltern – meine Mutter, ehemals Bankangestellte und inzwischen Hausfrau, mein Vater ein Handwerker, ein Elektrotechniker, der durch die ganze Welt reiste, um Maschinen aufzubauen – fordern beide von den Verwandten Nachsicht ein. Sie finden es nicht verkehrt, dass ich mit meinen etwas eigenwilligen Ansichten das traditionelle Familiengefüge ein wenig auflockern will, ihnen den Blick für andere Lebensentwürfe eröffne. Darüber bin ich froh.

Die Diskussionen von damals haben mich geschult. Oft musste ich für meine Leidenschaft kämpfen. Und das war gut so. Heute bin ich all meinen Verwandten dankbar, dass sie sich mit einem pubertierenden Kind auf diese Weise auseinandergesetzt haben. Widerstand zu leisten gehört dazu, will man den eigenen Lebenswünschen gegenüber Wertschätzung erfahren.

Prognose

»Nimm deinen Finger und leg ihn unter deine Zunge, eh du mit jemandem sprichst, und sag das, mit dem großen Namen: Lass mich vorhererkennen, was in der Seele jedes Menschen ist, heute; denn ich bin [...] Iaeo-Logos. Wenn du willst, wirst du [alles] vorher erkennen ... indem du den Finger unter deine Zunge hältst [nach Vorschrift und sprichst] zur Sonne hin dieses Gebet. Es lautet: ›Herrscher, [willst du mich die Zukunft wissen lassen, so fliege] ein Sperber auf den Baum.‹ Und wenn es nicht eintrifft, sprich auch dieses Gebet den vier Winden zu, wobei du dich im Kreise drehst zum Wind hin (...)«

[Karl Preisendanz (Hg.): Papyri Graecae Magicae. München/Leipzig 2001, S. 43]

11 Poetische Telepathie – der empathische Weg zu anderen. Bilder in Menschen sehen und telepathisch flirten

Zwei Menschen denken einen Gedanken – für mich ist das ein hochpoetischer Moment. Das ist die Zusammenführung von zwei Personen auf einer Ebene, die nicht sichtbar, dennoch intensiv und sehr intim ist. Besonders dann, wenn dies ohne Berührung erfolgt. Behauptete man doch, dass Gedankenlesen mithilfe von Kontakt eigentlich gar kein Gedankenlesen sei. Man kann zwar spüren, was der andere denkt, aber ein wirkliches Gedankenlesen sei das ja nun nicht.

Aus diesem Grund traf man eine Unterscheidung: auf der einen Seite das Gedankenlesen, auf der anderen die Telepathie. Dies führte aber letztlich nur dazu, dass man sich von einem echten, nachweisbaren Phänomen verabschiedete und stattdessen den Scharlatanen Platz machte, die durch Tricktechniken, ähnlich jenen, die ein Zauberkünstler anwendet, wenn er einen Menschen zersägt, den Anschein des Übersinnlichen zu erwecken versuchten.

Telepathie war von Anfang an hochpoetisch, allein schon das Wort »Telepathie«! Es ist eine Erfindung des britischen Dichters Frederic William Henry Myers, das dann im Jahr 1882 auch in der Society for Psychical Research (SPR) in London eingeführt wurde. Myers war aber nicht nur Spezialist für die Lyrik von Vergil und lehrte in Cambridge, sondern führte auch in diversen Gesellschaften Gedankenexperimente durch, für die er nach einem Namen suchte. Schließlich entschied er sich für das Kunstwort Telepathie, ein Oxymoron, eine Formulierung aus zwei gegensätzlichen, einander (scheinbar) widersprechenden oder sich gegenseitig ausschließenden Begriffen. Im Altgriechischen heißt *tele* nämlich »fern«, und *pathos* kann man mit »fühlen« übersetzen: Also bedeutet das Wort »Telepathie« genau genommen »Fernfühlen«. Und mit dieser Kunst des Fernfühlens werden wir uns jetzt beschäftigen.

Aus eigener Erfahrung würde ich übrigens sagen, dass Telepathie eine Form des gemeinsamen Erschaffens eines dritten Gedankenraums ist, was nur gelingt, wenn man dabei seinen inneren Bildern vertraut. Dabei wende ich eine Methode an, die ich »Technik der poetischen inneren Bilder« nenne.

Mit folgendem Spiel möchte ich Sie dazu animieren, Ihren inneren Phantasien zu vertrauen und sie auszuschmücken. Dazu müssen Sie genau auf die Impulse achten, die Ihr Gegenüber aussendet, und diese dann in innere Bilder umsetzen. Das ist wirklich die einzige Fähigkeit, die man bei der Telepathie beherrschen muss – es ist ein ähnlich klares System wie das Kontaktgedankenlesen.

Treffen Sie auf eine Person, so achten Sie vom ersten Moment an darauf, welche Bilder Ihnen in den Sinn kommen. Spinnen Sie herum, erschaffen Sie Tiere um diese Person herum, Landschaften, Fabelwesen. Dann beschreiben Sie diese als die Bilder, die Sie von der anderen Person erhalten. Ihr Gegenüber inspiriert Sie zu diesen Phantastereien. Sehen Sie diese Bilder als Metaphern an, die auf symbolische Weise Lebenssituationen illustrieren.

Beginnen Sie langsam, diese Metaphern mit Ihrem Gegenüber zu besprechen, spinnen Sie zu zweit aus diesen Bildern seine Lebensgeschichte. Sie beide werden bemerken, wie inspirierend das für den »Gelesenen« sein kann, oft geradezu erleuchtend. Die Realität wird auf einmal aus einer Ansammlung von phantastischen Symbolen gedeutet, die angenommen oder verwandelt werden können.

Mein Einstieg in das Kreieren von inneren Bildern waren die Schriften des New Yorker Tarotkünstlers Enrique Enriquez. Durch *Invisible Readings* und *Looking at the Marseilles Tarot* wurde ich dazu inspiriert, jeden Tag phantastische Bilderwelten zu erschaffen, die ich durch den Kontakt zu anderen Menschen in meinen Gedanken malte.

Aber diese Technik müssen Sie trainieren, Sie werden nicht gleich zu jeder Person die richtigen Bilder finden. Vertrauen Sie auf die unterbewussten Eingebungen, die Sie als Telepath haben. Vor allem: Trauen Sie sich, diese Bilderwelten zuzulassen und sie auszusprechen. Sie werden merken, dass Sie innerhalb von wenigen Monaten eine unglaubliche Menschenkenntnis erlangen, und Sie werden immer häufiger die Gedanken äußern, mit denen Ihr Gegenüber sich gerade beschäftigt.

Vergessen Sie jedoch nie: Bei der Telepathie geht es nur um das poetisch-spannende Spiel miteinander. Um das Kreieren phantastischer Bilder und symbolhaltiger Metaphern.

Als ich mit der Telepathie anfing, setzte ich mich in ein Café, um dort meine Spiele zu spielen. So sagte ich mir: »Wenn diese Frau, die mir gegenübersitzt, das nächste Mal etwas macht, halte ich mich an das Bild, das in diesem Augenblick vor meinem inneren Auge erscheint.« Dieses »etwas machen« konnte Verschiedenes sein: Sie bestellte noch ein

Glas, klappte das Buch zu, in dem sie gerade las, verlangte die Rechnung oder blinzelte auffällig. Da ich zu jenem Zeitpunkt längst alle Tarotkarten auswendig kannte, zählte ich sie im Kopf durch, um bei der Karte anzuhalten, bei der sie mir ihr unbewusstes Zeichen gab. War ich gerade bei der Drei, die für die Hohepriesterin steht, ging es mit den Bildern in mir los. So sah ich hinter dieser Frau eine lesende Frau. Und hinter diesem Bild der Lesenden wiederum ein weites Feld, was für mich bedeutete, dass sie trotz des Buches in Händen innerlich mit sich selbst beschäftigt war, sich gerade eine Frage stellte. Und um noch besser an dieses Wissen heranzukommen, ließ ich weitere Metaphern in mir entstehen.

Je häufiger Sie das trainieren, umso öfter werden Sie mit Ihren Gedanken richtig liegen – wobei für das Finden von Bildern die Kenntnis des Kontaktgedankenlesens sehr hilfreich ist. Denn durch Letzteres haben Sie ein Gefühl für Menschen entwickelt. Meistern Sie also erst das Kontaktgedankenlesen, bevor Sie mit der poetischen Telepathie beginnen. Jedes Bild, und das sagte auch schon der Schweizer Psychiater C. G. Jung, das man sieht, spiegelt einen Seelenzustand wider, selbst wenn dieses Bild nicht real existiert, sondern nur von Ihnen beschrieben wird.

Ich hätte nun diese Frau im Café fragen können: »Was bedeutet diese Frau für Sie? Diese Frau, die hinter Ihnen sitzt und ein Buch in Händen hält. Wer ist das?« Und schon hätte sich die Dame auf eine innere Reise begeben und überlegt: Ja, wer könnte das sein? Dergestalt kann die Technik der poetischen Telepathie gleichsam wie eine Art »Therapie« wirken.

Immer dann, wenn Sie zu fragen anfangen und über sich nachdenken, sind Sie bei sich. Vielleicht hat Ihnen bis dahin der Schubs gefehlt, auf diesem Wege nach innen zu gehen. Betrachten Sie ein Bild und gleichen Sie Ihre Deutung des Bildes mit der Frage ab, die Sie bewegt. So erhalten Sie auf abstrakte Weise eine Antwort aus einem anderen Blickwinkel.

Sie brauchen für dieses Spiel keine Kenntnis der Tarotkarten, Sie können auch an Tiere denken. An Gegenstände, an alles, was Ihnen in diesem Moment einfällt. Phantasieren Sie.

Noch ein Kaffeehauserlebnis:

Zwei Damen mittleren Alters, die eine brünett, die andere dunkelblond, betraten miteinander redend das Lokal. Bei beiden Frauen sah ich zwei Schildkröten unter den Füßen, dazu ein kleines weißes Häschen, das ständig um eine von ihnen herumsprang. Auch hatte ich das Gefühl, als glühe die eine feuerheiß.

Zufällig setzten sie sich an den Tisch, der genau neben meinem stand. Ich wartete, bis sie ihre Bestellung aufgegeben hatten, danach sprach ich sie auf die Bilder an, die ich bei ihnen gesehen hatte. Erst schauten sie mich etwas verstört an, als ich von meinen Tier- und Feuermetaphern erzählte, aber dann sagte die Brünette: »Schildkröten? Hmm. Gerade haben wir uns über das Büro unterhalten, in dem wir beide arbeiten. Wir haben darüber gesprochen, dass wir in unserem Unternehmen kaum Chancen haben, uns weiterzuentwickeln. Wir kommen nicht voran und denken daran zu kündigen. Außerdem ist meine Kollegin gerade frisch verliebt, was wohl die Hitze beschreiben könnte.« Mit dem Hasen konnte keine der beiden Frauen etwas anfangen.

Zum Schluss sagten sie noch, dass sie äußerst erstaunt über meine Bilder seien. Ich muss zugeben, ich war es auch. Bevor ich wieder zu meinem Tisch zurückkehrte, gab ich ihnen den Tipp, die Schildkröten unter ihren Füßen in Panther zu verwandeln. Die seien sehr schnell und stark im Kampf. Danach verabschiedete ich mich und ging meinem normalen Tagwerk nach.

Einige Tage später traf ich eine der beiden Frauen erneut in dem Café, es war die Dunkelblonde mit dem Hasen. Sie war ganz aufgeregt und berichtete, am Tag nach unserer Begegnung sei sie mit schnellem Schritt und den Panthern als Begleitern in das Büro ihres Chefs gestürmt, hätte ihn angeblickt und ihm klargemacht, dass es so nicht mehr weitergehen könne. Beeindruckt von ihrer Courage und ihrer Kraft, habe ihr Chef sie daraufhin umgehend befördert. Sie erzählte auch, dass sie ohne die Vorstellung des Panthers nie den Mut aufgebracht hätte, ihren Unwillen zu äußern.

Verwandeln Sie sich also jedes Mal, wenn Sie kämpfen müssen, in einen Panther. Dieses Raubtier ist elegant und durchsetzungsfähig. Sie werden unterbewusst, ohne darüber nachzudenken, seine Attribute annehmen.

Entschlüsseln Sie mit dem Partner die Metapher
Animieren Sie Ihren Mitspieler, dass er mit Ihnen und dem telepathischen Bild spielt: Entschlüsseln Sie gemeinsam die Metapher.

Setzen Sie sich dazu gegenüber an einen Tisch.

Sie sagen: »Lass uns mal sehen, gibt es etwas, was dich gerade beschäftigt?«

Ihr Mitspieler antwortet vielleicht: »Ja, es gibt da eine Frage, die ich beantwortet haben will. Ich weiß einfach nicht, wie es im Beruf weitergehen soll.«

Nun sind Sie wieder dran: »Okay, ich schaue dich jetzt an und versuche mal die Bilder zu beschreiben, die ich sehe. Ich sehe einen Fuchs neben dir sitzen, zu deinen Füßen sehe ich eine Schnecke, über dir sind Wolken, die Sonne scheint aber nicht. Es regnet. Was könnte das für dich bedeuten?«

Mitspieler: »Na ja, die Schnecke könnte bedeuten, dass ich zu langsam vorwärtskomme. Aber es könnte natürlich auch sein, dass es eher gut für mich ist, Schritt für Schritt voranzukommen. Der Fuchs an meiner Seite könnte vielleicht zum Ausdruck bringen, dass ich auf der Hut bin. Aber eigentlich sitzt er einfach nur ruhig da und fühlt sich gar nicht bedroht.«

Bei diesem Spiel geht es darum, den Mitspieler, der eine Frage auf dem Herzen hat, dazu zu bringen, die Bilder zu interpretieren, die Sie ihm präsentiert haben. Wichtig ist dabei, dass man keine vorgefertigten Bilder in sich trägt, sondern der eigenen Intuition vertraut und genau das beschreibt, was man im jeweiligen Augenblick wahrnimmt. Klar, auch das erfordert einigen Mut, aber es lohnt sich: Dieses Spiel schult Ihre Kreativität ebenso wie Ihre Inspiration. Je öfter Sie es probieren, umso genauer werden Ihre Bilder.

Erinnern Sie sich: Sie hatten als Kind vielleicht einen unsichtbaren Freund, der enorm wichtig für Sie war. Wenn Sie alleine waren, konnten Sie mit ihm spielen, ihm Fragen stellen – und Sie erhielten auch Antworten. Genau dahin möchte ich Sie wieder bringen. Zu diesem Spielen mit sich selbst, mit anderen. Wenn jemand zu Ihnen mit einem Problem kommt und Sie diese Person ermuntern, mit Ihnen das Spiel »Fernfühlen« zu spielen, so ist das ein guter, ein lebensbejahender Moment. Werden Sie zu einem Maler, der phantastische Bilder malt. Der Metaphern erschafft für die Menschen, die ihm begegnen.

Diese Bilder, die wir, inspiriert von unserem Gegenüber, bei der Telepathie vor unserem inneren Auge erscheinen lassen, sind Symbole. Und ein Symbol verankert sich viel stärker in einem Menschen als ein Ratschlag, besonders dann, wenn jemand dazu neigt, in schwierigen Situationen in Hektik zu verfallen. Vielleicht sehen Sie plötzlich aus irgendeinem Grund einen Weihnachtsbaum vor sich und erinnern den Betreffenden dann daran, wie schön es an Weihnachten ist, ganz langsam ein Geschenk auszupacken – die Spannung steigt, bis das letzte Stück Verpackung fällt. Man lässt sich automatisch Zeit und genießt. Nur der Gierige verschlingt. (Im Übrigen ist dies auch ein guter Tipp für Männer, die im Bett zu schnell ihre Lust verlieren. Stellen Sie sich einfach vor, die Dame Ihres Herzens ist ein Geschenk, das Sie langsam auswickeln, um es dann in vollen Zügen genießen zu können.)

Und seien Sie gewiss: Sie erhalten immer eine Antwort, wenn Sie mit Ihrem Gegenüber über die Bildersprache in Kontakt kommen. Zwischen Ihnen beiden wird ein Raum geschaffen, in dem Sie sich austauschen, in dem Bilder zugelassen werden, in dem Sie akzeptieren, dass Sie miteinander verbunden sind.

Diese Bilder tauchen auf, wenn Sie es zulassen, wenn Sie im Fluss sind, im Flow, im Rhythmus. Es ist ein Moment des Loslassens. Woher die Bilder kommen, kann ich nicht erklären. Es sind Inspirationen.

Aber beobachten Sie beim nächsten Friseurbesuch oder während einer Busfahrt einfach mal alle Leute um sich herum und lassen Sie in Ihrem Kopf Bilder entstehen. Der ist eine Nachteule, okay. Die Frau, ja, da sehe ich einen Elefanten, und bei der Dame daneben ist in meinen Gedanken ein Nilpferd aufgetaucht. Ordnen Sie dem Gesehenen Deutungen zu. Welche Eigenschaft hat ein Nilpferd, was sind seine Vorzüge, was seine Nachteile und so weiter. Sie brauchen nicht zu befürchten, dass Ihre Mitmenschen Ihre Phantasiereise mitbekommen. Sie wissen nicht, was Sie da gerade treiben.

Denken Sie an Höhlenmalereien und Hieroglyphen – das sind uralte Bildersprachen, Symbole, die für Erlebtes und Gesehenes stehen. Auch jedes Gedicht versinnbildlicht etwas, versucht Menschen zu beschreiben.

In dieser Tradition verstehe ich meine Form des telepathischen Spiels. Die poetische Telepathie, die wirklich jeder schnell erlernen kann. Die Dichtung unserer Phantasie.

Ich versuche die unsichtbare Welt zu sehen. Die sitzt da aber nicht als Geist neben mir, sondern ich trage sie in mir, sie kommt aus mir selbst heraus. Es ist, so abstrakt das vielleicht klingen mag, ein Erfühlen von dem, was mir mein Mitspieler entgegenbringt.

Und in dem Augenblick, wo Sie einen Mitmenschen als Poesie wahrnehmen, sind Sie nicht nur bei sich, sondern auch ganz auf die andere Person konzentriert. Vielleicht sieht Ihr Gegenüber gerade in Ihnen ebenfalls ein poetisches Bild. Dann sitzen Sie zusammen, führen ein Gespräch von Poet zu Poet, um Sie herum lauter Bilder. Wenn man solche Bilder zulässt, findet man ins Spiel hinein. Irgendwie seltsam, aber auch sehr inspirierend.

Orakelschau
»Willst du einmal um gewisse Dinge Orakelschau halten, nimm ein ehernes Gefäß, entweder eine Schüssel oder Schale, beliebiger Art, gieß Wasser hinein – und zwar wenn du die himmlischen Götter rufst, Regenwasser, wenn die der Erde, Meerwasser, wenn aber Osiris oder Sarapis, Flusswasser, wenn Tote, Quellwasser – und halt

auf den Knien das Gefäß; schütte Öl aus grünen Oliven zu und du selbst beuge dich über das Gefäß und sprich das folgende Gebet hinein und rufe heran, welchen Gott du willst, und frag, wonach du willst, und er wird in dir antworten und über alles Auskunft geben. Hat er gesprochen, so entlass ihn durch die Lösung: wendest du dieses Gebet an, wirst du staunen.

Gebet, über dem Gefäß gesprochen: ›(...) Nahe [mir], du Gott, lass dich sehn von mir in dieser Stunde und erschrecke nicht meine Augen. Nahe mir, du Gott, werde mir Erhörer, weil das will und befiehlt.‹«

[Karl Preisendanz (Hg.): Papyri Graecae Magicae. München/Leipzig 2001, S. 79]

Mit Maske und Messer

Auf der Bühne führe ich die poetische Telepathie mit einem Akt vor, den ich »Die Maske« genannt habe.

Eine Frau klebt mir mit schwarzem Gafferband die Augen zu, auf denen auch noch zwei Münzen liegen. Mein ganzer Kopf ist zugetaped, und darüber kommt noch eine Stahlmaske.

Die Frau bekommt einen weißen Luftballon in die Hand gedrückt. Mit ihm soll sie sich irgendwo in den Zuschauerraum stellen. Sie hat die freie Wahl. Noch weiß sie nicht, was auf sie zukommt. Am Anfang habe ich ihr nur ein Vertrauensgeständnis abgerungen: »Kann ich dir vertrauen? Ich muss dir vertrauen können.« Sie hat es bejaht. Ich habe ihr danach in die Augen geschaut und gesagt: »Ich sehe, was du siehst. Ich fühle, was du fühlst, und ich denke, was du denkst.«

Wie gesagt, es geht um Vertrauen. Ich ziehe nun ein riesiges Messer aus meinem Gehrock – und gehe los, Richtung Publikum. Es ist wie beim Blinde-Kuh-Spiel, nur eben mit Messer. Dabei rezitiere ich ein Liebesgedicht, das ich selbst verfasst habe. Die letzten Zeilen lauten: »Die Reise führt in ein Land, / das man oft vergeblich sucht. / Dort, wo man fliegt. / Ich bin noch dort und warte auf sie, / schenke ihr Zeit, und doch vermisse ich sie. / Dort, wo man fliegt. / Dann wird es still.« Bei den letzten Worten stehe ich mit dem Messer vor ihr. Noch einmal sage ich: »Ich sehe, was du siehst. Ich fühle, was du fühlst, und ich denke, was du denkst.« Und: »Pam!« In diesem Augenblick zersteche ich den Luftballon. Die Frau reißt mir daraufhin das Tape vom Kopf, was recht schmerzhaft ist.

Durch das poetische Gedankenlesen gelingt es mir, selbst mit verbundenen Augen die Frau mit dem weißen Luftballon zu finden. Ich spiele hier mit dem Geheimnisvollen der Liebe.

Interessant sind die Reaktionen. Jeder Mensch interpretiert dieses Gedicht und den Akt auf seine Weise. Manche sind der Ansicht, dass das Gedicht einen Liebesmord beschreibt. Andere glauben, darin eine Form reinster Liebe zu entdecken. Auf jeden Fall wird bei dieser Darstellung die Phantasie der Menschen angeregt. Ich sehe ja nicht, wie die Frau da steht und zittert. Denn für sie bin ich in diesem Moment plötzlich durchgedreht, ich rase ja wie ein Irrer mit einem Messer auf sie zu. Sie denkt inständig daran: Hoffentlich macht der keinen Fehler. Eigenartig ist für mich, dass sie überhaupt da stehen bleibt. Schon erstaunlich, dieses große Vertrauen, das da im Publikum vorhanden ist.

Ähnlich erging es mir, als ich diese Nummer bei einem Bankett im Schloss Charlottenburg vor Staatsfrauen und -männern vorführte. Es war in Berlin, wohl im Jahr 2007,

Anlass war ein Gipfel der EU-Minister zur Bewertung des Euro. Die großen Staatsoberhäupter waren an diesem Abend ebenfalls anwesend. Ein Freund von mir, der sich die Veranstaltung auch angeschaut hatte, erzählte mir im Nachhinein, wie die Leibwächter der Staatenlenker nervös wurden, wie sie ihre Hände an die Taschen legten, bereit zum Sprung, um mich abzudrängen oder zu überwältigen. Immerhin war ich mit dem Messer – es ist ein echtes scharfes Messer – in der Hand direkt an Sarkozy vorbeigelaufen. Aber selbst in dieser Publikumskonstellation schritt niemand voreilig ein. Vertrauen pur.

Keineswegs würde ich in den Ballon stechen, wenn ich mir nicht sicher wäre. Als ich mit dieser Nummer anfing, kam es manchmal vor, dass ich sie abbrach, weil ich merkte, dass ich nicht wusste, wo der Luftballon sich befand.

Nach der Show haben mir viele Frauen erzählt, dass sie sich eigentlich als sehr ängstlich eingeschätzt hätten, dann aber froh waren, diese »Mutprobe« durchgestanden zu haben. Männer wollen dagegen meist die Stahlmaske inspizieren, wollen wissen, ob die denn auch wirklich keine Löcher hat. Mir selbst geht es um das Kuriosum.

Einen Cocktail für die Dame, bitte
Die Messernummer, das Liebesgedicht, all dies bringt die Zuschauer dazu, mich etwas zu fragen, was sie brennend interessiert: »Hat man es als Gedankenleser einfacher als andere Männer, Frauen zu erobern?« Man könne ja viel besser, eben telepathisch, deren Gedanken und Wünsche erfassen.

Als Antwort darauf habe ich für das Varieté eine Nummer geschrieben, bei der ich unter den Zuschauern eine Frau aussuche. (Varieténummern sind meist kürzer als die, die im

Theater gezeigt werden können.) Ich spiele dann mit ihr ein einfaches Spiel, sage zu ihr: »Ich werde jetzt fünf Mal hintereinander raten, in welcher Hand du eine Münze hältst – und mache ich einen Fehler, habe ich verloren, und du bekommst als Gewinn dafür einen Cocktail deiner Wahl von mir spendiert.« Ich gebe ihr eine Münze, und wir fangen an zu spielen.

Ich flirte ein wenig mit ihr, schaue ihr tief in die Augen. Vier Mal rate ich die richtige Hand, beim fünften Mal patze ich absichtlich. Die Hand, die sie öffnet, ist leer. Die Münze liegt in der anderen Hand. In diesem Moment meldet sich der Moderator der Show zu Wort, meist Philip Simon, ein herausragender Kabarettist und Freund von mir. Leicht boshaft sagt er: »Na, Herr Becker, schon wieder verloren!« Er kommt mit einem großen Tablett zu uns, auf dem zwei hübsch dekorierte Cocktails stehen. Ich überreiche der Dame einen der Drinks. Ich schaue sie an und antworte: »Verlieren kann man das nicht nennen.« Daraufhin verschwinde ich mit ihr backstage. Das ist ein schöner Twist bei dieser Nummer, denn jeder hat gesehen, dass ich Gedanken lesen kann. Und jeder Mann kann sich im Stillen sagen: Mensch, mit so einer bescheuerten Münze hat der diese Frau aufgerissen.

Wir verlassen die Bühne, denn dieser Akt funktioniert hervorragend, wenn anschließend Pause ist. Alle Frauen machen mit, kommen mit mir Richtung Backstage – und klar ist wohl auch, dass ich wusste, in welcher Hand die fünfte Münze lag. Jetzt wird es nämlich erst richtig spannend. Die Zuschauer denken sich: Was macht der mit der Frau? Will er sie etwa wirklich verführen? Ist ja eigentlich ganz schön frech, sie einfach für die Pause von ihrem Partner zu trennen.

Manchmal führt mein Verschwinden mit der Dame tatsächlich dazu, dass die Männer überreagieren. Einmal hörte ich plötzlich ein Stampfen auf der Bühne, und kurz darauf sprang mir der Ehemann der »Verführten« entgegen. Er war kräftig, aber ich bin es zum Glück auch. Drohend baute er sich vor mir auf: »Wenn du mir nicht gleich meine Frau zurückgibst, dann verprügle ich dich.« Das Lustige daran war, dass er sich nicht traute, mir in die Augen zu schauen, da er wahrscheinlich Angst davor hatte, dass ich seine Gedanken lesen würde.

Die Frau neben mir blickte mich erschrocken an, sie hatte keineswegs den Eindruck gehabt, dass ich sie ihrem Mann abspenstig machen wollte. Es war ja auch nicht meine Absicht gewesen. In diesem Moment trat der Stage Manager, hauptberuflich ein Türsteher, zu uns und sagte, zu dem Mann gewandt: »Du bist ja immer noch hier.« Wutentbrannt drehte sich der Mann um und verließ den Backstagebereich. Seine Frau folgte ihm. Ich hörte noch, dass der Mann ihr gegenüber handgreiflich werden wollte, bevor er den Veranstaltungsort verließ. Sie aber blieb. Nach der Show kam sie noch einmal zu mir und meinte: »Ich habe es schon immer geahnt, aber du hast mir gerade gezeigt, dass dieser Mann ein Riesenarschloch ist. Du warst die Hilfe, die ich gebraucht habe, um mich von dem Typen zu trennen.«

Ich stand da und dachte, dass ich doch eigentlich nur hatte spielen wollen. Es war eindeutig gewesen, dass mein tiefer Blick nur Theater war, nichts Reales. Die Nummer mit der Münze. Einzig ein Auftritt – und doch eine Offenbarung. Das machte mir wieder einmal klar, welche Kraft Magie haben kann, denn die Zuschauer vergessen anscheinend, dass sie in einem Bühnenhaus sitzen.

Ein anderes Erlebnis mit dieser Nummer hatte ich im

Varieté »Wintergarten« in Berlin. Ich ging hinunter ins Publikum – die Bühne im »Wintergarten« hat in der Mitte eine relativ lange und breite Holztreppe. Ich wählte eine Frau aus, eine Blondine. Ich ging voran, sie musste mir folgen. Da hörte ich hinter mir schwere Schritte auf den Holzstufen – bum, bum, bum. Was ist das?, dachte ich und drehte mich um. Vor mir stand eine Transe, einen Kopf größer als ich. Eine Lockenperücke auf dem Kopf, dazu Minirock und Strapse. Ich hatte mir »meine Frau« beim Aussuchen nicht so genau angeschaut – hätte ich es nur getan! Nun musste ich mit ihr die Flirtnummer durchziehen, ich konnte sie schließlich nicht wieder zu ihrem Platz zurückschicken. Wie hätte das denn ausgesehen!

»Wie heißt du?«, fragte ich.

»Klara«, antwortete sie mit tiefer Stimme.

Ich schaffte es tatsächlich, es wie einen Flirt aussehen zu lassen. Für das Publikum war es ein Knaller, als ich schließlich mit Klara hinter der Bühne verschwand, um mit ihr den versprochenen Cocktail zu trinken. Danke, Klara, für diesen tollen Moment, ich fand es wunderbar lustig.

Singles only
Liebe, Leidenschaft, Beziehungen – all dies ist mir auch in einer weiteren Nummer wichtig, die ich »Singles« nenne. Zum Publikum sage ich: »Ich bitte nun alle Singles unter Ihnen aufzustehen.« Männer und Frauen erheben sich. Unter Letzteren wähle ich eine aus, die anderen Frauen sollen sich wieder hinsetzen. Die Männer nicht. Die Frau, die stehen geblieben ist, fordere ich auf: »Such dir in Gedanken für den heutigen Abend den passenden Mann unter den Singles hier aus. Aber nur in Gedanken. Danach geh an den hinteren Bühnenrand und stell dich dort mit dem Rücken

zum Publikum hin.« Sie sieht also nicht, was ich vorne auf der Bühne mache.

Ich frage sie: »Was ist dein Lieblingseis?«

Sie antwortet: »Erdbeereis.«

Daraufhin zeige ich auf verschiedene Männer: »Du und du und du, ihr setzt euch wieder hin.«

»Hast du einen Lieblingsfilm?«

»*Vom Winde verweht.*«

»Okay, der Herr dort und dort, bitte setzen.«

»Welche Musik kannst du immer hören?«

»Songs von Robbie Williams.«

Wieder müssen sich eine Reihe von Männern setzen. Insgesamt stelle ich fünf Fragen, und am Ende bleibt nur noch ein einziger Mann übrig. Er kommt auf die Bühne und stellt sich hinter die Frau. Dann sage ich zu ihr: »Ich zähle jetzt bis drei, danach drehst du dich langsam um. Wenn der Mann, den du ausgewählt hast, vor dir steht, möchte ich, dass du das zeigst, indem du ihn auf die Wange küsst. Wenn er es nicht ist, dann musst du gar nichts tun.«

Jetzt dreht sie sich um, schaut den Mann an – und küsst ihn auf die Wange. Schließlich stehen die beiden links und rechts von mir, als sei das jetzt eine Kuppelshow. Ich sage: »Wer hätte das gedacht, dass ihr euch heute Abend kennenlernt! Das ist ja schon mal ein guter Einstieg.« Die zwei sind völlig aufgeregt, weil sie ihn sich ja wirklich ausgesucht hat. »Wir haben einen Tisch für euch vorbereitet, und ihr habt die Verpflichtung, die weitere Show gemeinsam anzuschauen und in der Pause miteinander zu reden. Unterhaltet ihr euch nicht miteinander, dann lasse ich mir etwas einfallen.«

Der Tisch steht in der Nähe der Bühne, auf ihm befinden sich zwei Gläser, ein Kühler mit einer Flasche Champagner sowie eine Vase mit einer Rose. Dort werden die Frau und der Mann den weiteren Abend verbringen. Ich habe zwei Personen zusammengeführt, die sich sonst nie getroffen hätten. Bewusst habe ich Emotionen ausgelöst und in das Leben von mir fremden Menschen eingegriffen. Die beiden hatten mit Sicherheit nicht damit gerechnet, dass so etwas geschehen könnte, als sie ins Theater kamen. Wer weiß, was geschieht, vielleicht verlieben sie sich tatsächlich ineinander, heiraten irgendwann; vielleicht gehen sie nach der Show auch sofort wieder getrennte Wege. Doch ich bin davon überzeugt, das Wichtigste an einer Beziehung ist der Moment, wie man sich kennenlernt. Die Möglichkeit, als Single plötzlich jemanden Fremdes neben sich sitzen zu haben, mit dem man ein magisches Erleben teilt, ist jedenfalls sehr außergewöhnlich.

Was soll den beiden eigentlich jetzt noch passieren? Besonders dann, wenn man merkt, dass sie tatsächlich hundertprozentig zusammenpassen.

Manchmal entscheiden sich die Frauen für jemanden, der so gar nicht die richtige Wahl ist. Meist passiert das, wenn zwischen den beiden die Entfernung im Zuschauerraum zu groß ist. Dennoch bleibt ihnen eine Geschichte, die sie weitererzählen können. Und auch das ist ein Moment, den ich sehr mag: den Menschen Erlebnisse zu schenken, die sie weitergeben können, im Sinne von: »Also, weißt du, was mir gestern Abend passiert ist? Da habe ich einen Typen getroffen, Thomas heißt der ...« Manche erinnern sich dadurch wieder an ihre erste Liebe. Es sind Geschichten, die Menschen unterhalten. Und es sind Geschichten, die sich nicht unbedingt jederzeit wiederholen lassen. Da fällt mir ein: Ist Kuppelei in Deutschland eine Straftat? Hoffentlich nicht.

Um auf der Ebene der Liebe Gedanken zu lesen, sollten Sie vor allem neugierig darauf sein, wie andere reagieren. Sie sollten die Menschen an sich lieben, keine Vorurteile haben. Nur so können Sie Verbindungen sehen, die anderen womöglich nicht auffallen. Mir geht es nicht allein darum, eine Zahl, die Münze in einer bestimmten Hand, Sternzeichen und Geburtstage herauszufinden. Das bringt Spaß, lockert auf und kommt auf jeder Party gut an. Es ist gewiss ein wunderbarer Effekt, wenn das Geheimste überhaupt, nämlich die PIN-Nummer einer EC-Karte, die man nicht einmal dem Ehepartner oder dem besten Freund verrät, plötzlich öffentlich verkündet wird. Da ist guter Rat teuer, was man dann mit der Karte macht. Eigentlich kann man sich nur eine neue bestellen.

Aber all dies, ohne jegliche Inszenierung und nur auf die Psychologie dahinter reduziert, ist letztlich sehr technisch und dadurch dann auch wieder banal, gar etwas profan. Zwar schaut man dabei auch in den Kopf eines anderen Menschen, aber es fehlt mir das Geheimnisvolle, die Inszenierung, das Theater, die Magie. Vor allem fehlt mir aber die Lebendigkeit. Und wie Sie sicher schon bemerkt haben, sehe ich mich weniger als Techniker, auch nicht als Psychologe, sondern in der Tradition des fahrenden Volkes.

Der amerikanische Regisseur David Mamet schrieb einmal in einem seiner Bücher sinngemäß: »Wenn man vor hundertfünfzig Jahren den Teufel auf der Bühne perfekt darstellte, musste der Schauspieler Angst haben, von der Dorfbevölkerung am nächsten Tag an einem Baum aufgehängt zu werden.« Diesem Schicksal möchte ich mich nicht unbedingt ausgesetzt sehen. Aber mein Ideal ist es, dass der Zuschauer vergisst, wo er sich gerade befindet. Wenn das gelingt, habe ich einen guten Moment geschaffen. Habe ich das Publikum aus seiner Realität herausgehoben.

HERZANKER

Spielen Sie dieses Ritual morgens nach dem Aufwachen und abends vor dem Einschlafen. Es nimmt nur zehn Minuten Zeit in Anspruch und schenkt Ihnen die Liebe als ständigen Begleiter. Füllen Sie sich selbst mit Liebe, indem Sie Folgendes tun:

1. Legen Sie die Fingerspitzen beider Hände über Ihr Herz.
2. Schließen Sie die Augen. Erinnern Sie sich an einen Moment in Ihrem Leben, in dem Sie die Liebe voll und ganz erfüllt hat.
3. Sehen, hören, riechen, schmecken und empfinden Sie diesen Augenblick der Liebe voll und ganz.
4. Wenn Sie am Höhepunkt dieses Gefühls angelangt sind, drücken Sie alle Fingerspitzen fest auf Ihr Herz. Verankern Sie die Empfindung der Liebe mit den Fingerspitzen in Ihrem Herzen und sagen Sie sich: »Ich empfange Liebe, ich gebe Liebe, ich bin Liebe.« Danach lösen Sie den Druck der Fingerspitzen.

Wiederholen Sie dieses Ritual mindestens fünf Mal hintereinander.

Wenn Sie erneut diese Liebe erfahren wollen, müssen Sie nur mit den Fingerspitzen leicht auf Ihr Herz drücken – und sich mit dem Gefühl dieser verankerten Liebe verbinden. Sie breitet sich in Ihrem ganzen Körper aus. Gönnen Sie sich einen Augenblick, diese Liebe zu spüren.

12
Im Land der Mondsichel –
oder wie ich mittels Telepathie ein Taxi durch Istanbul lotste und Lügen entlarvte

In Berlin hatte ich selbst eine versteckte Stecknadel gefunden, aber konnte ich allein mittels Telepathie einen mir fremden Menschen so beeinflussen, dass er in einer noch größeren Stadt einen bestimmten Ort fand? Konkret gesagt: Konnte mir solch ein Vorhaben auch in einer Stadt gelingen, die ich überhaupt nicht kannte und deren Einwohner in einer Sprache redeten, die ich nicht einmal ansatzweise verstand?

Die Idee war geboren, nun musste sie nur noch erfolgreich umgesetzt werden. Oder auch nicht. Wieder einmal konnte ich mit meinem Einfall einen Fernsehsender begeistern – und so ging es mit einem Kamerateam ins Land mit der Mondsichel, genauer gesagt nach Istanbul. Definitiv war ich zuvor nie in dieser Stadt gewesen, definitiv konnte ich kein Türkisch.

Die Aufgabe bestand darin, einem Taxifahrer einen Platz oder eine Straße zu suggerieren, von denen ich vorher nichts wusste. Der Mann sollte allein mithilfe meiner telepathischen Hinweise den Ort finden. Dieser Ort wurde mir erst ins Ohr geflüstert, als ich ins Taxi stieg: Kapalı Çarşı. Als Zusatzinformation erfuhr ich noch, dass dies ein Basar sei. Mehr nicht.

Mein Mund war zugeklebt. Die einzige erlaubte Kommunikation mit dem Taxifahrer war: ihm in die Augen schauen, ihn berühren, ihm die Hand auf den Kopf legen, aber nur kurz. Sonst durfte ich nichts mit ihm anstellen. Mit diesen beschränkten Möglichkeiten sollte ich dem Mann vermitteln, dass ich an einen bestimmten Ort wollte. Besonders gemein erschien mir bei dieser Suche, dass Istanbul durch den Bosporus geteilt ist. Das machte die Sache nicht gerade leichter. Ins Taxi war ich auf der asiatischen Seite der Stadt eingestiegen, der große Basar Kapalı Çarşı liegt in der europäischen Hälfte – aber das wusste ich ja nicht, da ich nie zuvor von ihm gehört hatte. Das nur zu Ihrer Information. Und auch Folgendes: Man hatte das Taxi einfach auf der Straße angehalten. Jemand aus meinem Team hatte den Mann gefragt, ob er bereit sei, sich auf ein solches Abenteuer einzulassen. Er hatte nur genickt und gegrinst.

Da saß ich nun in dem uralten, komplett verbeulten Auto, und der Taxifahrer und ich schauten uns an. Meine einzige Möglichkeit bestand jetzt darin, das Ziel dieser Expedition für ihn zu visualisieren. So sandte ich ihm eine Verbildlichung von einem Basar, wie Sie es bei der Übung zur Telepathie gelernt haben. Dieses Bild war nichts als eine Vorstellung davon, wie ich mir einen Basar in der Türkei ausmalte. Nie zuvor hatte ich einen besucht, und wie nun der Basar Kapalı Çarşı konkret aussah, wusste ich erst recht nicht. War er groß oder klein? Verkaufte man dort nur Gewürze oder Teppiche oder alles bunt durcheinander?

Als ich meine Übermittlung abgeschlossen hatte, blickte der Taxifahrer mich intensiv an und nickte. Hatte er mich tatsächlich verstanden? Wäre das nicht ein Wunder? Bevor er den Motor startete, legte ich meine Hand kurz auf seine Schulter, um dadurch meiner Visualisierung Nachdruck zu verleihen. Um ihn darin zu bestärken, seiner Eingebung zu folgen.

Der Mann fuhr los. Wir bewegten uns im Zickzack durch das Gewirr von Straßen. Das war ein bisschen irritierend, wenn ich auch wusste, dass Istanbul eine große Stadt ist, und ich es für unwahrscheinlich hielt, dass man einen Ort ausgesucht hatte, der gleich in der Nähe unseres Ausgangspunkts lag. Bestimmt jagte ich den Taxifahrer quer durch die Stadt. Nach einer guten Weile gelangten wir zu einer Fähre. Dort stand das Klappertaxi zwischen all den anderen Autos, Fahrern und Passagieren – nur mit dem Unterschied, dass ich mit verklebtem Mund auf dem Rücksitz des Wagens saß. Und das entging auch nicht den anderen auf der Fähre. Leute klopften aufgeregt ans Fenster, fragten mit Gesten, ob sie mir helfen könnten. Sie dachten, ich sei entführt worden. Mitten am helllichten Tag! Wenn ich eine solche Szene beobachtet hätte, so hätte ich auch sofort die Polizei gerufen. Da der Wagen mit dem Kamerateam ein Stück hinter uns war und auf der Fähre auch nicht gedreht wurde, kam natürlich niemand auf die Idee, dass es um ein Experiment ging. Ich selbst durfte mich aber nicht zu sehr darum kümmern, was um das Auto herum geschah, ich musste mich darauf konzentrieren, dem Taxifahrer weiterhin meine Gedanken zu übermitteln.

Als die Fähre auf der anderen Seite des Bosporus anlegte, warteten dort tatsächlich Polizisten auf uns. Es dauerte fast eine Stunde, bis die Beamten überzeugt waren, dass es hier nicht um Kidnapping ging, sondern um ein Gedankenexperiment. Wegen des Zeitverlusts dachte ich, dass der Taxifahrer nicht mehr wusste, wohin die Reise gehen sollte, und ich wollte erneut den Basar visualisieren. Als ich wieder Augenkontakt mit ihm aufnahm, schüttelte er jedoch nur den Kopf. Der Mann schien zu wissen, was ich ihm »gesagt« hatte.

Schließlich hielt das Auto an. Der Fahrer sagte etwas auf

Türkisch, was so klang wie: »Wir sind da!« Ich schaute hinaus. Durch das Fenster entdeckte ich ein graues steinernes Tor, mit Zinnen und einer darauf flatternden roten Fahne mit Halbmond. Direkt über dem Bogen war »Kapalı Çarşı« zu lesen, darunter stand »Grand Bazaar«. Nun konnte es keinen Zweifel mehr geben, wir waren an unserem Zielort angelangt.

Im ersten Moment dachte ich, das ausgewählte Ziel sei vielleicht zu offensichtlich gewesen, da alle Touristen zu diesem Großen Basar gefahren werden wollten. Man hatte mir schließlich nicht gesagt, ich solle ihm die Halıcı Sokağı 14 gedanklich übermitteln, die Teppichhändlerstraße Nummer 14. Je länger ich darüber nachdachte, umso mehr war ich davon überzeugt, dass der Taxifahrer einfach angenommen hatte, er solle mich zum Kapalı Çarşı bringen.

Um meinem aufkommenden Unmut nicht weiter Raum zu geben, fragte ich ihn. Ich wollte es wissen. Ein Dolmetscher übersetzte, da der Taxifahrer weder Deutsch noch Englisch sprach. Er sagte auf meine Vermutung hin: »Als Sie mich ansahen, wurde mir auf einmal ganz warm. Und in diesem Moment sah ich vor meinen Augen das Bild vom Großen Basar. Und so bin ich denn losgefahren.« Nun war ich beruhigt, die Visualisierung hatte wirklich geklappt. Der Mann mit den ausdrucksstarken Furchen im Gesicht und dem stolzen Symbol seiner Männlichkeit, einem perfekt gestylten Schnurrbart, hätte sich nicht von gängigen Zielen beirren lassen. Das war wirklich ein wundersames Erlebnis.

In der Stadt am Bosporus unternahmen wir noch ein zweites Experiment: Ich sollte Lügen erkennen, wenn man sie mir in einer Sprache erzählte, die ich nicht beherrschte. Dazu wurden in einer Straße einige fliegende Händler angesprochen, ob sie bei dem Experiment mitmachen würden. Fliegende Händler hatte man deshalb ausgesucht, weil man annahm, sie hätten eine gewisse Routine im Lügen. Schließlich wollten sie ja ihre Waren verkaufen, da mussten sie schon mal einem möglichen Käufer das Blaue vom Himmel herunterschwindeln.

Schnell waren die Teilnehmer der »Lügenrunde« beisammen. Jeder von ihnen sagte ein, zwei Sätze auf Türkisch. Zu 70 bis 80 Prozent wusste ich mittels Telepathie und aufkommenden Bildern, ob der Betreffende gerade log oder die Wahrheit sagte. Es klappte dann nie, wenn ich mir nicht sicher war und zu raten anfing. Aber letztlich war es sehr schwer, weil ich kein Training in diesem speziellen Experiment hatte und auch nicht dieselbe Konzentration wie auf einer Bühne aufbrachte. Hinterher las ich einige von den Sätzen, die die Händler mir gesagt hatten, in der deutschen Übersetzung: »Ich heiße Ali und bin neun Jahre alt.« Oder: »Ich bin Millionär und werde nie mehr in meinem Leben arbeiten.«

In erster Linie orientierte ich mich neben den Bildern jedoch an den Augen der Händler. Weitere Anhaltspunkte lieferte mir die Körpersprache meines jeweiligen Gegenübers. Menschen, die lügen, wechseln plötzlich ihren Sprechrhythmus. Auch ihr Körperrhythmus ändert sich auf einmal, ein schnellerer Lidschlag ist ebenfalls ein guter Indikator. In der Sprache, die man selbst spricht, kann man ebenfalls viel am Klang ablesen. Aber wenn ein Sechzigjähriger auf Türkisch sagt, er sei neun Jahre alt, kann das, wenn man kein einziges Wort versteht, alles bedeuten.

Faszinierend finde ich in diesem Zusammenhang auch die US-Fernsehserie *Lie to Me*. Dr. Cal Lightman, dargestellt von Tim Roth, hilft Strafverfolgungsbehörden, Wirtschaftsunternehmen, sogar Staaten mittels bestimmter psychologischer Techniken, die Wahrheit herauszufinden. Lightman arbeitet dabei mit den Forschungsergebnissen des – realen – amerikanischen Psychologen Paul Ekman, der durch seine Untersuchungen zur nonverbalen Kommunikation berühmt wurde und zu den hundert bedeutendsten Psychologen des 20. Jahrhunderts zählt. Er hat unter anderem das Facial Action Coding System (FACS) erstellt, nach dem Gesichtsausdrücke codiert und beschrieben werden können. Es basiert auf Ekmans Analyse verschiedenster Gesichtszüge. In der Serie wird FACS dazu benutzt, um bei Verhören Videoaufnahmen von verdächtigen Personen zu machen, die im Anschluss angesehen und ausgewertet werden. Man will auf diese Weise erkennen, ob jemand lügt oder nicht.

Nun hat Ekman aufgezeigt, dass zur Codierung eines Gesichtsausdrucks, einer Mimik- und Emotionserkennung bis zu 3600 verschiedene Prozesse ablaufen, die aber in ihrer Gesamtheit mit bloßem Auge nicht zu erkennen sind. Da geht es etwa um das Heben und Senken der Augenbrauen, um die Haltung des Kiefers, um das Vorschieben der Unterlippe etc., wobei die einzelnen Muskelbewegungen im Gesicht nach ihrer Ausdrucksstärke eingeordnet werden, die wiederum diversen Kategorien folgt. Das System ist wissenschaftlich anerkannt, da Muskelbewegungen genetisch vererbt werden. Man erwirbt sie nicht kulturell, was bedeutet, dass sie schnell veränderbar wären. (Zwar mutieren Gene auch in Abhängigkeit von Umweltfaktoren, aber in einer viel schwerfälligeren und komplizierteren Variante.)

Für die Analysen all der einzelnen Bewegungsabläufe benötigt man Zeit. Eine Eins-zu-eins-Umsetzung, wie sie in *Lie to Me* dargestellt wird, ist auf die Schnelle nicht möglich.

Zwar hört es sich auf dem Bildschirm sehr logisch an, aber in dieser Geschwindigkeit funktioniert das nicht.

Dennoch versuchte man hier einen experimentellen Gedanken alltagstauglich zu machen. Schritt für Schritt entwickelte man eine Vision – Lüge oder Wahrheit augenblicklich im Gesicht entdecken zu können – zur Realität. Meine Traumwelten, die ich auf der Bühne darstelle, sind auch das: Ideenkicks für zukünftige Entdeckungen und Interessen.

13 Erkans kleine Schule der Menschenkenntnis – oder was der Körperbau einer Person über ihren Charakter verrät

Eines Nachmittags, die Experimente waren abgeschlossen, wanderte ich allein durch die Straßen Istanbuls. Ich wollte die Menschen dieser Stadt näher kennenlernen. Irgendwann setzte ich mich in einem großen Hinterhof zu einer Runde von Männern, die vor einem Lokal an einem Tisch Tee tranken. Sie erzählten sich dabei Geschichten, die sich in meinen Ohren wie Märchen aus Tausendundeiner Nacht anhörten. Ich konnte die Sprache nicht verstehen, aber ich mochte den Klang, die Sprachmelodie. Da ich mit meiner Frisur auffiel, fragte mich einer der Männer halb auf Türkisch, ein Viertel auf Deutsch, ein anderes Viertel auf Englisch:
»Was machst du, dass du so aussiehst?«
»Ich bin Magier«, erklärte ich.
»Derwisch?«
»Nein, kein Derwisch, ein Magier. Ich arbeite auf der Bühne.« Derwische sind Menschen, die den Sufis angehören, einem muslimischen Orden, der für seine asketischen und spirituellen Praktiken bekannt ist.
»Ah, Magier! Ich bin auch Magier. Ich heiße Erkan, und wie heißt du?«
Mir fiel auf, dass Erkan sehr gut Deutsch sprach. »Jan«, erwiderte ich. »Ich heiße Jan. Aber sag, was bist du für ein Magier?«

»Ich kann an den Gesichtern von Menschen ablesen, aus welchem Land sie kommen, meist auch, aus welcher Stadt.«

»Und woher komme ich?«

»Klar, Deutschland. Du lebst in Berlin.«

»Das habe ich bestimmt eben im Gespräch gesagt. Das hast du mir nicht an meinem Gesicht abgelesen.«

»Doch, mein Freund.«

»Na, dann erzähl mir mal, wie du das machst.«

»Komm mit zu meinem Teppichgeschäft. Da zeige ich es dir. Ich werde dir beweisen, dass ich auch ein Magier bin.«

Da mich das interessierte und ich sowieso immer neugierig bin, folgte ich Erkan zu seinem Laden, der nicht weit von dem Hinterhof entfernt lag. Wir setzten uns davor, wieder mit einem Glas Tee. Und immer, wenn jemand vorbeikam, der nicht türkisch aussah, sprach er die Person an. Mal auf Englisch, mal auf Französisch, dann wieder auf Italienisch, Spanisch oder auch Deutsch – er war ein wahres Sprachgenie. In den meisten Fällen lag er richtig mit seiner Einschätzung der Nationalität, auch bei der Benennung der Stadt. »Du kommst doch aus Koblenz, Bordeaux, Lourdes, Paris, Vicenza, Valencia ...« Ich saß nur mit offenem Mund da, ähnlich erstaunt wie die Angesprochenen. Für die Touristen müssen wir ein seltsames Duo abgegeben haben, Erkan, der den Rosenkranz zwischen den Fingern hielt, und ich mit meiner Frisur, sehr passend für ein Land, das die Sichel in der Nationalflagge hat.

Es war klar, dass mein neuer Freund seine Teppiche mit dieser Geschäftstaktik bestens verkaufte. Wenn die Leute ihn fragten, woher er denn wisse, dass sie aus Lourdes kämen, sagte er, er hätte einen Bruder dort. Schon war Nähe hergestellt, und die möglichen Käufer seiner schönen, aber sehr teuren alten Teppiche ließen sich auf weitere Verhandlungen mit ihm ein.

Erkans Geheimnis? Er machte den Job schon seit dreißig Jahren. Seit dreißig Jahren beobachtete er Menschen, konnte an kleinsten Details wie Aussprache, Kleidung, Gestik ablesen, woher und weshalb sie nach Istanbul kamen.

»Erkan, mein Freund, du bist wahrlich ein Magier!«, sagte ich, als die Stunden mit ihm vor seinem Laden zu Ende gingen.

Erkan strahlte: »Ich hab dir doch nicht zu viel versprochen, mein Freund. Und jetzt trinken wir zusammen noch ein Glas Raki.«

Der Mond ging über Minaretttürmen auf, es war die richtige Stadt für mich. Ich hätte tagein, tagaus weiter neben meinem Freund sitzen bleiben können.

Ich war nicht nur verblüfft, sondern wirklich überwältigt, mit welcher Genauigkeit Erkan es schaffte, jedem Menschen anzusehen, woher er stammte oder wer er war. Vor allem wusste er genau, wie jeder Einzelne seiner Kunden tickte. Und weil ich ihn als wirklichen Magier betrachtete, bat ich ihn, mir zu erklären, auf was er bei einem Menschen am meisten achten würde. Er sagte: »Gern verrate ich dir mein Geheimnis, wenn du mir dafür eines von deinen verrätst. So macht man es doch schon seit Jahrhunderten unter Magiern.« Wir besiegelten unser Versprechen mit Handschlag, und ich begann ihm das Spiel zu erklären, bei dem man immer weiß, in welcher Hand eine andere Person eine Münze versteckt hält. Er war begeistert von der Einfachheit dieses psychologischen Spiels und hielt sich, nachdem er sich meine Erklärung auf das Genaueste in sein kleines Notizbuch geschrieben hatte, im Gegenzug auch an sein Versprechen.

Auch ich hielt seine erstaunlichen Beobachtungen schriftlich fest. Hier meine Abschrift, verzeihen Sie das Kryptische, es sind nur Notizen – von denen ich aber profitieren konnte. Dennoch eine Bitte vorneweg: Verstehen Sie Erkans Erkenntnisse nicht als »Bibel«, an die Sie sich in Zukunft getreulich halten sollen. Ich gebe zu, das ist sehr verlockend, doch wenn Sie mit einem unumstößlichen Vor-Urteil auf die Menschen zugehen, geben Sie ja gerade Ihre Offenheit auf. Sehen Sie das Ganze also mit einem kleinen Augenzwinkern.

Bei Erkans Geheimnis geht es darum, den Menschen nach einem Raster zu beobachten, das man in Gedanken über ihn projiziert. Man beginnt mit dem allgemeinen *Körperbau*. Erkan unterscheidet vier Körpertypen – er meint, das mache es ihm einfacher, sein Gegenüber schneller einzuschätzen. Er ordnet jedem Körpertyp eigene Verhaltensweisen zu, die er sich durch die einfachen Elemente und deren Eigenschaften ganz leicht merken kann.

Die vier Körpertypen sind nach Erkan:

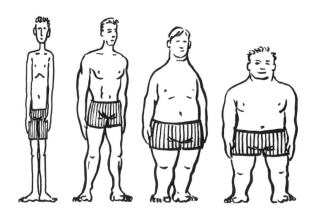

Schlaksig und feingliedrig steht für Wasser
Stämmig und kraftvoll steht für Erde
Breit und füllig steht für Luft
Quadratisch steht für Feuer

Erkan sagt: »Bei den meisten Menschen vermischen sich zwei dieser Körpertypen. Es kommt also darauf an, den dominanten Part zu erkennen. Ein Beispiel: Du schätzt dein Gegenüber als stämmig, kraftvoll, aber auch breit ein. Ist aber das Stämmige und Kraftvolle das Beherrschende, sind genau diese beiden Wahrnehmungen zur Deutung der Charaktereigenschaften des Körpertyps entscheidend.«
»Und wie sieht da deine Deutung aus?«, fragte ich.
Frei nach Erkan gilt Folgendes:
Die feingliedrige Körperstruktur ist erkennbar an dünnen Knochen und langen Muskeln. Menschen mit diesem Körperbau sind sehr begeisterungsfähig, sie sind ein Fan von allem Neuen und den modernsten Errungenschaften. Ihr typisches Verhalten ist das eines verspielten, froh gesinnten und optimistischen Menschen. Doch sobald sie unter Druck gesetzt werden, reagieren sie oft mit Angstgefühlen und lassen sich von ihrer Besorgnis allzu leicht überwältigen. Diese Menschen lieben in der Regel die Veränderung und das Abenteuer, neigen aber auch zu Impulsivität. Sie haben eine relativ kurze Aufmerksamkeitsspanne.

Die kraftvolle Statur erinnert an eine Sanduhr: Schultern breit, Hüften eher schmal, Beine wieder kraftvoll. Man könnte die Männer dieses Körpertyps als Modellathleten ansehen. Modellathleten können hart und gewissenhaft arbeiten. Sie lieben die Herausforderung und geben alles, um eine schwierige Aufgabe zu meistern. Wenn sie großem Stress ausgesetzt sind, reagieren sie oft irritierend für ihre Umwelt.

Sie können nämlich auch mal ausrasten. Ihr Humor ist sehr sarkastisch und zynisch.

Der breite Körperbau tendiert zu schmalen Schultern und kräftigen Hüften. »Ähnlich einem Löffel«, erklärte Erkan. (Ich finde, das ist eine sehr lustige Assoziation.) Menschen mit dieser Statur sind sehr treu und lieben die Dinge so, wie sie sind. Sie haben einen angenehm-weichen Charakter, sind *easy going*. Ihr Wahlspruch könnte lauten: »Langsam und stetig zum Ziel.« Sie sind gebende Menschen, verständnisvoll und sympathisch, gute Zuhörer.

Der quadratische Typ ist stämmig und gleichzeitig muskelbepackt. Er gehört zur Kategorie Gewichtheber, liebt das Extrem und die Belastung. Mit diesen Menschen kann man Pferde stehlen, wie der Volksmund sagt, sie haben einen ausgeprägten Beschützerinstinkt und besitzen einen außerordentlichen Gerechtigkeitssinn. Richtige Typen.

Nach dieser ersten Einschätzung hält Erkan Ausschau nach vier *Kopfformen*.

Quadratisch: Menschen mit einem solchen Schädel tendieren zu ehrgeizigem und aggressivem Verhalten. Sie sind geradeheraus und mögen kein Drumherumgerede. Sie sind analytisch, wollen herausfinden, wie Dinge funktionieren, und hinter sie blicken. Oft haben sie Verdauungsprobleme.

Oval: Menschen mit einem derartigen Kopf sind äußerst praktisch und methodisch veranlagt. Man könnte sagen, sie sind Workaholics. Sie sind ungemein bedacht auf finanzielle und materielle Sicherheit. Wenn sie krank werden, beginnt es meist im Hals- und Rachenbereich.

Rund: Menschen mit rundem Kopf verbinden sich gern mit den Mitmenschen auf emotionaler Ebene. Sie haben oft etwas Mütterliches oder Väterliches an sich, obgleich sie ein leichtes Lebensgefühl bevorzugen. Sie lassen sich mit der Strömung treiben und lösen ihre Probleme häufig übers Essen.

Dreieckig: Menschen, die mit einem eher dreieckigen Kopf durch die Welt gehen, sind oft unruhig, ziemlich gesprächig, haben eine Menge Energie. Sie fangen viele verschiedene Dinge und Projekte an, führen aber nur wenige zu Ende. Durch die wenig kontrollierte Energie haben sie oft Schwierigkeiten mit dem Schlafen.

Nun betrachtet mein türkischer Freund die *Stirn*. Er fragt sich:
- Ist sie eher nach vorn orientiert oder nach hinten, also fliehend?
- Eher hoch oder niedrig?
- Eher eckig oder rund?

Nach Erkans Erfahrung können Menschen mit einer weiten, hohen Stirn clever mit Schwierigkeiten umgehen; sie finden immer kreative Lösungen. Menschen mit einer eher niedrigen Stirn haben oft Probleme, Lösungen zu finden. Sie lassen sich leichter als andere aus der Ruhe bringen und brauchen etwas länger, um Dinge zu erledigen. Eine eckige Stirn spricht dagegen für einen eher rational und pragmatisch denkenden Menschen, und die runde Stirn kennzeichnet meist Idealisten. Menschen mit vorstehender Stirn wiederum mögen es zu argumentieren; sie verschließen sich keinem Streitgespräch. Und bei einer fliehenden Stirn, so Erkans Erfahrung, wisse er gleich, dass er es mit einem ungeduldigen Typen zu tun habe.

Dann sagte mein neuer Freund noch: »Menschen, die ihre Stirn hinter den Haaren verstecken, halten oft ihre wahre Meinung zurück, wollen ihre Gedanken verschleiern.«

Nach der Stirn widmet sich Erkan den *Ohren*.

Die Ohren weisen darauf hin, welche Rolle jemand in der Gesellschaft übernommen hat – wie gesagt, das sind Erkans Vorstellungen:

Menschen mit kleinen und anliegenden Ohren sind tendenziell konservativ und akzeptieren die ihnen zugedachte Rolle. Sie sind auf Sicherheit bedacht und wählen eher einen angepassten Lebensweg.

Menschen mit großen Ohren sind die Individualisten unter uns. Eher unangepasst, favorisieren sie einen eigenen Weg und fühlen sich in vorgegebenen Strukturen unwohl. Sie brauchen ihre Freiheit, auch im Denken. Erkan verwies auf die Disney-Figur Dumbo: Der fliegende Elefant verweigert alles, was man ihm vorschreiben will.

Eine kleine Kante in der äußeren Ohrmuschel weist auf eine hohe Kreativität hin. Menschen mit diesem Merkmal am Ohr sind Knallköpfe, die gerne mal Dinge ausprobieren, die anderen sehr seltsam erscheinen.

Die *Ohrläppchen* hat mein türkischer Freund ebenfalls im Visier, wenn sie denn unter den Haaren sichtbar werden:

Große Ohrläppchen sprechen von einem starken Willen.

Kleine Ohrläppchen von sexuell schwieriger Erfüllung und Befriedigung.

Menschen ohne oder mit fest angewachsenen Ohrläppchen verfolgen meist keine klar definierten Ziele im Leben; sie lassen sich gern treiben.

Der Blick von Erkan geht dann weiter zu den *Augenbrauen* und den *Augen*:

Die Augenbrauen, so sagt er, beschreiben die Stärke des Immunsystems. Starke, ausgeprägte Augenbrauen verweisen auf ein gutes Immunsystem. Menschen mit dünnen Augenbrauen sind gesundheitlich eher anfällig und haben häufig Erkältungen. Eine Falte zwischen den Augenbrauen, direkt über dem Nasenbein, deute auf ein ausgeprägtes Sozialverhalten hin. Diese Menschen können gut mit anderen umgehen und ihre Bedürfnisse verstehen.

Gebogene, runde Augenbrauen: Menschen mit diesem Merkmal sind vor allem an anderen Menschen interessiert, ihr mentaler Antrieb liegt eher im emotionalen Bereich.

Gerade Augenbrauen: Diese Menschen sind eher an Dingen, Sachverhalten und Fakten interessiert.

Dreieckige Augenbrauen: Diese Menschen brauchen unbedingt die mentale Kontrolle.

Die Augen sind nach Erkans Einschätzung tatsächlich Fenster zu unserer Seele, das seien keine leeren Worte. In erster Linie seien nach seiner Erfahrung die äußeren Augenwinkel von Bedeutung. Sind sie eher hoch angesetzt, die Augen also schrägstehend, so weiß Erkan: Dieser Mensch sieht die Welt in großen Bildern, überblickt die Zusammenhänge. Im umgekehrten Fall, gehen die Augenwinkel mehr nach unten, ist das ein Hinweis darauf, dass der Mensch verstärkt Details im Blick hat.

Je breiter der Augenabstand ist, gab mir mein Freund dann zu verstehen, umso toleranter sind die Menschen gegenüber anderen Ansichten. Sind die Augen versetzt, liegen also asymmetrisch zueinander, sehen diese Personen die Welt im wahrsten Sinn des Wortes aus einer anderen Perspektive; häufig sind sie äußerst kreative Menschen.

Bei Augen, die tief in ihren Höhlen liegen, ist sich Erkan

sicher: Sie gehören einem guten Beobachter. (Seine Augen sind Höhlenaugen, da weiß er, wovon er spricht.) Solch ein Mensch will eine Situation erst überblicken, bevor er handelt – wobei dies Spontaneität nicht ausschließt.

Weiten sich die Pupillen, heißt das: »Ich bin emotional begeistert, genieße, finde eine Sache gut.« In einem solchen Moment schließt Erkan den Kaufvertrag per Handschlag. Denn er ist sich jetzt sicher: Der Kunde befindet sich in einem emotionalen Hoch. Das ist übrigens ein uralter Trick, wie er mir verriet, den schon die Karawanenkaufleute beherrschten.

Liegen die Pupillen in den Augen eher oben und man kann das Weiße am unteren Rand sehen, ist das ein Zeichen dafür, dass sich die Person gerade in einem emotionalen Stresszustand befindet. Ist das Weiße jedoch oberhalb der Pupille deutlicher ausgeprägt, dann ist dem Betreffenden in diesem Moment Kontrolle sehr wichtig.

Erkans Höhlenaugen wandern anschließend zur *Nase*:

Die Nase zeigt uns an, so verkündete mir der Teppichhändler, wie umgänglich ein Mensch ist und wie wichtig ihm das Sozialleben ist.

Ist die Nase groß und ausgeprägt, heißt das: Diese Menschen brauchen die Gesellschaft anderer. Bei einer breiten Nase kann man davon ausgehen: Je breiter, umso sorgloser ist die Persönlichkeit angelegt. Eine spitze Nase verweist dagegen auf eine Tendenz zur Depression. Kleine Nasen wiederum sind Individualistennasen, und die haben Menschen, die gut mit sich alleine zurechtkommen.

Erkan machte in diesem Zusammenhang außerdem eine Aussage, die meine Verwunderung noch steigerte. So meinte er, dass er den ersten Verhandlungspreis für einen Teppich nach der Größe der *Nasenlöcher* des potenziellen Käufers bestimmen würde: »Je größer die Nasenlöcher im Verhältnis zur eigentlichen Nase des Käufers sind, umso spendierfreudiger ist dieser Mensch. Er ist grundsätzlich bereit, Geld auszugeben. Bei Menschen mit kleinen Nasenlöchern sitzt das Geld überhaupt nicht locker.« Er verglich dies mit dem Bild eines Sacks, aus dem Geld herausrieselt: »Aus großen Löchern geschieht das im Verhältnis schneller als aus kleinen.«

Die *Lippen* gehören auch dazu, will man sich ein Gesamtbild über einen Menschen machen. Sie sind, so Erkan, »das Zeichen für die Sinnlichkeit eines Menschen«. Ausgeprägte und volle Lippen sprechen für eine sinnliche Persönlichkeit. Menschen mit einer größeren Ober- als Unterlippe sind in einer Beziehung vielfach die Gebenden, Menschen mit größerer Unterlippe nehmen eher. Bei heruntergezogenen Mundwinkeln hat man es oftmals mit einer zynischen Person zu tun, bei angehobenen Mundwinkeln mit einer optimistischen.

Und zum Schluss erzählte er mir noch von der Bedeutung der *Wangenknochen* und des *Kinns*:
Menschen mit ausgeprägten Wangenknochen sind oft dominante Typen, und auch bei einem starken Kinn sollte man nicht von einem Mangel an Selbstvertrauen ausgehen. Menschen mit einem stark ausgeprägten Kinn wollen in der Regel immer das letzte Wort haben. Eine Querfalte auf der Mitte des Kinns, die sogenannte »Motzfalte«, deutet auf Menschen hin, die schnell beleidigt reagieren.

Dieses Wissen habe ich bei Walter Davis bestätigt gefunden.

In seinem Buch *Face Reading for Mentalists* beschreibt er genau das, was Erkan mir erzählt hat! Zufall? Es ist anzunehmen, dass mein Freund mit diesem Wissen im Hinterkopf immer noch Tag für Tag vor seinem Teppichladen sitzt und wildfremde Menschen anspricht. Er macht sich ein schnelles Bild von ihnen, ohne dass sie es merken. Sie gehen ihm in die Falle. Er weiß genau, wie er Menschen mit großen Nasen zu behandeln hat. Um bei diesen den Vorteil eines neuen Teppichs hervorzuheben, gibt er dem Kunden zu verstehen, wie sehr das gute Stück im Freundeskreis auf Bewunderung stoßen wird. Interessenten mit kleinen Nasen weist er stattdessen auf die Gemütlichkeit seiner Teppiche hin, auf denen man auch mal ganz für sich alleine ein Buch lesen könne.

Danke, Erkan, für deine Menschenkenntnis – und noch viel Erfolg! Bis zum nächsten Mal auf einen Tee! Und einen Raki!

14 Psychomagie – die Heilung liegt in uns selbst. Wahrsagerei, Tarot, Intuition und der Innere Bibliothekar

Manche Dinge, die man niemals für möglich gehalten hat, sind es dann doch: Im Jahr 2009 bildete ich eine Radiomoderatorin, eine Frau, die zuvor nie etwas mit Hellsehen, Esoterik oder Wahrsagerei zu tun gehabt hatte, innerhalb einer Woche zur Wahrsagerin aus. Sie sollte in einem großen Wettbewerb im Fernsehen vor einem Millionenpublikum gegen eine sogenannte »echte« Hellseherin bestehen. Sie gewann. Das gefiel mir natürlich sehr. Jeder »Klient« sollte die Trefflichkeit der Wahrsagungen auf einer Skala von eins bis zehn benoten. »Meine« Wahrsagerin, obwohl sie keine »übersinnlichen« Fähigkeiten besaß, was ihre Gegnerin ständig von sich behauptete, wurde jedes Mal mit einer Neun oder Zehn bewertet. Sie wendete einen Trick nach dem anderen an, indem sie mit Berührungen arbeitete, um Nähe aufzubauen, oder auch mal nicht so schmeichelhafte Dinge über das Leben sagte, und traf mit ihren Aussagen ins Blaue. Dennoch waren ihre Klienten davon überzeugt, ein wahres übersinnliches Phänomen zu erleben.

Hüten Sie sich vor diesen Menschen, den Hellsehern und Wahrsagern. Sie wollen Ihr Bestes: Ihre Treue und vor allem Ihr Geld.

Waren Sie schon einmal versucht, eine Telefonnummer zu wählen, um so einen Wahrsager zu befragen? Ich kenne einen jungen Mann, der Kabelträger bei einem Verkaufssender war und nun zu Hause arbeitet und sein Geld damit verdient, Anrufern die Karten zu legen. Wie viele andere gibt er seine Prophezeiungen am Telefon ab, manche sitzen dabei auch in einem Fernsehstudio. Einmal habe ich ihn bei seiner neuen Tätigkeit beobachten können, und zugegeben, er machte das sehr geschickt. Er sagte nie nur positive Sachen voraus, sondern auch Negatives, etwa: »Johanna, dein Mann läuft dir weg.« Oder: »Julia, du wirst nicht sofort einen neuen Partner finden, sondern erst am Ende des Jahres.« Formuliert man Zukunftsprognosen in dieser Weise, bekommen sie eine gewisse Wahrhaftigkeit, denn der Angerufene ist dann überzeugt: Der Wahrsager meint es ehrlich mit mir, er redet mir nicht nach dem Mund. Zugleich entsteht bei diesem Frage-und-Antwort-Spiel eine Abhängigkeit zwischen beiden Spielteilnehmern – der Fragende wird dadurch in eine falsche Richtung geführt. Denn da sagt jemand Dinge über einen anderen, ohne ihn je gesehen zu haben. Das Einzige, was der Hellseher kennt, ist die Stimme des Anrufers – und die soll nun Auskunft darüber geben, ob dessen Partner zum Beispiel fremdgeht oder nicht.

Sollten Sie an Wahrsagerei glauben, so gebrauchen Sie bitte einmal Ihren gesunden Menschenverstand und denken Sie nach. Das Leben ist, wie gesagt, ständige Veränderung. Nehmen Sie diese Veränderung an. Vergessen Sie den Wunsch nach einem Menschen, der für Sie Ihr Schicksal bestimmt, auf dass all Ihre Probleme in der Liebe, im Beruf und bei den Finanzen verschwinden. Zum einen wird Ihr Leben durch einen solchen »Lenker« extrem langweilig, zum anderen nehmen Sie sich das schöne Gefühl, zu wissen, dass die interessanteste Möglichkeit, Ihre Zukunft zu erfahren, die ist, sie mit eigenen Händen zu gestalten.

Ein großes Vorbild, was das Wundermachen anbelangt, ist für mich Alejandro Jodorowsky. Der schon mehrfach erwähnte chilenische Psychomagier ist außerdem Regisseur surreal anmutender Filme sowie Psychotherapeut mit Schwerpunkt Persönlichkeitsentwicklung. Er nennt sich auch Tarotloge, weil er bei seinen Klienten Tarotkarten verwendet. Von ihm habe ich die Idee, den Menschen psychomagische Rituale zu verschreiben. Ähnlich wie jene, die ich selbst entwickelt und Ihnen schon verraten habe, heben sie den, der sie ausführt, aus dem Fluss der Realität heraus – und dadurch wird es möglich, aus einer anderen Perspektive heraus über das eigene Leben nachzusinnen.

Bei einer Tarotsession sitzt man ihm gegenüber, leibhaftig, einem weißhaarigen, noch sehr jugendlich wirkenden Mann mit fein geschnittenen Gesichtszügen und dunkelbraunen, nachdenklich dreinblickenden Augen. Die Karten, die er benutzt, sind das »Tarot de Marseille«, eines der ältesten Tarotdecks, das ungefähr um 1500 von Südfrankreich aus verbreitet wurde. Sind die Karten gelegt, geht er folgendermaßen vor. So sagt er zum Beispiel: »Du hast also den Narren vor dir. Beschreib mal die Karte. Was siehst du? Was hat sie mit deinem Leben zu tun?« Jodorowsky ist kein Orakel, das eigene Voraussagen macht – er lässt den Betrachter selbst Bilder und Gedanken entwickeln. Wird dieser also mit der Narrenkarte konfrontiert, dann erkennt er eigenständig die für ihn geltende Wahrheit. Er erzählt vielleicht: »Ich wäre selbst gern der Narr in meiner Umgebung, und wenn auch nur für einige Momente im Leben. Aber ich traue mir das nicht zu. Wäre ich ein Narr, dann würde ich bestimmte Dinge nicht mehr so ernst nehmen. Ich möchte überhaupt viel freier sein.«

Legt man die zweiundzwanzig Trumpfkarten eines Tarotspiels nebeneinander, so hat man den Lebenszyklus eines Menschen vor sich. Es fängt mit der Kindheit an, dann folgt die Jugend, man wird erwachsen, ergreift einen Beruf, und das Dasein endet als alter Mensch in der Weisheit. Die Karten symbolisieren einen Lebensweg, und jeder kann anhand der auf ihnen dargestellten Bilder und Symbole zu eigenen Gedanken und Assoziationen gelangen. So wie Alejandro Jodorowsky sie einsetzt – »Sag mir, was du siehst« –, ist das eine völlig andere Herangehensweise, als sich hinzustellen und zu behaupten: »Ich bin der Wahrsager, ich sehe in die Karten, und dabei sind irgendwelche höheren Mächte am Werk.«

Tarot

Du bist Magier,
bist Weiser,
Liebender und Narr,
du trägst die ganze Welt in dir.

Bist Träumender aus Sternenstaub,
bist die Sonne,
bist der Mond.

Bist Herrscher oder Herrscherin
über das Leben
und den Tod.

Bist das Gericht,
auch die Gerechtigkeit.

Bist Hohepriester,
der im grauen Turm
das Rad des Schicksals dreht.

Hängst kopfüber in der Leichtigkeit,
lenkst den Wagen,
der über den Wolken schwebt.

Übst dich in Mäßigkeit,
zeigst Stärke,
bist der Teufel,
das Tabu.

All dies,
genannt dein Leben,
spiegeln die Karten
des Tarot.

Auf meinen linken Arm habe ich mir eine Tarotkarte tätowieren lassen, den Mond. Er steht für mich für das Verborgene, Geheimnisvolle, Mystische, Unterbewusste, für das, was im Dunkeln liegt. Für die Kunst, das Handwerk, das ich ausübe, ist er die Essenz. Der Mond ist ein Symbol, zu dem ich mich sehr hingezogen fühle. Schon immer fand ich die Nacht spannender als den Tag. Ich bin ein Mondmensch.

Der Mond, den ich mir an meinem Arm – unter übelsten Schmerzen – habe stechen lassen, ist einer Tarotkarte entlehnt, die der Franzose Jean Noblet 1652 gemalt und frei interpretiert hat. Noblet war ein Tarotmaler, der für das Spiel selbst wenig Interesse zeigte und vielleicht deshalb mehr Phantasie in die einzelnen Bilder hineinlegen konnte. Als ich das Spiel erwarb und die erste Karte abnahm, war es die Mondkarte. Kein Zweifel, ich musste sie mir in die Haut tätowieren lassen. Das ist auch ein Hinweis darauf, dass das, was ich mache, eine sehr alte Tradition hat, wenn es auch jede Generation wieder neu entdecken muss.

Für Mondmenschen, aber auch für alle, die es werden wollen, gibt es ein schönes Ritual.

DEN MOND TRINKEN

Um den Mond trinken zu können, müssen Sie etwas Aufwand betreiben, doch es lohnt sich. Erste Voraussetzung ist ein Löffel. Aber nicht irgendeiner, aus Silber muss er schon sein. Mit dem, und das ist jetzt die Hürde, die Sie überwinden müssen, begeben Sie sich in die Berge. Sie müssen raus, vielleicht sogar weit fahren. Und dann macht alles auch nur bei Vollmond Sinn. Sie müssen den Mond sehen können. Finden Sie klares Bergwasser. Füllen Sie den Löffel mit Wasser und lassen Sie darin den Vollmond sich spiegeln. Dabei flüstern Sie drei Mal hintereinander den Wunsch, den Sie für sich erfüllt sehen wollen. Gemacht? Jetzt trinken Sie das Bergwasser auf Ihrem Löffel in einem Schluck. Der Legende zufolge soll sich in der nächsten Mondphase der Wunsch erfüllen.

Um herauszufinden, ob die Zauberhandlung klappt, müssen Sie sie ausprobieren. Ich habe es getan, bei mir hat es funktioniert. Aber ich verrate nicht, welcher Wunsch mir erfüllt wurde. Garantieren kann ich aber nichts – Garantien geben nur Betrüger ab. Oder Investmentbanker.

Alejandro Jodorowsky erzählte mir eines Tages eine schöne Zen-Geschichte: »In einem Kloster fängt es an zu brennen.

Ein Mönch möchte eine Buddhastatue retten. Sie ist aber zu groß und passt nicht durch die kleine Klostertür. Doch der Mönch will die Statue unbedingt vor dem Feuer schützen. Und er schafft es auch. Wie macht er das? Kannst du eine Lösung finden?«, fragte er.

Selbst nach einigem Nachdenken fiel mir keine Antwort ein.

»Er nimmt den Buddha und trägt ihn hinaus«, erklärte Alejandro Jodorowsky schließlich.

»Aber das ist doch nicht möglich«, warf ich ein. »Ich dachte, der Mönch kann nicht mit der Statue hinaus, weil die Tür des Tempels zu klein ist.«

»Doch, es ist möglich, denn es gibt den Mönch nicht, es gibt den Buddha nicht, und es existiert auch kein brennendes Kloster. Das alles befindet sich nur in deinem Kopf, und weil es sich nur in deinen Gedanken befindet, kannst du auch sagen, dass er den Buddha einfach hinausträgt.«

Diese Geschichte ist eine wunderbare Metapher dafür, wie wir unsere eigene Wirklichkeit gestalten. Und dass wir auch eine andere Wirklichkeit gestalten können. Wir machen uns eine Vorstellung von der Realität und vergessen, dass wir uns selbst diese Vorstellung gemacht haben. So kreieren wir Realität.

Meine Begegnung mit dem Psychomagier war für mich sehr wichtig. Seither geht es mir immer wieder darum, das Traumhafte dieser Zen-Geschichte, die Sprache des Traums, in die Realität zu holen. Im Traum kann ich im einen Moment noch an einem Strand liegen und im nächsten in einem geschlossenen Raum mit Gittern vor den Fenstern sitzen. Das ist in der Wirklichkeit nicht möglich, so wie es eigentlich auch nicht möglich ist, dass ich Ihnen in den Kopf sehen und sagen kann, was Sie denken. Die traumhaften Bilder, sie machen etwas mit mir. Durch sie werden Grenzen verschoben.

Wenn ich also mit Bildern manipuliere, dann nicht, um Menschen negativ zu beeinflussen, sondern um sie voranzubringen, um sie zu inspirieren. Je mehr Menschenkenntnis ich entwickelt, je mehr Erfahrungen und Techniken ich gesammelt habe, umso mehr will ich davon weitergeben. Wenn jemand aus dem Publikum mit mir während der Show spielt, kann dies stimulierender sein als eine Therapie. Das ist eine gewagte Behauptung, aber dennoch bin ich davon überzeugt.

Einmal schrieb mir ein Mann, dass er unter Klaustrophobie gelitten, in engen Räumen Angstzustände bekommen hätte. Auch in dem kleinen Saal, in dem meine Vorstellung stattfinden sollte, hätte er sich anfangs unwohl gefühlt, doch während die Show lief, sei in ihm das Gefühl aufgestiegen, seine Klaustrophobie sei angesichts dessen, was er da erfahren hätte, völlig nichtig gewesen. Seitdem würde es ihm überhaupt nichts mehr ausmachen, sich in kleinen Räumen aufzuhalten. Da hatte ich einen »Aha«-Effekt kreiert, ohne es konkret zu beabsichtigen, ohne das Problem direkt anzusprechen.

HEILENDE MURMELN

Packen Sie sich immer etwas zum Spielen in die Tasche, ein paar Würfel, Glasmurmeln oder kleine Objekte, die Sie kurios finden, etwa eigenwillig geformte Steine oder Pflanzensamen. Befinden Sie sich in einem Gespräch, ganz gleich, ob beruflich oder privat, und es gerät irgendwann ins Stocken, holen Sie den Gegenstand aus der Tasche und legen ihn auf den Tisch. Auf einmal ruht der Fokus der Unterhaltung auf etwas anderem, ohne dass Sie diese Wendung mit bedeutsamen Worten herbeiführen mussten. Das ist auf der Kommunikationsebene wie eine Heilung, der Redefluss ist wieder gesichert. Man denkt nach, warum er überhaupt ins Stocken geraten ist, und vermeidet beim nächsten Mal diese »Falle«. Dieses Ritual kann ich zur Nachahmung nur empfehlen.

Durch all diese Erfahrungen veränderte sich auch meine Show. Am Anfang war es meist so gewesen, dass ich dem Publikum zeigen wollte: »Schaut her, was ich kann. Ihr könnt das nicht. Bitte Applaus für mich.« Sicherlich ist das immer noch ein wichtiger Antrieb dafür, dass ich auf der Bühne stehe. Aber es geht mir inzwischen nicht mehr nur darum, meine eigenen Fähigkeiten zu präsentieren. Jetzt will ich vorrangig, dass mit den Menschen, die mir zusehen, etwas passiert – ohne dass ich einen Vortrag halte oder eine therapeutische Methode erkläre. Es geht mir darum, etwas zu geben.

Ich spiele, damit auch die anderen spielen. Ich gehe dabei leise vor, mache kein großes Brimborium, das ist der Unterschied zu einem Gaukler, einem Scharlatan, einem Wahrsager. Der verbindet sich mit einem Thema, das die Zukunft betrifft, wobei aber seine eigene Person im Vordergrund steht. Er profiliert sich, indem er Klimakatastrophen prophezeit, den Weltuntergang nach dem Maya-Kalender im Jahr 2012, den Sturz eines Politikers, neuerdings gern auch Finanzkrisen.

Mit derartigen Voraussagen wird man in der Öffentlichkeit wahrgenommen, damit kann man Geld verdienen.

Hanussen hat nach seinen Shows den Leuten, die zu ihm kamen, das Handlesen angeboten: »Ich bin hinterher im Hotel Adlon, da habe ich eine Suite. Wenn ihr wollt, kommt vorbei!« Schlange standen die Menschen dort und überreichten ihm nach einem kurzen Blick in die Hand 100 Reichsmark. Sie waren geblendet von einer falschen Autorität, die sich den Anschein des Übersinnlichen gab, denn nach einer solchen Show sind viele Menschen aufgewühlt, vertrauen einem ihre tiefsten Geheimnisse und Probleme an und erhoffen sich dadurch eine Form von Heilung.

Einmal kam ein Mann auf mich zu und fragte, ob ich privat therapieren würde. Er erzählte, seine Schwester hätte eine Obsession, wäre vollkommen auf ihren Geliebten fixiert, ob ich das denn heilen könne? Mit solchen Wünschen werde ich immer wieder konfrontiert. Diese Momente auszunutzen wäre sehr einfach, und ich könnte wie Hanussen wahrscheinlich eine Menge Geld damit verdienen. Aber ich lehne das ab. Ich bin kein Therapeut, kein Heiler, der von irgendwelchen Abhängigkeiten befreien will, sei es Liebes-, Ess- oder Nikotinsucht. Die spielerische Ebene würde in diesen Fällen verloren gehen. Menschen zu neuen Ideen zu bringen, sie vielleicht auch kreativ aus negativen Situationen herauszuholen, das ist Heilung genug.

Magie ist wie Comedy, nur dass man bei Ersterem mehr staunt und beim Letzteren mehr lacht. Der Magier und der Comedian, beide haben ihren Ursprung beim Schamanen, der nicht nur ein Arzt, sondern auch ein großer Entertainer war. Dem Mann, der mich auf seine liebessüchtige Schwester angesprochen hatte, gab ich einen Tipp mit auf den Weg: »Schick deine Schwester lieber auf eine Reise, statt mich als Therapeut zu buchen. Vielleicht kommen da neue Verbindungen in ihrem neuronalen System zustande.«

Welche Tricks hinter dem Wahrsagen stecken
Es zieht sich mir immer der Magen zusammen, wenn ich sehe, dass einige Scharlatane die Sehnsucht der Menschen nach Heilung ausnutzen. Wahrsager reden einem nach dem Mund. Vielfach verwenden sie die Technik des Cold Reading, des »Kalten Lesens«, was nichts anderes bedeutet, als dass der um Rat Fragende unbewusst Informationen gibt, die vom sogenannten Wahrsager aufgegriffen und als mögliche Lösung präsentiert werden.

Wie dies eine Mal, als man mich fragte, ob ich innerhalb einer Woche eine Person zur Wahrsagerin ausbilden könnte. Auch ihr brachte ich die Technik des Cold Reading bei. Im Grunde ist das nichts anderes als die Verwendung von Sätzen, die letztlich auf jede Situation zutreffen, zu jedem und allem passen. Jeder fühlt sich von ihnen angesprochen. Wahrsager bedienen sich dieser Technik, um Aussagen über den Charakter und die Zukunft eines Ratsuchenden zu treffen, die als wahr interpretiert werden könnten. Dabei werden die unterschiedlichsten Deutungstechniken benutzt.

Auf der untersten Stufe formuliert man Beurteilungen, die sich gegenseitig spiegeln. So könnte ich Ihnen sagen: »Sie sind ein ungemein kreativer Mensch, aber manchmal haben Sie das Gefühl, Sie sind total in sich gefangen und können einfach nicht mehr sehen, was Sie zu leisten vermögen.« Oder: »Eigentlich sind Sie ein sehr unternehmungslustiger Mensch, aber in der letzten Zeit haben Sie oft das Gefühl, dass es Ihnen schwerfällt, morgens aus dem Bett aufzustehen.«

Haben Sie gemerkt, was das für Sätze sind, was ich da tue? Genau: Ich gebe bei meinen Aussagen sowohl Vorteile wie auch Nachteile an. Wer würde nicht von sich behaupten wollen, ein kreativer oder aktiver Mensch zu sein? Und genauso kennen Sie das Gefühl, gerade ein Brett vor dem Kopf zu haben, beziehungsweise fragen sich, ob Sie möglicherweise nicht sogar unter dem Burn-out-Syndrom leiden. Auf alle Fälle ist das, was ich da vor Ihnen ausgebreitet habe, nicht wirklich falsch. Bei genauer Überlegung stimmen Sie mir sicher zu.

Allgemeinplätze dieser Art werden also beim Wahrsagen systematisch aufgestellt – und bekommen durch die jeweilige Deutung etwas Persönliches für den, der mit diesen Sätzen konfrontiert wird. Dieser persönliche Bezug wird angeblich durch die Karten oder Handlinien hergestellt. Alles kompletter Unsinn, wenn es darum geht, in die Zukunft zu schauen.

Einmal erlebte ich, wie eine Wahrsagerin einer Redakteurin im Vorbeigehen steckte: »Ich sehe bei dir am Ende deiner Kindheit eine große Trauer, da war etwas mit deinem Vater.« Aufgeregt kam die Redakteurin zu mir und meinte: »Das ist ja unglaublich, als ich vierzehn war, starb mein Vater. Woher wusste die Wahrsagerin das?« Zu ihrer Ernüchterung erwiderte ich: »Die wusste das nicht, und sie hat auch nicht gesagt, dass dein Vater gestorben ist, als du vierzehn warst.« Danach erklärte ich ihr, dass die Formulierung »Ende deiner Kindheit« Auslegungssache sei, die Kindheit könne in dem einen Fall mit neun, in einem anderen erst mit achtzehn vorbei sein. Ebenso kann man die »große Trauer«, die mit dem Vater verbunden war, ähnlich vielfältig auslegen. Der Vater kann die Familie verlassen, er kann eine schwere Krankheit überstanden haben, er kann tatsächlich gestorben sein. Nichts von all dem war von der Wahrsagerin konkret definiert worden. Die Redakteurin stellte die Verbindungen selbst in ihrem Kopf her.

Mit dieser Technik, für mich Stufe zwei, kann man immer irgendwelche Verknüpfungen finden, sodass am Ende derjenige, dem gewahrsagt wurde, denkt: Mensch, das gibt es doch nicht, was die alles von mir gewusst hat! Dabei hat die Wahrsagerin nur unspezifisch gehaltene Dinge in den Raum geworfen, und zwar so unspezifisch, dass sie zu diversen Interpretationsversuchen passen – wenigstens solange man sich als Zuhörender darauf einlässt und sich dabei selbst auf die Suche nach den passenden Hinweisen begibt.

Damit gepaart ist der unbändige Wunsch eines jeden von uns, etwas Besonderes zu erleben. Das führt dazu, dass wir Erlebtes übersteigert erzählen, um das Gefühl, das wir zum Zeitpunkt des Erlebens hatten, an unsere Zuhörer weiterzutransportieren. Das geschieht nicht nur, nachdem wir einen Wahrsager getroffen haben und anderen erzählen, es hätte alles gestimmt, was der gesehen hätte. Nein, auch alltägliche Kleinigkeiten werden gern überhöht. Aus dem zehnminütigen Warten auf den Bus wird in der Nacherzählung: »Weißt du, was mir heute Morgen passiert ist? Also, ich gehe wie immer ganz entspannt zum Bus, denke noch so bei mir, hoffentlich komme ich heute nicht zu spät, und der Bus ist schon weg. Und dann stehe ich da an der Haltestelle und warte und warte und warte. Aber es kommt kein Bus, und es ist auch noch schweinekalt, hoffentlich hab ich mir heute Morgen keine Grippe eingefangen.«

Genauso haben wir die Tendenz, das Erlebnis bei einem lügenden Wahrsager zu überhöhen. Wir wollen eben alle einmal etwas Besonderes erfahren haben.

Oder ein anderes Beispiel. Lesen Sie die folgenden Worte: »Kind, Baum, bellende Hunde.«

Welche Szene spielt sich vor Ihrem inneren Auge ab? Sehen Sie vielleicht ein Kind, das auf einem Baum sitzt, und unter ihm befinden sich bellende Hunde? Oder sehen Sie ein Kind, das auf einen Baum flüchtet, denn es wird von bellenden Hunden gejagt?

Unser Geist spinnt sofort Verbindungen, auch wenn es in Wirklichkeit keine gibt. Wir interpretieren die einzelnen Wörter, die absolut nichts miteinander zu tun haben. Die Begriffe »Kind, Baum, bellende Hunde« rufen sofort eine Geschichte in uns wach. Sie bilden eine Realität, die jedoch in Wahrheit eine Illusion ist.

Nichts anderes macht, natürlich auf sehr geschickte Weise, der Wahrsager. Er wirft Gedanken und Bilder in den Raum, die keinen Zusammenhang haben, und wir deuten diese auf unser persönliches Leben um. Das führt zur Reflexion, aber dafür brauchen sie keinen Wahrsager.

Vertrauen Sie Ihrer Intuition
Noch einmal zurück zur »Hellseherin in einer Woche«. Die Frau, die mit der »echten« Wahrsagerin in Konkurrenz treten sollte, wurde unter zahlreichen Bewerbern ausgewählt, wobei man, wichtig für eine Wahrsagerin, auf eine gute, angenehme Stimme und den Umgang mit Sprache geachtet hatte. Als wir unser Projekt begannen, sagte ich gleich am Anfang der Ausbildungszeit, dass sie zuallererst ihrer weiblichen Intuition vertrauen und das aussprechen solle, was sie unmittelbar sieht, ähnlich den telepathischen Experimenten mit den Tierbildern oder Erkans kleiner Menschenkenntnis-Lehre.

Um dies einzuüben, ging ich mit ihr am ersten Tag durch Berlin. Sie musste auf Menschen zugehen und sie ansprechen, und zwar mit einem Satz, der die Persönlichkeit oder einen wichtigen Charakterzug dieser Person erfasste, im Sinne von: »Sie sind ein Partymensch.« Oder: »Sie sind aufbrausend. Sie sind ein melancholischer Mensch.« Die Angesprochenen mussten die getroffenen Aussagen bejahen oder verneinen. Diese Übung, die Sie auch selbst ausprobieren können, hilft, die Einschätzung von Menschen zu trainieren.

Bei ihren Beurteilungen konnte ich beobachten, dass die Kandidatin Talent hatte: Sie konnte ein gutes Gefühl zu anderen aufbauen und schnell den Kern eines Fremden erfassen. Durch Bauch- und Herzgefühl, durch Kopf und Augen. Was ein bisschen nach Geheimagententätigkeit klingt, ist nichts anderes als Intuition, kombiniert mit guter Beobachtung.

Und der erste Eindruck zählt wirklich. Das ist eine Millisekunde. Jede weitere Überlegung ist schon zu viel. Diesem kurzen Moment müssen Sie vertrauen – und sich darin üben, indem Sie immer wieder Leute ansprechen und ihnen erzählen, wie Sie sie sehen und einschätzen.

Dieses Training war zudem wichtig, weil die Klienten, die man für unser Experiment ins Fernsehstudio geladen hatte – es war wie das Beratungszimmer einer Wahrsagerin gestaltet, nur zusätzlich mit versteckten Kameras ausgestattet –, schweigend den Raum betreten sollten. Im Moment des Hereinkommens hatte sich die Wahrsagerin in Ausbildung ein umfassendes Bild von einem Menschen zu machen. Mir war es natürlich ein Spaß, vielleicht zeigen zu können, dass meine Methoden mehr Qualität haben als das Cold Reading. Und selbst wenn meine Wahrsagerin mit ihrer Einschätzung danebenliegen sollte, hatte sie auf diese Weise immer noch ein anderes Gefühl für den Menschen, als wenn sie nur auswendig gelernte Sätze aus dem Cold-Reading-Repertoire benutzt hätte: »Sie treiben gern Sport, aber oft fällt es Ihnen schwer, sich zu überwinden.« Auch hier funktioniert die

Interpretation von Allgemeinplätzen. Selbst der eingefleischte Nichtsportler wird einmal eine Phase in seinem Leben gehabt haben, wo er vielleicht gern Fahrrad gefahren ist oder Minigolf gespielt hat. Ist ja auch Sport.

Ich erklärte meiner Auszubildenden deshalb auch, wie wichtig es sei, aus einer persönlichen Empfindung heraus auf Fragen zu antworten, denn die Person, der man eine Prognose stellt, wird das eigene Handeln in Zukunft danach ausrichten. Man habe also eine gewisse Verantwortung bei dem, was man sagen würde – und das wäre glaubhafter, wenn es aus einem echten Gefühl heraus formuliert werden würde. Bei all dem müsse man aber im symbolischen Bereich bleiben. Das heißt: nie einen Weg vorgeben, sondern denjenigen, der etwas in Erfahrung bringen möchte, den Weg selbst finden lassen. Siehe Alejandro Jodorowsky!

Ein Beispiel: Bei einem Klienten, der die Frage stellt: »Soll ich mich von meinem Mann trennen?«, darf man niemals antworten: »Ja, trenne dich von deinem Mann.« Eine solche Entscheidung ist kein Spiel, sondern meist mit weitreichenden Konsequenzen verbunden. Deshalb ist es sinnvoll, eher mit einer Gegenfrage zu antworten: »Welches Gefühl löst der Gedanke an eine Trennung in dir aus? Welches Gefühl löst der Gedanke an ein weiteres Zusammensein in dir aus? Was wünschst du dir, was sollte geschehen?« Fragen dieser Art führen dazu, dass neue Bilder auftauchen, dass im eigenen Kopf etwas passiert.

Danach brachte ich meiner Auszubildenden das Handlesen bei, das auch Bestandteil des Wettbewerbs war. Und da bei dieser Technik ebenfalls das Cold Reading angewendet wird, hatte ich den Ehrgeiz, dass sie auch in diesem Bereich nicht irgendetwas Angelerntes von sich gab, sondern sich wirklich die Handlinien anschaute, um zu sehen, ob da nicht doch etwas Auffälliges zu entdecken war. Von ihr war der berühmte Mut gefordert, das, was sie zu spüren meinte, in Worte zu fassen, in eine eigene Geschichte über die Person, deren Handlinien sie gerade studierte. Im Grunde war das nichts anderes als eine Methode des assoziativen Denkens.

Der Ausgang ist bekannt. Die Profiwahrsagerin lag eben oft daneben, weil sie sich an ihren quasi vorgefertigten Texten festhielt, herumriet und nicht Meinungen formulierte, die sie sich nach dem wahren Leben gebildet hatte.

Magier müssen sich auch fragen: In welcher Verfassung lässt man das Publikum, dem gegenüber man scheinbar übermenschliche Kräfte demonstriert hat, nach der Show zurück? Wie sollen die Zuschauer nach Hause gehen? Doch nicht als zukünftige Anhänger, aus denen man Profit herausschlagen kann. Eigentlich kann ich Ihnen nur einen Rat geben: Hören Sie in Zukunft auf Ihr Bauchgefühl. Dieses Gespür ist nicht etwas, das aus dem hohlen Bauch kommt, sondern es ist die Intuition, die auf Lebenserfahrung und sozialen Fähigkeiten beruht – das, was auch für das Gedankenlesen notwendig ist.

Das Max-Planck-Institut in Bonn hat 2010 in einer Studie nachgewiesen, dass Schöffen und Richter oft schon intuitiv über einen zu verhandelnden Fall ihr Urteil fällen, wenn sie die Anklageschrift lesen. Es ist eine Sekundenentscheidung – und meist stimmt dieses erste Gefühl letztlich mit dem Richterspruch überein, der natürlich rationalen Überlegungen folgt. Also: Wenn Sie sich in einer schwierigen Situation befinden und wissen wollen, ob Sie noch auf dem richtigen Weg sind, folgen Sie Ihrem allerersten Gefühl. Im Grunde heißt das nichts anderes, als dass Sie die Antworten auf Ihre Fragen schon kennen. Manchmal wollen wir sie nur aus Bequemlichkeit nicht akzeptieren, haben Angst, weil sie ein mutiges Verhalten erfordern. Oder wir lassen uns lieber von außen beeinflussen.

Diese Intuition hilft mir auf der Bühne, die Frau mit dem weißen Luftballon zu finden. Dieser Akt ist eine kunstvolle Überzeichnung meiner intuitiven Gedanken, die ich an das Publikum weitergeben möchte. Ich weiß: Der Schritt in diese Richtung ist richtig, es wäre falsch, ihn anders zu setzen. Doch selbst wenn ich erst einmal herumirren würde, am Ende käme ich doch bei der Frau mit dem Luftballon an. Die Umwege kann ich mir aber sparen. Die Antworten, die schon in mir sind, bestehen aus Bildern, von denen ich mich leiten lasse.

Neben den oben erwähnten Methoden (Tarotkarten, Tierbilder) gibt es noch eine andere Technik, um mich besser darin zu schulen. Ich habe sie den »Inneren Bibliothekar« genannt.

Der Innere Bibliothekar

Stellen Sie sich vor, in Ihnen lebt Ihr eigener Bibliothekar, der über alles Bescheid weiß, was Sie je erlebt haben, und über ein immenses Wissen verfügt. Ihr ganzes Leben lang speichern Sie Informationen ab, und der Bibliothekar in Ihnen verwaltet all das. Auf Fragen, die Sie an ihn richten, kann er daher die gewünschten Hinweise geben. Sie können ihn etwa fragen: »Soll mein Leben so weitergehen? Wäre es nicht besser, den Job zu kündigen?« Oder: »Warum finde ich keinen Partner?«

Die meisten Menschen stellen jedoch keine konkreten Fragen, sondern sagen: »Mir geht es nicht gut.« Das ist eine sehr diffuse und allgemeine Äußerung, und ein Gegenüber kann nur schwer herausfinden, was mit dem »Mir geht es nicht gut« gemeint ist. Dahinter verbirgt sich natürlich ein Wunsch, eine Hoffnung: »Wie kann es mir besser gehen?« Doch auch auf diese Äußerung lässt sich nicht wirklich eine konkrete Antwort finden. In der Hypnose versucht man den Klienten mehrmals hintereinander mit diesem Diffusen zu konfrontieren, wobei nach einer bestimmten Staffelung Fragen gestellt werden wie: »Was meinen Sie damit?« Oder: »Warum ist es Ihnen so wichtig, dass es Ihnen wieder besser geht?« Oder: »Von welcher Art könnte Ihr Problem noch sein? Gibt es da noch etwas, das entscheidend ist, das Sie aber noch nicht genannt haben?« Folgt man dieser Strategie, gelangt man immer mehr zum Kern des Problems. Am Ende könnte die Feststellung »Mir geht es nicht gut« möglicherweise bedeuten: »Ich fühle mich beruflich unterfordert. Ich möchte mehr Abwechslung in meinem Leben haben. Ich möchte nicht mehr in meiner langjährigen Beziehung leben.« Plötzlich tritt das zutage, was vorher nicht kommuniziert werden konnte.

Statt mit einem Hypnosetherapeuten können Sie sich auch mit Ihrem Inneren Bibliothekar verabreden, der nichts anderes ist als ein Symbol für das eigene Unterbewusstsein. Da Sie vermutlich nicht auf Anhieb die Augen schließen und mit Ihrem Unterbewusstsein kommunizieren können, müssen Sie sich ein Bild dafür suchen. (Aus der Hypnose ist bekannt: Mit einem Bild kann ich viel genauer mit mir kommunizieren.) Wenn Sie sich vorstellen, da sitzt eine kleine Person in mir – es kann ein kleiner Mann oder auch eine kleine Frau sein –, die ziemlich weise ist und der ich all meine Fragen stellen kann, haben Sie schon eine Möglichkeit gefunden, diese Kommunikation zu starten.

Sie schicken also die kleine Person los, dass sie in Ihrem abgelegten Wissen nachschaut, welche Informationen sie zu

Ihrem Problem finden kann. Und wenn sie etwas gefunden hat, soll sie es Ihnen auch mitteilen. Das funktioniert natürlich nicht immer, aber häufiger als zuvor werden Sie ein Aha-Erlebnis haben, bei dem Sie denken: Woher kommt denn diese Erkenntnis? Na klar, der kleine Mann, die kleine Frau hat da die Finger im Spiel gehabt.

Was früher verworren und nur unterbewusst war, tritt nun als klare Antwort in Erscheinung. Manchmal braucht es Zeit, bis die kleine Person in all den Informationen, die sich in Ihnen angesammelt haben, herumgewühlt und etwas Passendes im Angebot hat. Und dann muss sie es noch »prägen«, wie es in der Fachsprache heißt, also die Information in eine bildhafte Antwort fassen. Der Schweizer Psychiater C. G. Jung nannte das »Verbildlichung«.

Jedes Bild, das wir betrachten, sagt etwas über uns. Die Technik funktioniert aber auch mit Wörtern. Nehmen Sie ein Buch zur Hand, es kann Ihr aktueller Lieblingsroman sein oder auch ein Band Ihres Brockhaus-Lexikons. Schlagen Sie es auf, wo immer Sie wollen, und tippen Sie mit dem Finger auf ein Wort. Sie schauen nach, und es lautet zum Beispiel »sehnen«. »Sich sehnen« fällt Ihnen dazu ein, auch »Sehnsucht«. Auf einmal sagen Sie sich, ohne dass Sie dies bewusst gesteuert haben: »Du sollst deiner Sehnsucht nachgeben, ja, du solltest verreisen.« Das Wort »sehnen« bedeutet Ihnen im ersten Moment gar nichts, dennoch geben Sie sich kurz darauf eine Antwort, die Sie schon in sich trugen. Bislang hatten Sie sich aber noch nicht getraut, das so deutlich auszusprechen: Sie wollen verreisen, und das sogar möglichst schnell.

Jedes Bild, jedes Wort, das Sie betrachten, spiegelt wider, was Sie im Grunde wollen. »Sehnen« könnte für Sie aber genauso gut das Gegenteil von dem bedeuten, was ich gerade vorgeschlagen habe. So könnten Sie auch sagen: »So ein Quatsch, diese Sehnsucht, auf die Seychellen verreisen zu wollen, das ist nur ein blöder Traum. Du solltest besser zu Hause bleiben. Du hast Angst vorm Fliegen, und außerdem wolltest du schon immer mal die nähere Umgebung deiner Heimat erkunden.« Auch das ist eine Erkenntnis, die Sie nun endlich deutlich vor Augen haben und nach der Sie handeln können.

Befragen Sie Ihren Inneren Bibliothekar dazu, so sorgt dieser dann dafür, dass Ihnen bei der Zeitungslektüre als Erstes alle Berichte über Flugzeugabstürze und schöne Fahrradwege in Ihrer Region auffallen. Es ist ein ähnliches Prinzip wie das, was man beobachten kann, wenn man schwanger ist oder sich einen Arm gebrochen hat – plötzlich sieht man überall Frauen mit gewölbten Bäuchen oder Menschen mit einem Gips. Selbst wenn Sie sich mit einem ungewöhnlichen Thema beschäftigen, mit den Schwimmkünsten von Hutaffen etwa oder der möglichen Tatsache, dass Frauen in ihrem Gehirn fünf Sprachzentren haben, wird Ihnen von allen Seiten Entsprechendes zugetragen. Die Informationen prasseln geradezu auf Sie ein.

Dahinter verbirgt sich kein Wunder, sondern das, was ich schon erwähnt habe: Ihr Fokus hat sich verschoben. Ihr Interesse ist auf etwas anderes gerichtet. Da unser Gehirn nicht die Kapazität hat, allem nachzugehen, was uns begegnet, sortieren wir aus. Und um diesen Prozess bewusst zu steuern, kann der kleine Mann oder die kleine Frau äußerst hilfreich sein.

In der Hypnose lernt man als Erstes, den Fokus auf nur eine Sache zu richten und so die eigene Erfahrungswelt zu intensivieren, sich etwa nur auf das Gefühl in den eigenen Füßen zu konzentrieren, die in Schuhen stecken. Natürlich ist das Gefühl in den Füßen die ganze Zeit vorhanden, aber erst wenn man darauf aufmerksam gemacht wird, spürt man es wirklich, wird es einem bewusst. Plötzlich werden die Füße warm, sie kribbeln. Stellen Sie sich eine kleine Fliege auf Ihrer Nase vor. Schon fängt es auf ihr zu jucken an. Das Jucken wird stärker und stärker, und irgendwann wollen Sie sogar die Fliege von der Nase verscheuchen, obwohl das Insekt überhaupt nicht real ist. Sie halten das Jucken einfach nicht mehr aus.

Als Gedankenleser arbeite ich mit der Verbildlichung. Man kann diese auch – um es ein bisschen komplizierter zu machen – auf mehreren Ebenen ansiedeln. So kann ich nämlich noch tiefer in mich hineinreisen. Die erste Ebene umfasst die große Bibliothek, in der die kleine Person sitzt, die ich zu einfachen »Rechercheaufträgen« losschicke. Mir liegt zum Beispiel ein Wort auf der Zunge, aber ich kann es gerade nicht erinnern. Also schicke ich den Inneren Bibliothekar los. Kurioserweise gibt es oft bald darauf einen Aha-Moment, und ich weiß es plötzlich wieder.

Auf einer zweiten und damit tieferen Ebene herrscht eine weise Frau. Ich stelle sie mir wie meine Großmutter vor, sie sitzt an einem warmen Ort in einem großen, plüschigen Sessel. Auch ihr kann ich Fragen stellen, sie sind nur nicht so leicht zu beantworten, sondern verlangen mehr Zeit, mehr Geduld. Die weise Frau wäre beispielsweise für Fragen zuständig, die sich um Lebensentscheidungen drehen, wie etwa eine neue Arbeitsstelle.

Der kleine Bibliothekar kann, wenn es notwendig ist, sehr flink sein und äußerst schnell seine Prägekünste sichtbar werden lassen, die weise Frau dagegen muss die Antworten aus verschiedenen Puzzleteilen zusammensetzen. Unter ihr gibt es aber noch eine dritte Ebene, den allwissenden Mann.

Keineswegs will er bei läppischen Problemen zurate gezogen werden, auch nicht bei Schwierigkeiten, bei denen einige Hürden zu überwinden sind. Der allwissende Mann will nur gefragt werden, wenn es mehr oder weniger um Leben oder Tod geht, um die existenziellen Fragen des Lebens. Etwa: Warum muss ich sterben? Was ist Liebe?

Am Anfang ist es seltsam, sich diese Personen im eigenen Inneren vorzustellen, ich weiß das aus eigener Erfahrung. Das Spannende daran ist jedoch, dass niemand davon erfährt. Sie spielen dieses Spiel ja nur mit sich selbst. Sie brauchen also keine Angst zu haben, dass man Sie für verrückt erklären könnte. Grandiose Erkenntnisse und innere Erlebnisse sind als Lohn garantiert. Auf einmal schießt Ihnen etwas in den Kopf – und Sie haben die Lösung, auf die Sie schon so lange gewartet haben. Das Bild, das Sie zuvor von der Situation hatten, verändert sich. Sie konfrontieren sich selbst mit den Gegebenheiten – und es fühlt sich fast so an, als hätte jemand ein Buch aus Ihnen herausgenommen, kurz reingeschaut und Ihnen dann Bescheid gesagt, eine Antwort erteilt. Dadurch können Sie die Situation wieder steuern, behalten das Ruder in der Hand.

Spielen Sie dieses Spiel öfter. So bekommen Sie leichter Antworten, als wenn Sie sich nur rational mit einer Sache auseinandersetzen. Und falls Sie gar nicht weiterkommen, dann schlagen Sie ein Buch auf und tippen auf ein Wort. Sie werden sehen, danach sprudelt es wieder.

15 Hypnose – in diesem Zustand ist wirklich alles möglich, auch die Liebe

Diverse Gedankenlesetricks hatte ich als Jugendlicher schon ausprobiert, doch auf meinem Übungsplan stand noch etwas anderes, mit dem ich mich unbedingt befassen musste: Ich wollte hypnotisieren können. Ich probierte alles aus, sämtliche Techniken, die ich mir aus Büchern zusammensuchte. So wollte ich einen Jungen zum Brett machen. Und das gelang mir auch. Ganz starr lag er unter Hypnose da, und zusammen mit einem Helfer hievte ich ihn auf zwei Stühle. Der Hypnotisierte war immer noch ein Brett, so hart, dass andere sich auf ihn draufstellen konnten. Das war der ultimative Partystunt.

Und was auch immer gut ankam: jemanden so zu hypnotisieren, dass seine Hand scheinbar am Hinterkopf eines anderen festklebt oder dass diese Person ihren Namen nicht mehr sagen kann. Das sind alles einfache Shownummern, die ich als Heranwachsender immer wieder gern auf Feten gemacht habe, meist ergaben sie sich aus lustigen Situationen heraus. Die Partygäste, die mitmachten, waren in weniger als dreißig Sekunden in tiefer Trance. Dadurch habe ich gelernt, dass man mit Menschen alles machen kann, wenn sie unter Hypnose stehen. Und das birgt eine große Gefahr in sich.

Als Hypnotiseur muss man sich sehr genau mit den moralischen Grenzen befassen. Unter Hypnose kann ein Mensch zum Mörder werden. Es ist eine große Legende, dass man während der hypnotischen Trance nur das tut, was man auch im Wachzustand tun würde. Das stimmt nicht. Dieses Gerücht wird immer noch von Menschen verbreitet, die nicht wirklich hypnotisieren können. Man muss dem Hypnotisierten lediglich suggerieren, dass vor ihm ein Löwe steht, der ihn anfallen wird. In diesem Moment will er sein Leben retten und erschießt das Raubtier, denn für den Hypnotisierten ist es nichts anderes – selbst wenn der Löwe in Wirklichkeit ein Mensch ist.

Man kann auch dafür sorgen, dass eine Person unter Hypnose aus dem Fenster springt. Als Hypnotiseur muss ich ihr nur zu verstehen geben: »Vor dir ist eine Brücke, balanciere doch mal drüber.« Aus diesem Grunde unterliegt die Hypnose einer großen Verantwortung, selbst wenn man sie zu Unterhaltungszwecken nutzt.

Einen Menschen mit den Fingerspitzen hochheben
Das energetische Experiment ist alt, aber erst vor einiger Zeit kam ich auf die Idee, mich erneut mit ihm zu befassen. Schuld daran war wieder ein Buch, dieses Mal *The Abnormal Lift* des Engländers und Barbesitzers David Numen. So sieht das Experiment aus:

Vier Menschen stehen um einen schweren Mann herum, der auf einem Stuhl sitzt. Die vier Personen, ich wähle jetzt einmal vier leichtgewichtige Frauen, sollen versuchen, den kräftigen Mann mit jeweils zwei Fingerspitzen mit dem Stuhl hochzuheben. Das ist, wie Sie selbst feststellen können, wenn Sie es versuchen, nicht möglich. Anders sieht es aus, wenn ich mich vor jede einzelne Frau stelle, mit der Hand eine Bewegung von unten nach oben mache und damit gleichsam ihren Energieanzug schließe. Das ist, als würde ich einen Reißverschluss hochziehen, sodass keine Energie mehr entweichen kann und dadurch jeder Frau mehr Kraft zur Verfügung steht. Bei dem schweren Mann öffne ich stattdessen den »Reißverschluss«, und zwar mit einer Handbewegung von oben nach unten, sodass seine Energie gleichsam entweichen kann, er insgesamt leichter wird. Danach sage ich zu den vier Frauen: »Versucht es noch einmal!« Und plötzlich sind sie in der Lage, den Mann hochzuhieven, sogar so hoch, dass die Stuhlbeine sich über den Köpfen der Frauen befinden. Der Mann schwebt regelrecht in der Luft, einzig gehalten von acht Fingerspitzen.

Ich selbst stehe einfach nur passiv daneben. Die fünf Handbewegungen reichten aus – ausgelöst durch eine Form von Suggestion, die ohne jedes Wort ausgekommen ist. Das Experiment funktioniert, weil die Auf- oder Abwärtsbewegung etwas in den fünf Beteiligten ausgelöst hat.

Die Suggestion bewirkt ein größeres Vertrauen, wie es auch die Spieler von Gladbach im Fußballstadion erlebt haben. Das Mehr an Selbstvertrauen führt zu einer Veränderung im Kopf – eine Handlung, die wie ein Zauber aussieht, wird auf einmal Wirklichkeit. Das eigene Weltbild verschiebt sich. Da ist bestimmt kein Gebläse unter dem Stuhl, das den Mann in die Höhe hebt. Er kann auch nicht plötzlich leichter geworden sein, eine Diät mit so kurzfristigen Erfolgen wäre ja noch magischer als das Experiment selbst.

Einige Sekunden bleibt dann der Mann dort oben in der Luft, anschließend wird er vorsichtig abgesetzt. Ich gehe in diesem Augenblick zu den Frauen und nehme ihnen mit einer weiteren Handbewegung die Energie aus dem Körper. Versuchen sie jetzt ein weiteres Mal, den Mann mit ihren Fingerspitzen zu stemmen, so gelingt es ihnen wieder nicht.

Eins, zwei, drei, es tut sich nichts. Das Erstaunen bei allen fünf Personen ist natürlich riesig.

All das geschieht nach dem immer gleichen Prinzip: Gedanklich wird eine Sperre aufgehoben. Das kann aber nur bis zu einer bestimmten Grenze erfolgen. Wenn ich sage: »Ich kann fliegen«, und springe in diesem Glauben aus dem Fenster, dann werde ich feststellen, dass ich doch nicht fliegen kann. Oder ich werde es nicht mehr feststellen, weil das Fenster so hoch lag, dass ich den Sprung nicht überlebt habe. Vielleicht treffe ich irgendwann mal auf jemanden, der das kann, aber momentan ist es physikalisch gesehen nicht vorstellbar.

Doch bei anderen Dingen gibt es eine Lösung, selbst wenn einem der Kopf sagt, dass es nicht möglich ist. Die Frauen werden kaum annehmen, dass sie den Mann mit ihren Fingerspitzen halten können, deshalb werden sie es auch nicht von allein schaffen, wahrscheinlich nicht einmal versuchen. Ich hauche ihnen quasi ein, dass sie es womöglich doch können – und schon gelingt es ihnen. Sie machen es einfach.

Den Mann auf Fingerspitzen zu tragen – das ist ebenfalls eine Metapher dafür, dass man den Alltag, das Leben umdeuten kann. Sie sagen doch selbst, Gedankenlesen sei nicht möglich. Wie soll ich bloß an den Gedanken eines anderen Menschen herankommen? Dennoch halten Sie dieses Buch in Händen. Und dennoch lesen Sie täglich die Gedanken von anderen – indem Sie nonverbal kommunizieren. Dabei vertrauen Sie ja auch darauf, dass Ihre Mitmenschen die Signale, die Sie senden, richtig deuten. Und wir senden täglich mehr nonverbale als verbale Zeichen aus. Wir können nicht nichtkommunizieren. Auch wenn wir schweigen, erzählen wir unsere Geschichte.

Solange Sie es mit dem Gedankenlesen nicht selbst ausprobieren, so lange werden Sie immer in dem Glauben bleiben, dass es nicht möglich ist. Einfach machen! Das gilt für alle Lebensbereiche. Viele Menschen trauen sich nicht, einen bestimmten Beruf auszuüben. Vielleicht müssten sie dazu Akquise betreiben und meinen, das aufgrund der eigenen Introvertiertheit nicht zu können. Sie haben Angst, zum Telefonhörer zu greifen und Leute anzusprechen, weil sie ständig im Hinterkopf haben, dass sie unbedingt ein Ergebnis erzielen müssen.

Vergessen Sie diese Form der Zielorientiertheit, denken Sie stattdessen: Viele Geschäfte kommen nicht zustande, weil sich niemand getraut hat, danach zu fragen. Wenn Sie sich nicht mehr mit falschen Vorstellungen quälen, werden Sie merken, dass es ganz normal für Sie werden kann, täglich mit hundert Leuten Telefongespräche zu führen, obwohl Sie einige Monate zuvor noch gesagt haben: »Das werde ich niemals schaffen.«

Schon Kindern werden dauernd Grenzen gesetzt. Wenn man ständig zu hören bekommt, dass man einen Regenwurm nicht anfassen soll, weil der so eklig ist, dann fasst man ihn irgendwann auch nicht mehr an. Natürlich ist es sinnvoll, nicht fortwährend die heiße Herdplatte berühren zu wollen, aber die Erfahrung würde einen sowieso davon abhalten. Viele, oft unnütze Verbote führen über die neuronale Vernetzung zu Barrieren im Gehirn, die für ein weiteres Herumexperimentieren und Ausprobieren von verschiedensten Rollen eher hinderlich sind.

Man kann neue Sichtweisen auch noch ganz anders einsetzen, etwa so, wie es der »Hitzkopfflüsterer« Michael Kuhr tut, der als Türsteher vor Berliner Klubs eine Ikone ist. Auf YouTube gibt es einen kleinen Film, der zeigt, wie er

einen aggressiven Türken, der in die Diskothek will, ohne jeden Einsatz von Gewalt zur Schnecke macht. Der fängt mit umgekehrt aufgesetzter Baseballkappe zu sprechen an:
»Ey, ich will hier rein, verstanden!«
Kuhr: »Komm mal zur Seite.«
»Halt die Schnauze. Du willst mich wohl verarschen?«
»Lass uns mal wie unter Männern reden.«
»Wie unter Männern – du Schwuchtel.«
So geht es eine Weile weiter, und dann schaut Kuhr den Renitenten nur an: »Ich kenn doch deinen Bruder.«
»Welchen Bruder? Was meinst du?«
»Na, deinen Bruder, ich trainier den, ich hab seine Nummer, ich kann ihn sofort anrufen. Wie redest du überhaupt mit mir?«
In diesem Moment wechselt der Türke die Farbe und wird ganz bleich. Kuhr hatte sich entschieden, nicht gewalttätig zu werden, sich nicht aus der Ruhe bringen zu lassen. Innerlich war er sicher aufgeregt, denn wer bleibt schon davon unberührt, wenn ihm Gewalt angedroht wird? Aber zu sehen, wie der Hitzkopf durch Kuhrs Spiel – scheinbar tangiert ihn das alles nicht – plötzlich ganz kleinlaut wird, ist einfach genial. Karatesportler sagen dazu: »Ein Kampf entscheidet sich immer über die Augen. Die meisten Kämpfe finden gar nicht wirklich als solche statt, weil die Beteiligten schon vor Beginn ›gesehen‹ haben, wer eine Chance hat und wer nicht.«
Der geniale Pokerspieler liest bei seinen Mitspielern ebenfalls Gedanken, indem er beobachtet, wer herumzappelt, wer sich die Hände reibt, eine Augenbraue hochzieht, die Augen verengt ... All das sind Elemente der Suggestion.

Ein Blick in die Geschichte der Hypnose

Zurück zur Bühnenhypnose. Menschen stellen sich unter Hypnose vor, dass der Wischmopp, den sie gerade in der Hand halten, die schönste Frau auf der Welt ist. Und plötzlich fangen sie zu tanzen an. Jemand anderes beginnt auf einmal zu jaulen, als wäre er eine liebeskranke Katze, oder man hat das Gefühl, man selbst sei der beste Orchesterspieler auf dem Instrument Tuba. Diese tranceartigen Momente sind schnell herzustellen, wenn man sich eingehend mit der Suggestionsmethode beschäftigt. Und Hypnose ist eine solche.

Die Hypnose erlebte ihre erste große Zeit um 1800 herum. Begonnen hatte alles damit, dass 1775 der deutsche Arzt Anton Franz Mesmer (1733 – 1815) an der Wiener medizinischen Fakultät den Mesmerismus ausrief und seine Thesen in einem *Sendschreiben an einen auswärtigen Arzt über die Magnetkur* schriftlich festhielt. Damit wurden die Grundlagen für die heutige Hypnose wie auch für die Suggestion gelegt. Mesmer ging damals noch von einem Erdfluidum aus, das seiner Ansicht nach uns alle durchströmt, weshalb er von einem »animalischen Magnetismus« sprach. Ständig würden wir damit in Kontakt kommen, immer dann nämlich, wenn wir Eisenstangen berühren, Glas, Wasser oder Bäume, die selbst magnetisiert seien. Diese Berührungen hatten nach Mesmer eine heilende Wirkung. Das waren schon eigenwillige Gedanken. In Wien wurde er deshalb von der Fachwelt nicht wirklich anerkannt, auch nicht in London, wohin er dann ging. Erst die adlige Gesellschaft in Paris feierte ihn.

Geschäftstüchtig, wie er war, verdiente er schließlich in Frankreich Unmengen von Geld, auch indem er seine Kenntnisse weitergab. Wobei er aber seine Schüler ein Schriftstück unterschreiben ließ, in dem diese sich damit einverstanden erklärten, auf ihre Einnahmen zu verzichten und sie ihm zu überlassen. Mit dem Geld baute er in ganz Frankreich eine Société de l'Harmonie nach der anderen auf.

Was in diesen Gesellschaften der Harmonie geschah, muss man sich so vorstellen: In der Mitte des Raumes stand stets eine Art große Badewanne aus Stahl, in der sich Wasser befand, des Weiteren lagen auf dem Boden Glasscherben. In diese Rundbecken steckte man dann mehrere lange Eisenstangen, die am Ende gebogen waren. Die Teilnehmer dieser Zirkel setzten sich um die Wasserbecken, berührten die Eisenstäbe und wurden durch diesen Kontakt in eine Form von Hysterie versetzt. Die Leute fingen dabei an zu zappeln, und wenn sie dann die gebogene Eisenstange an ihren Körper hielten, sollten sich Geschwüre und andere Krankheiten auflösen, auch mentale Störungen. Jedenfalls wurde das behauptet, und durch die Selbstheilungskräfte eines jeden Menschen geschah das sicher auch in dem einen oder anderen Fall.

Mesmer erklärte dies mit dem Erdmagnetismus, mit dem Zusammenspiel der Kräfte, die von Erde und Mond ausgehen. So formulierte er im *Sendschreiben*: »Im menschlichen Körper findet man Eigenschaften, die mit demjenigen des Magneten übereinstimmen. Man unterscheidet darin gleichfalls entgegengesetzte Pole, welche mitgeteilt, verwandelt, zerstört und gestärkt werden können.« Manchmal wurden auch Bäume magnetisiert, und anschließend standen die Leute dann um diese herum und erlebten das gleiche Gefühl wie bei den Badetanks, verfielen ebenfalls in Hysterie.

Mesmers größter Verteidiger war sein Schüler Dr. Charles Deslon. Vor einer Wissenschaftskommission, der unter anderem auch Benjamin Franklin angehörte, einer der

Gründerväter der Vereinigten Staaten, musste Deslon die magnetischen Kräfte beweisen. So wurden in einem Experiment drei Bäume ausgesucht, von denen einer magnetisiert wurde, die beiden anderen nicht. Danach sollten sich Menschen um die Bäume gruppieren, wobei niemand wusste, welcher Baum magnetisiert war. Die Skeptiker erwarteten, dass bei keinem Baum etwas passierte, die Anhänger des Mesmerismus hofften, dass bei dem magnetisierten Baum die sonst üblichen Reaktionen einträten. Mit dem, was dann jedoch geschah, hatte keiner gerechnet: Auch die Menschen, die um die nichtmagnetisierten Bäume standen, zeigten hysterische Reaktionen. Dadurch kam man zum ersten Mal auf den Gedanken, dass im Menschen selbst eine Energie vorhanden sein muss, die dieses Verhalten auslöst. Das waren die ersten Hinweise auf eine Suggestion, was man damals aber noch nicht wusste. Man war sich nur klar darüber, dass dies nichts mit dem Erdmagnetismus zu tun haben konnte.

Der Erste, der mit Suggestion arbeitete, war der Franzose J. H. Désiré Pétitén – wobei die alten Magnetiseure noch nicht von Suggestion, sondern von Imagination sprachen. Pétitén hatte den animalischen Magnetismus von Mesmer dahin gehend gewendet, dass der Mensch ihn in sich trage, von einem Energiefeld umwoben sei und ohne Zuhilfenahme der herkömmlichen Sinne Informationen aufnehmen könne. Pétitén versetzte Personen in Trance, indem er mit den Händen über ihren Körper strich. Anschließend machte er mit den Patienten Experimente. So legte er ihnen beispielsweise Spielkarten auf den Bauch, darüber noch ein Leinentuch, damit sie ja nichts erkennen konnten – und die hypnotisierten Leute vermochten zu sagen, um welche Spielkarte es sich handelte. Auch sprach der Franzose mit den Zehen oder Fingerspitzen der Leute, und die »verstanden« seine Fragen, nickten an der richtigen Stelle. Oder er flüsterte eigentlich unhörbar Befehle in die Hand des in Trance Versetzten, der dennoch reagierte, indem er das Befohlene ausführte.

Pétitén behauptete, dass der Magnetismus Informationen aufnehmen und weitertransportieren könne – was zu der Theorie führte, dass alles, was irgendwo auf dem Globus gesagt wird, über Ozeane hinweg auf der anderen Seite der Erde empfangen werden kann. Was wiederum nichts anderes bedeutet, als dass wir Menschen Zugang zum gesamten weltweiten Wissen haben.

Hypnose ist fokussierte Aufmerksamkeit
Noch heute wird die Hypnose als großes Mysterium dargestellt, aber eigentlich ist sie etwas, das wir tagtäglich erleben. Wenn Sie ein Buch lesen, vollkommen darin versunken, alles um sich herum vergessend, so ist das ein hypnotischer Zustand. Oder Sie fahren mit dem Auto los und merken plötzlich, dass Sie schon mitten in Nürnberg oder Kassel angekommen sind. Hatten Sie nicht gerade erst ein Schild gesehen, auf dem stand, dass es bis zur Stadtmitte noch dreißig Kilometer waren? Wieso ist diese Strecke auf einmal zurückgelegt? Wo war ich nur mit meinen Gedanken, dass ich das nicht wahrgenommen habe? Jeder kennt das.

Hypnose ist im Grunde eine entspannte und vor allem fokussierte Aufmerksamkeit. Damit ist sie nicht nur ein Zustand, sondern ein Prozess, in dem man sich befindet, der Prozess der Konzentration auf eine Sache. Denken Sie an die Engelsflügel. Im Spiel mit sich selbst geschieht es, dass Sie sich in Ihrer Phantasie, in Ihrem Unterbewusstsein tatsächlich in einen Engel verwandeln. Und je entspannter Sie dabei vorgehen, je mehr Sie sich auf das fokussieren, was Sie gerade tun, umso größer ist die Kraft, die sich dabei entfaltet. Vergessen Sie Multitasking! Gleichzeitig Fernsehen, Telefonieren und Kochen, das geht nur auf unterstem Level.

Bei der Hypnose kommen Sie in Kontakt mit sich selbst, vorausgesetzt, Sie wenden sich Ihrem Inneren zu. Es geht dabei darum, in sich selbst einen Anker zu werfen. Also, wie an anderer Stelle schon erwähnt, weg von: Der nervt mich. Und hin zu: Ich nerve mich gerade selbst. Nicht der andere ist böse, sondern Sie gehen sich selbst auf den Nerv. Selbstbewusstsein ist, wie schon häufiger gesagt, das Bewusstsein, dass alles, was um mich herum geschieht, auch von mir gestaltet wird, Krankheiten und Katastrophen einmal ausgenommen. Ein Mensch, der andere für sein Leid verantwortlich macht, hat oft auch das Gefühl, andere verändern zu können, damit es ihnen besser gehe. Aber man kann den anderen nicht zu einer neuen Person umbauen. Haben Sie nicht auch schon die Erfahrung gemacht? Nichts ist so anstrengend, wie mit einem Partner zusammen zu sein, der wieder und wieder versucht, genau das mit Ihnen zu tun.

Glauben Sie aber nicht, dass es bei der Hypnosetechnik klick macht, und schon befinden Sie sich auf einer Art Drogentrip. Sie sind auch nicht betäubt. Es mag vielleicht so aussehen, als würden Sie in den Seilen hängen, als würden Sie gleich vollends einschlafen, jedoch ist der Eindruck falsch. Sie sind unter Hypnose vollkommen wach! Sie bekommen alles mit, jedes Geräusch, wenn Sie es denn wollen. Es hängt ausschließlich von Ihrer Wertung ab. Wenn Sie sich darauf konzentrieren, dass jedes Geräusch, das Sie hören, Sie entspannt, dann wird das passieren.

Zulassen, Wollen, das sind die Zauberworte bei der Suggestion. Sie kennen das doch vom Gedankenlesen: Dabei fokussieren Sie sich auf Ihr Gegenüber, versuchen sich leer zu machen, um den anderen in eine Form von Trance zu versetzen. Nur so können Sie fühlen, erfühlen, was bei Ihrem Mitspieler los ist. Anders gesagt: Sie müssen sich auf sich selbst konzentrieren und gleichzeitig auf den anderen. Je entspannter Sie dabei sind, umso leichter fällt es, geradezu automatisch die Gedanken zu erspüren.

Für den Akt, jemanden in die Hypnose zu führen, gibt es einen Fachbegriff: Induktion. Wobei ich die Person auf der Bühne nicht irgendwohin führe, sondern ich tue genau das, wovon ich eben gesprochen habe: Ich entspanne und fokussiere sie. Ich sage zu meinem Mitspieler: »Schließe deine Augen, mit jedem Ausatmen kannst du dich besser entspannen, genau, so ist es richtig. Mit jeder Zahl, die ich dir jetzt nenne, kannst du immer tiefer und tiefer in diesen wunderschönen Zustand der Entspannung sinken.« Anschließend gebe ich die Anleitung vor, wie man sich selbst fokussiert: »Jetzt ist dir nur noch meine Stimme präsent. Ich rede nur mit deinem Unterbewusstsein, sodass dein Kritiker im Kopf nach hinten rutscht, abgeschaltet wird. Du reagierst automatisch auf das, was ich dir sage.«

Hypnose kann man allein nur schwierig einüben. Ein Vortraining besteht darin, wie erfolgreich Sie sich in den Engel verwandeln können, wie erfolgreich Sie im Glauben an einen Glücksbringer sind. Und damit Ihnen das gelingt, können Sie sich auf Ihre Atmung konzentrieren. Dabei sollten Sie versuchen, sich einmal wirklich fallen zu lassen. Denken Sie an nichts anderes als eben an Ihre Atmung.

Spannend ist auch folgende Übung: Setzen Sie sich dazu an Ihren Küchentisch. Fixieren Sie nun einen Gegenstand, der darauf steht, die Löcher eines Salzstreuers oder die umgeknickte Ecke einer Serviette. Versuchen Sie jetzt an etwas vollkommen anderes zu denken, etwa an den YPbPr-Ausgang Ihres DVD-Players oder an die heruntergesetzten superweichen Stiefeletten von Jimmy Choo. Sie werden merken, dass Ihnen das nur schwer gelingt. Sind die Augen fixiert, ist es kaum möglich, Gedanken fließen zu lassen. Das heißt: Über die Augen kann man im Grunde den Geist kontrollieren.

Diese Tatsache nutze ich in der Hypnose aus, wenn ich zu einem auf die Bühne gebetenen Zuschauer sage: »Such dir einen Punkt aus, schau darauf. Gut. Und jetzt werde ich dir gleich Phänomene beschreiben, die für dich zutreffend sind. Du wirst jetzt immer mehr mit deinen Augen zwinkern, du spürst, wie sie sich mit Wasser füllen. Jetzt sofort. Und ich bestätige dir, dass genau dies auch geschieht ...« Durch dieses Bestätigen hat der Hypnotisierte das Gefühl, dass es stimmt, was ich als sein Hypnotiseur da sage. Was ich von mir gebe, das wird wahr. Und so führe ich die Person immer weiter in den Prozess der Hypnose hinein.

Wenn Sie das mit einem Freund ausprobieren wollen oder mit einer Freundin, ist dazu kein vorgefertigtes Skript notwendig, das Sie nur ablesen müssen. Das funktioniert nämlich nicht. Das gelingt nur, indem man sich diesen Prozess der Induktion bewusst macht – und das hat wieder etwas mit Beobachtung und Menschenkenntnis zu tun. Und mit einem Dreierrhythmus. Dabei sagt man drei wahre Dinge und danach das, was man von seinem Gegenüber will. Das nennt sich Pacing und Leading, Angleichen und Führen.

Setzen Sie sich dazu wieder an Ihren Küchentisch und schauen Sie sich nochmals die Löcher des Salzstreuers oder die umgeknickte Ecke Ihrer Serviette an. Wenn ich Ihnen jetzt sage, dass Sie die Geräusche um sich herum hören, das

Lachen Ihrer Kinder, Ihre Frau, die nebenan im Zimmer auf dem Computer tippt, oder Ihren Mann, der versuchsweise unter der Dusche »Alle meine Entchen singt«, und wenn ich Ihnen weiterhin sage, dass Sie jetzt mit dem Kopf nicken, weil Sie genau diese Geräusche gehört haben, und sich Ihre Lippen bewegen, weil Sie mir das mitteilen wollen, dann aber denken, dass ich das ja nicht hören würde, und wenn ich Ihnen jetzt auch noch sage, dass Sie immer müder werden, dann werden Sie zur Bestätigung auch noch nicken. Jetzt haben Sie genau drei Dinge – Geräusche, Kopfnicken und Lippen bewegen – als wahr akzeptiert. Und als ich Ihnen sagte, dass Sie müder werden – das war mein Ziel, das wollte ich von Ihnen –, haben Sie das auch mit einem Ja, einem Nicken bestärkt. Automatisch. Sie glauben mir nun, weil Sie es sich selbst mit einem dreifachen Ja bescheinigt haben. Und durch diese Kette an Ja-Aussagen haben Sie letztlich bestätigt, dass Sie da sind, wo ich Sie hinführen wollte: Sie werden müder. Sie können gar nicht anders.

Leider gibt es mittlerweile die Tendenz, dass jeder, der will, Hypnose erlernt. Und folglich werden damit auch furchtbare Dinge getrieben. Psychologen haben herausgefunden, dass Kinder, wenn sie missbraucht wurden, oftmals eine andere Persönlichkeit annehmen. So hat man festgestellt, dass sie häufig zu Puppen werden. Doch warum? Natürlich ist dies ein Schutzmechanismus, der damit zusammenhängt, dass Täter oftmals hypnotische Strukturen benutzen. Manchmal sogar bewusst, meist aber unbewusst. Betritt ein Missbrauchstäter den Raum, in dem sich das Kind befindet, oder er holt es zu sich, so verwendet er häufig ein ganz bestimmtes Wort, einen Satz. Jedes Mal, immer wieder. Es ist dieses Wort, dieser Satz, der das Kind zur Puppe werden lässt.

Niemand, der heutzutage ein Hypnoseseminar besucht, wird gefragt, was er damit vorhat. Man zahlt eine bestimmte Summe und bekommt die Technik beigebracht. In manchen Fällen kann das in einer Tragödie enden, dann nämlich, wenn man nicht weiß, wann man die Maske wieder abzusetzen hat. Im Grunde aber gilt für jeden Hypnotiseur das, was für jeden gilt, der mit anderen Menschen zu tun hat, sei er nun Kellner oder Arzt: Man muss die ethischen Grenzen kennen und einhalten, ein gesundes Gefühl für Menschlichkeit in sich tragen.

Mit Hypnose die Liebe wecken
Stellen Sie sich zwei Stühle vor, ungefähr im Abstand von einem halben Meter. Auf dem einen sitzt eine Frau, die ich aus dem Publikum auf die Bühne geholt habe. Auf dem anderen habe ich Platz genommen, einen Stock in der Hand. Einen Gehstock, den ich immer dabeihabe, mein ständiges Requisit, mein Totem. Angefertigt wurde er für mich in London, in einem Schirm- und Stockgeschäft. Nachdem der Verkäufer meine Frisur gesehen hatte, hatte er eine besondere Idee: schwarzes Holz mit einer Steinkugel als Knauf. Ich habe sofort eingewilligt.

Ich sage: »Schließ bitte deine Augen, lass deine Augen fest geschlossen.«

Die Frau sagt nichts. Sie sitzt nur da. Sie soll kurz ihren Körper verlassen, über Hypnose und Suggestion auf einer Zeitspur in die Vergangenheit reisen. Sie hat sich auf einen bestimmten Punkt zu konzentrieren. Dazu sage ich:

»Hände auf die Oberschenkel. Die Augen sind immer noch fest geschlossen. Mit jedem Ausatmen kannst du dich weiter fallen lassen. Mit jedem Ausatmen möchte ich, dass du dich mehr entspannst. Und jetzt stell dir vor, dass du langsam deinen Körper nach oben hin verlässt. Du siehst unter dir dein ganzes Leben, wie auf einer Linie, die rückwärts in deine Vergangenheit reicht. Jetzt möchte ich, dass du dir vorstellst, dass du diese Linie bis zu dem Moment zurückfliegst, an dem du deine erste große Liebe kennengelernt hast. Lass dir Zeit, und wenn du diesen Moment vor Augen hast, nicke mit dem Kopf.«

Ich sehe der Frau an, wie sie überlegt, wie ihre Gedanken an einem bestimmten Punkt ankommen. Sie nickt. In diesem Augenblick kann ich in sie hineingehen.

»Jetzt stell dir vor, du siehst vor dir einen großen Spiegel und du hauchst ihn an. Dort, wo er beschlagen ist, schreibst du dein damaliges Alter auf. Jetzt kommst du wieder langsam zurück, und gleich wirst du deine Augen öffnen. In dem Moment, in dem du das tust, versuchst du die Zahl deines damaligen Alters vor dir zu sehen. Augen auf! Und nun nenne ich dir das Alter! Sechzehn.«

»Ja, das stimmt«, sagt die Frau mit erstauntem Blick.

Danach schicke ich sie noch einmal auf eine Zeitreise: »Stell dir vor, wie du mit dieser Person, deiner großen Liebe, den Weg weitergehst, bis zum ersten Kuss. Stell dir die Szene vor, wo der Kuss stattgefunden hat. Male dir alles genau aus, als wäre dieser Moment wieder real. Und jetzt fange ich an, die Szene zu beschreiben: Gut, da ist ein fester Boden, ein Holzboden. Um dich herum sind viele Lichter. Da sind Menschen, die sich bewegen, da ist Musik zu hören. Irgendwie eine Form von Tanz. Es ist aber keine Diskothek, eher ein Fest. War dein erster Kuss auf einer Party von Freunden?«

Die Frau öffnet die Augen. Sie bejaht das. (Sie könnte es auch verneinen, dann breche ich an dieser Stelle ab.) Ich lasse sie aufstehen, es ist der Moment, wo ich sie berühren muss, um Kontakt mit ihren Gedanken zu haben: Sie streckt ihren linken Arm aus, und ich halte ihn fest. Ich fordere sie auf, wieder die Augen zu schließen. Ich sage:

»Ich möchte, dass du dir nun vorstellst, wie du mit deiner ersten großen Liebe durch einen Wald gehst. Über dir ist blauer Himmel, die Sonne scheint, unter dir befindet sich grünes Moos. Ihr beide bleibt jetzt vor einem Baum stehen. Du greifst in deine Tasche und holst ein kleines Taschenmesser heraus, öffnest es und fängst an, ein Herz in diesen Baum zu ritzen. Ganz oben in diesem Herzen ritzt du deinen Namen ein. Darunter machst du ein Pluszeichen. Dann folgt der Name deiner ersten großen Liebe. Buchstabe für Buchstabe. Sehr gut! Lass die Augen geschlossen.«

In diesem Augenblick gehe ich fort von der Frau, nehme eine Tafel zur Hand und schreibe den Namen der ersten großen Liebe auf. Ich fordere die Frau auf, die Augen zu öffnen. Ich frage sie: »Wie lautet der Name deiner ersten großen Liebe?«

»Thomas«, antwortet sie.

Ganz langsam drehe ich die Tafel zu ihr. Sie liest völlig erstaunt: »Thomas.«

Ich bin in dieser Situation mehr Reporter oder Übermittler als Magier. Ich berichte aus dem Leben der Frau auf magische, geheimnisvolle Weise. Zum Schluss sage ich, während die Frau wieder ihren Platz unter den Zuschauern einnimmt: »Solltest du Thomas noch kennen, sag ihm einen schönen Gruß. Heute Nacht haben wir alle an ihn gedacht.«

Häufig kommen Frauen, die bei dieser Nummer mitspielten, nach der Show zu mir, um mir zu beichten:

»Anfangs hatte ich große Schwierigkeiten, ehrlich zu sein.«

»Warum denn?«, frage ich dann.

»Na ja, mein Mann sitzt mit im Publikum. Ich weiß,

meine erste große Liebe ist lange vor ihm gewesen. Er ist nicht eifersüchtig, aber er könnte da etwas hineininterpretieren, etwas, was wir zusammen vielleicht nicht haben.«

Auch erhalte ich immer wieder Briefe von Frauen, in denen steht, dass sie nach dieser Nummer so intensiv an ihre erste große Liebe dachten, dass in ihnen das Gefühl der Liebe zu ihrem jetzigen Partner neu entfacht wurde. Sie haben sich nochmals ineinander verliebt. Die Frauen hatten Vergleiche angestellt zwischen der Liebe von damals und der, die sie mit dem aktuellen Partner erleben. Mit einer positiven Bilanz für die spätere Beziehung.

Ich hörte auch von Menschen, die aktuell keinen Lebensgefährten hatten, dass sie durch das, was auf der Bühne passierte und was es in ihnen auslöste, auf einmal viel lebensbejahender waren. Der Bruder einer Frau, die meine Show gesehen hatte, berichtete mir, dass seine Schwester seitdem vollkommen anders sei, viel lebendiger, auch würde sie mehr auf Menschen zugehen, als hätte sie sich selbst eine Dosis Liebe verschrieben.

Für mich zeigen diese Bekenntnisse, wie stark die Liebe ist, da sie solche Emotionen auslösen kann. Wie sehr aber auch das Gedankenlesen in unser Leben eingreifen kann. Liebe, Leidenschaft, Gefühle – sie sind die unsichtbaren Vertreter der Magie.

Einen Menschen in sich verliebt machen

»Aphrodites Namen, den keiner rasch erkennt. ›Nepherieri‹: Das ist der Name. Willst du ein schönes Weib gewinnen, halte dich auf drei Tage rein, räuchere Weihrauch und rufe darüber diesen Namen, geh dann zu dem Weibe hin und sprich den Namen siebenmal im Herzen, auf sie blickend, und so wird sie herauskommen [Aphrodite, die Göttin der Liebe]. Das führe sieben Tage lang aus.«

[Karl Preisendanz (Hg.): Papyri Graecae Magicae. München/Leipzig 2001, S. 115]

Meine Frau, der ich von dem Ritual des Verliebtmachens erzählte, sagte: »Klar, das muss doch funktionieren. Wenn ein Mann sieben Mal eine Frau trifft und sie sich dann immer noch nicht in ihn verliebt hat, ist etwas schiefgelaufen.« Da hatte sie recht, daran hatte ich noch gar nicht gedacht. Frauen haben wohl einen besseren Blick dafür als Männer. Aber: Durch das Ritual bekommt der Mann überhaupt oft erst den Mut, sich sieben Mal mit einer Frau zu treffen. Das ist die magische Kraft, die in dieser Zauberhandlung steckt. Die Selbstsuggestion.

HERZUMARMUNG

Herzumarmung? Was soll das denn sein?

Vor einigen Jahren habe ich einmal einen Bericht im Fernsehen gesehen, da ging es um einen Mann, der es sich zur Aufgabe gemacht hat, so viele Menschen wie möglich in seinem Leben zu umarmen. Seitdem steht er jeden Tag in New York acht Stunden lang auf der Straße und umarmt wildfremde Menschen, die zufällig vorbeikommen. Er nennt diese Geste Herzumarmung, und ich fand das so wunderbar, dass ich das Bild in meine Bühnenvorführungen aufgenommen habe.

Normalerweise haben wir die Tendenz, uns von rechts nach rechts zu umarmen. Achten Sie einmal bei der nächsten Begrüßung darauf. Es ist, als wollten wir unterbewusst unsere Herzen schützen. Bei der Herzumarmung führen wir die Bewegung genau umgekehrt aus. Wir umarmen uns von links nach links, sodass sich unsere Herzen bewusst berühren und aufeinanderliegen.

Im Theater lasse ich relativ zu Beginn meiner Vorstellung alle Zuschauer aufstehen und sich gegenseitig mit der Technik der Herzumarmung begrüßen. Zum einen macht es einen Heidenspaß, Menschen, die sich nicht kennen, dazu zu bringen, sich zu umarmen, zum anderen empfinde ich diese Geste als einen wunderschönen poetischen Moment. Bei dieser Umarmung stelle ich auch immer wieder fest, wie viel Gruppendynamik dieses Spiel besitzt.

Es entsteht in kürzester Zeit eine Einheit unter meinen Zuschauern, die fast schon unheimlich wirkt. Menschen, die vorher nie ins Gespräch gekommen wären, treffen sich in der Pause an der Bar, Telefonnummern werden ausgetauscht und Verabredungen für nach der Vorstellung getroffen. Man könnte sagen, das liegt daran, dass die beiden Herzen bei ihrer Berührung miteinander kommunizieren, sich erkennen und anfreunden, aber das wäre wohl zu abstrakt.

Ich muss zugeben, ich kann auch diesen Moment nicht genau erklären, mache aber immer wieder die unglaubliche Erfahrung, dass sich fremde Menschen durch die Herzumarmung miteinander verbinden. Das Gefühl bei der Herzumarmung ist viel intensiver als bei einer normalen Umarmung. Probieren Sie es aus, es fühlt sich irgendwie anders an. Tun Sie es einfach. Teilen Sie dieses Wissen mit anderen. Sie werden einen großen Unterschied feststellen, zumal es ungewohnt ist. Die neue körperliche Erfahrung können Sie auch dazu nutzen, in einem gemeinsamen Rhythmus zu atmen.

Die Herzumarmung ist eine Möglichkeit, Liebe weiterzugeben, um Nähe und Vertrauen aufzubauen. Wenn sich zwei Herzen berühren, heißt das, dass zwischen ihnen keine Schranken existieren. Stellen Sie sich ein Businessmeeting vor, bei dem sich vorher alle auf diese Weise körperlich umarmen. Kein Händeschütteln mehr, sondern eine Herzumarmung. Das ist schon etwas schräg und skurril, aber ein Moment, der Aufmerksamkeit schafft.

16 Mit Träumen die Realität befreien – Hypnose in der Psychotherapie und auf der Bühne

Wir räumen jetzt mit der größten Illusion in unserem Leben auf, wir trennen die Maske von unserem wahren Gesicht.

Es gibt eine eindeutige Trennung zwischen dem Leben, unserer Existenz, und der Lebenssituation, in der wir uns gerade in diesem Moment befinden.

Oft begehen wir den Fehler, unser Leben, unsere pure Existenz, mit unserer aktuellen Lebenssituation gleichzusetzen. Aber das Leben und die Lebenssituation, in der wir uns gerade jetzt befinden, sind zwei verschiedene Paar Schuhe, zwei voneinander getrennte Wege.

Läuft es in unserem Beruf gerade nicht so, wie wir uns das wünschen, haben wir zu wenig Geld auf unserem Konto, oder wird unsere Liebe nicht erwidert, stellt sich schnell das Gefühl der Unzufriedenheit mit unserem Leben ein.

Aber was uns so emotional in diesen Momenten der Krise beschäftigt, ist nicht unser Leben, sondern nur die Situation, in der wir uns befinden. Und jede Situation ist veränderbar. Noch besser, jede Situation verändert sich immer von ganz allein.

Wir befinden uns in ständiger Veränderung, in ständiger Transformation.

Ein Beispiel?

Wir werden jeden Tag älter, und jedes Bemühen, jeder noch so teuer bezahlte Versuch, diese Veränderung aufzuhalten, verfehlt seinen Sinn. Wir tun es aus dem Wunsch heraus, die Jugend festzuhalten, aber wir schneiden dadurch lediglich unsere kostbaren Erfahrungen, unser Leben aus unseren Gesichtern und Körpern und stellen uns gegen den natürlichen Lauf der Dinge.

Alles ändert sich so schnell, dass wir das, was das eigentliche Leben bedeutet, nicht mehr fassen können. Dafür bleibt keine Zeit. Also machen wir es uns einfach und setzen Lebenssituationen an die Stelle unseres Lebens. Doch das Ganze hat jetzt ein Ende, genau in diesem Moment, in dem Sie diese Zeilen lesen.

Ich halte für Sie die Zeit an. Bringe Ihnen eine Erkenntnis, die Sie ab jetzt in sich tragen, die tief in Ihnen verankert ist und die Sie nie wieder vergessen werden. Ich weiß, das sind hohe Ansprüche, aber vertrauen Sie mir, es ist so, wie ich es sage. Das, was ich Ihnen hier sage, verändert Ihr Leben.

Wir haben keine Rituale mehr, die uns vom Leben, der Lebendigkeit erzählen, von der Gestaltung der Lebenssituation als Mann, als Frau. Dies führt unweigerlich zur Verwirrung. Wir brauchen neue Geschichtenerzähler. Und wir müssen lernen, die naturgebene Veränderung anzunehmen und mit ihr zu spielen.

Wir alle brauchen eine Basis, eine feste Konstante in unserem Leben und Handeln. Diese Konstante sollte so einfach wie mög-

lich gestaltet sein, leicht zu erreichen, aber dennoch felsenfest. Ein Sockel, eine Plattform, ein Grund, auf den wir uns in Zeiten der Krise immer wieder zurückfallen lassen können. Der in Zeiten der Krise und der Trauer unsere große Hilfe, Heilmethode und Erdung darstellt.

Ich handle aus dem Wissen heraus, dass mein Leben, solange ich ein- und ausatme, absolut in Ordnung ist; solange ich ein- und ausatme, bedeutet mein Leben Glück. Solange ich atme, kann ich jegliche Herausforderung annehmen, kann ich mich immer wieder ausprobieren und erfinde ich mich neu. Ich spiele meine Lebenssituationen. Genieße die Veränderung.

Jetzt fordere ich Sie auf, tief einzuatmen und diese Erkenntnis tief in Ihnen zu verankern, in Ihrem Unterbewusstsein, dort, wo sich all Ihre lebenserhaltenden Systeme befinden. Verankern Sie dieses Wissen genau dort, ganz fest, für immer. Erst dann rede ich weiter.

Die Hypnose fesselte mich. Kein Wunder: Wie der in Österreich geborene Kommunikationswissenschaftler Paul Watzlawick schon in seinem Buch *Wie wirklich ist die Wirklichkeit?* gezeigt hat: Das perfekte Mittel, um nicht Gefangener des eigenen Denkens zu bleiben, ist – trotz aller Gefahren, die sie birgt – die Hypnose. Und je mehr ich mich mit der Geschichte tranceartiger Zustände beschäftigte, umso häufiger dachte ich daran, dass es außerhalb dieser komischen Situationen, wie als Wischmopp über die Bühne zu rennen, auch andere Möglichkeiten geben könnte, die Hypnosetechnik für meine Auftritte zu verwenden. Also entschied ich mich im Jahre 2004, bei klinischen Hypnosetherapeuten auf der ganzen Welt Ausbildungen zu absolvieren. Nicht um später eine Praxis als Therapeut aufzumachen, sondern um mehr Wissen zu erlangen und mir genau anzuschauen, was da passiert, auch bei mir selbst, um zu erfassen, was sich in der Hypnose wirklich verändert.

Einen der Hypnosetherapeuten möchte ich besonders hervorheben, Freddy Jacquin aus England. Bevor ich mich für ihn entschied, hatte ich die Erfahrung gemacht, dass es unter den Hypnotiseuren eine Menge seltsame Gestalten gab, aber auch einige wirkliche Koryphäen. Und Freddy war eine solche Kapazität, seine Art des Menschseins hat mich tief inspiriert. Aber ich interessierte mich auch aus dem Grund für seinen Ansatz, weil er sich aus schweren Lebenskrisen mittels Hypnose selbst herausgeholt hatte. Für mich war das ein Beweis dafür, dass er ehrlich über Heilung reden konnte.

Meine Ausbildung dauerte mehrere Jahre. Berlin, London, Paris, ich reiste von Stadt zu Stadt, wo immer Freddy und andere Koryphäen ihre Seminare gaben, um mich in der Kunst der Hypnose einweisen und unterrichten zu lassen. Wie ein Süchtiger war ich getrieben, wollte ich doch dieses seltsame Phänomen verstehen. Freddy, ein vierfacher Vater, erinnerte mich mit seinem haarlosen Schädel an den Schauspieler Telly Savalas, den Hauptdarsteller der amerikanischen Krimiserie *Kojak*, nur dass er keine Brille trug und keine Lollys lutschte.

Nachdem er uns »Schüler« in die Technik eingeführt hatte, studierten wir die Fallgeschichten einiger seiner Klienten. Da gab es zum Beispiel eine Frau, Mitte dreißig, die seit vielen Jahren heroinabhängig war. Auslöser dafür, dass sie Drogen nahm, war ihr Vater. Der lag im Bett, sie war damals zwölf Jahre alt gewesen, und hatte starke Schmerzen gehabt. Er wusste, dass er krank war und nicht mehr lange leben würde, und eines Tages, als die Schmerzen wieder einmal unerträglich waren, schickte er seine Tochter los, um etwas aus der Apotheke zu holen. Es war Wasserstoffperoxid, eigentlich ein Bleichmittel, das zum Blondieren von Haaren benutzt wird.

»Das ist kein Medikament«, sagte der Apotheker, als das Mädchen ihm erzählt hatte, was sie für ihren Vater brauchte.

»Ja, aber mein Vater will es haben.« Das Mädchen bestand auf seinem Einkauf.

Der Apotheker gab nach und überreichte der Zwölfjährigen das Wasserstoffperoxid. Zu Hause angekommen, bat der Vater seine Tochter, zwei Spritzen mit dieser Bleichlösung aufzuziehen. Sie hatte dem Vater schon öfter Spritzen gegen seine Schmerzen gegeben, deswegen kam sie dieser Aufforderung sofort nach. Nachdem das geschehen war, bat er sie, die Flasche mit der Lösung zu verstecken und die Mutter zu rufen, damit sie zusammen die beiden Spritzen setzen könnten. Natürlich wusste der Vater, dass die Mutter, hätte sie das Bleichmittel gesehen, sofort begriffen hätte, was der Plan ihres Mannes war: Er wollte sterben.

Mutter und Tochter drückten ihm die Spritzen mit dem Wasserstoffperoxid jeweils in den rechten und linken Arm, im Glauben, es sei ein Mittel gegen Schmerzen. Mit der Folge, dass diese aber nur noch schlimmer wurden, der Vater zu schreien anfing, so laut und elendig, dass die Tochter sich nicht anders zu helfen wusste, als dem Vater eine Plastiktüte über den Kopf zu ziehen. Der Vater hörte auf zu schreien, denn über ihre Tat hauchte er sein Leben aus. Ein Albtraum. Das Mädchen konnte den Tod ihres Vaters nur aushalten, indem sie sich selbst Spritzen setzte, Heroin nahm, um sich so letztlich auch zu vergiften. Damit angefangen hatte sie mit vierzehn.

Irgendwann wollte sie von dem Zeug loskommen, und so unternahm sie über Jahre die verschiedensten Therapieversuche, doch keiner zeigte Wirkung. Die Hypnose hatte sie mehr oder weniger als ihre letzte Chance angesehen. Vielen erscheint diese Therapieform als eine Art Wunderheilung, was aber nicht stimmt, auch wenn es im ersten Moment nach Magie aussieht.

Freddy wendete bei der Fünfunddreißigjährigen die Timeline-Methode an, eine therapeutische Technik aus den Siebzigerjahren, bei der man mit dem Geist eine gedachte Zeitreise antritt. Er schickte dabei die Frau in tiefster Hypnose in die Situation, die sie damals als Zwölfjährige erlebt hatte. Sie sollte sich die Szene noch einmal anschauen, aber sie auch bewerten, und zwar mit dem Wissen der erwachsenen Frau. Danach sollte sie das Kind, das immer neben ihr war, in den Arm nehmen und ihm sagen, dass es richtig gehandelt habe, es war damals ja noch sehr jung gewesen. Es hätte nicht anders handeln können. Im Grunde gab sie sich unter Hypnose selbst diesen Tipp: Das Trauma, das sie als Kind erlebt und in der Folge mit sich herumgeschleppt hatte, war nicht mehr das Trauma der Erwachsenen.

Anschließend holte Freddy die Frau langsam aus ihrer Zeitreise zurück, räumte Schritt für die Schritt die Widerstände beiseite, die sie sich selbst in den Weg gelegt hatte. All das passierte nur in der Vorstellung, aber dadurch, dass es im Unterbewusstsein geschah, konnte das, was sie umtrieb, auch umgeschaltet werden. Als Freddy ihr befahl, wieder die Augen zu öffnen, sah sie ihn an und sagte: »Ich höre mit dem Spritzen auf.«

Ich war in diesem Augenblick skeptisch, dachte, sie würde das nur sagen, um eine Ausrede parat zu haben, sich nicht weiter unter Hypnose behandeln zu lassen. Dem war aber nicht so. Sie begann einen Entzug, und als ich Freddy später einmal fragte, wie es denn dieser Klientin gehe, meinte er, sie sei immer noch clean.

Freddy konfrontierte mich mit Fällen von Menschen, die seit vielen Jahren unter starken Rückenschmerzen litten. Unter Hypnose erlebten sie, sich wieder richtig bewegen zu können – einzig ausgelöst durch die eigene Vorstellungskraft. Im hypnotischen Zustand hat man auf das Unterbewusstsein einen Zugriff wie auf einen Computer. So wie man dessen Betriebssystem ändern kann, so kann man die Absicht, die hinter einem Verhalten steckt, gegen eine neue, selbst gewählte Verhaltensweise austauschen. Das hört sich seltsam an, ist aber möglich, selbst wenn der Klient gar nicht weiß, wie diese Verhaltensänderung funktioniert. Er muss es nicht bewusst begreifen, das Unterbewusstsein nimmt diese Umprogrammierung vor. Die psychologische Verankerung wird dabei aufgehoben.

Das Unterbewusstsein ist eine Metapher für das, was uns tief in unserem Inneren antreibt. Ich muss mir keine Gedanken über meinen Lidschlag machen, ich muss auch nicht denken: Herz, schlage! Auch das Atmen ist irgendwie geregelt, ohne dass ich mir darüber den Kopf zerbrechen muss. All das sind Prozesse, die bei der Hypnose genutzt werden. Es sind Dinge, über die man nicht nachdenken muss, aber die trotzdem da sind.

Unter Hypnose werden auch Ängste therapiert. Denken wir in diesem Zusammenhang an eine Spinnenphobie. Wir sitzen nicht ständig da und sagen: »Oh, eine Spinne, eine Spinne!« Wir schreien erst dann auf, wenn wir die Spinne sehen – das ist ein Reflex aus dem Unterbewusstsein, uralt, der einmal nützlich war in Breitengraden, wo ein Spinnenbiss für Menschen lebensgefährlich war. Hinter diesem Verhalten verbirgt sich eine positive Absicht, aber diese Intention kann verändert werden, in Richtung eines besseren, eines gesünderen Verhaltens, das unserer Realität angemessen ist. Die Angst vor Spinnen ganz wegzunehmen wäre nicht richtig. Man sollte diese Angst tendenziell in Respekt verwandeln. Denn niemand sollte etwa bei einer Dschungelexpedition oder bei einem Urlaub in Gegenden, in denen Spinnen gefährlich sind, sorglos ein Krabbeltier nach dem anderen in die Hände nehmen.

Normalerweise macht es wenig Sinn, wenn der Klient über seine Ängste spricht, weil eine Beschreibung nie wiedergibt, wie sich der Betroffene wirklich fühlt, wie er unter Angst emotional reagiert. Das Ideal für den Therapeuten ist, ihn im emotionalen Hoch seiner Angst zu erleben – da kann er genau sehen, wie es dem Klienten geht. Beispiel Flugangst. Erlebt der Betroffene seine Angst unter Hypnose, kann sich der Therapeut einchecken und mit ihm den auslösenden Moment der Angst entdecken. Wenn der Klient diesen Moment gefunden hat, wird er vom Hypnosetherapeuten als angstfreier Mensch zurückgeschickt. Während er in die Gegenwart zurückkehrt, kann er sich selbst Tipps für seine erwünschte Verhaltensweise geben. Auch hier nutzen wir die Kraft unserer Vorstellung. Und vor allem die Kraft unseres eigenen Wissens und unserer Lebenserfahrung.

Wichtig: Es gibt große Unterschiede in der Hypnosetherapie. Sollte ein sogenannter Therapeut versuchen, Ihnen einzureden, was Sie von nun an tun sollen, so wenden Sie sich von ihm ab. Nehmen wir als Beispiel die Raucherentwöhnung. Es geht nicht darum, Sie unter Hypnose dazu zu bringen, Zigaretten nicht mehr zu mögen oder den Geschmack nicht mehr abzukönnen. Es geht viel mehr darum, zu erkennen, dass hinter jedem Verhalten eine positive Absicht steckt. Beim Rauchen könnte die positive Absicht die Suche nach Entspannung sein. Wobei kein einziger Inhaltsstoff im Tabak entspannend wirkt. Auch das ist bloß eine Suggestion, gefördert durch immense Werbung – und vielleicht Ihre eigene Vorstellung von der Wirkung einer Zigarette. In der Hypnose geht es darum, dass das Unterbewusstsein ein neues Verhalten für diese Absicht findet, etwas, das anstelle des Rauchens in unserem Beispiel die Entspannung fördert. Das neue Verhalten muss sich das Unterbewusstsein selbst aussuchen – es kann nicht vom Hypnotiseur vorgegeben werden. Nur dann wirkt die Hypnose effektiv. Und nochmals: Sie müssen nicht bewusst wissen, für welches neue Verhalten sich Ihr Unterbewusstsein entschieden hat. Alles geht ganz automatisch.

Lassen Sie sich also nicht von jedem in Ihrer Psyche herumpfuschen. Auch nicht auf Partys, auf denen jemand behauptet, gefahrlos zu hypnotisieren. Hypnose ist ein wunderbares Heilmittel, aber, wie gesagt, auch eine Waffe. Da ist absolute Vorsicht zu wahren.

Bei einer guten Hypnose ist man nicht Opfer, sondern Gestalter der Umstände. Natürlich würde man Opfern von Gewaltverbrechen, von Vergewaltigungen nicht sagen: »Du bist selbst schuld, dass dir das passiert ist. Du bist verantwortlich für die Umstände.« Niemand ist verantwortlich für die Umstände, die auf einen zukommen, wohl aber dafür, wie man mit ihnen umgeht. Innerlich. Gefühlsmäßig.

In der Neurolinguistischen Programmierung (NLP), einer besonderen Kommunikationstechnik zur Analyse von Wahrnehmungen, nennt man das »Framing«: Man kann zum Beispiel – ich wähle bewusst etwas Alltäglicheres als ein Verbrechen – den Auseinandersetzungen mit dem Chef über ein Projekt einen neuen Rahmen geben, eine neue Bedeutung, und sich sagen: »Erst durch das Aufeinanderprallen von zwei Expertenmeinungen entsteht eine dritte Expertise.« Diese Expertise wäre in der Qualität erst gar nicht entstanden, wenn man immer nur den gleichen Weg eingeschlagen, immer nur die gleiche Meinung wie seine Umwelt hätte. Die physische Situation – zwei Menschen, der eine davon in einem Abhängigkeitsverhältnis – bleibt gleich, aber die Veränderung des Rahmens, die Interpretation, das, was man daraus macht, hat man nun selbst in der Hand.

Und plötzlich kann er Japanisch sprechen – oder schnell rechnen

Mit der neu erlernten Technik begann ich, spezielle Akte für meine Show zu entwickeln. Eine Nummer unter Hypnose sieht so aus: Wieder hole ich einen Zuschauer auf die Bühne und stelle ihm folgende Frage:

»Beherrscht du eine Fremdsprache?«

»Englisch«, lautet meist die Antwort. Oder: »Englisch und Französisch.«

»Japanisch sprichst du aber nicht?«, frage ich weiter.

»Nein, definitiv nicht.«

Mit dieser Erwiderung rechne ich, und ich gehe auch davon aus, dass die Antwort stimmt. Nun platziere ich die Person auf einen Stuhl und versetze sie mittels Induktion in einen hypnotischen Zustand. Ich sage: »Deine Hände werden schwer, konzentriere dich auf deine Atmung, mit jedem Ausatmen entspannst du dich immer mehr ...« Schließlich suggeriere ich ihr, dass sie jedes japanische Wort ins Deutsche übersetzen kann: »Ich beweise dir, dass du auch Japanisch verstehst. Folge nur deinem inneren Instinkt. Öffne nun deine Augen. Gleich werde ich dir einige japanische

Wörter sagen, und du wirst mir die deutsche Übersetzung dafür geben.« Ich nehme dafür ein Langenscheidt-Wörterbuch zur Hand und wähle in ihm einige Begriffe aus. (Übrigens: Ich verwende hier bewusst nicht die Wörter, die auf der Bühne gesprochen werden, um für Sie die Spannung zu halten, sollten Sie einmal eine meiner Vorführungen besuchen.)

»Das erste Wort lautet *mado*. Was bedeutet es im Deutschen?«

»Fenster.« Die Antwort erfolgt prompt.

»*Hachi*.«

»Blumentopf ist das zweite Wort.«

»Und jetzt übersetzt du ein Wort ins Japanische. Was heißt Verkehrskreuzung auf Japanisch.«

»*Kosaten*.«

Bevor ich von der hypnotisierten Person die Übersetzung verlange, suche ich unter den Zuschauern zwei Mitspieler aus. Ihre Aufgabe ist es, die Wörter mitzuschreiben. Anhand des Lexikons werden dann die Mitschriften überprüft – und es steht darin genau das als Übersetzung, was von dem Hypnotisierten angegeben wurde.

Das erste Mal probierte ich die Nummer mit einem vierzehnjährigen Jungen aus, es war in Düsseldorf, und am nächsten Tag waren die Zeitungen voll von dem deutschen Jungen, der plötzlich Japanisch sprach. Eine Sensation.

Die plötzlichen Japanischkenntnisse sind ein Symbol dafür, dass unter Hypnose alles möglich ist. Während meiner Ausbildung hörte ich unglaubliche Geschichten, etwa, dass Leute in einer Sprache redeten, die afrikanisch klang. Als man näher nachforschte, bestätigte sich, dass es Swahili oder Kikuyu war. Dadurch kam ich auf die Idee, diese Erfahrung als Bild auf der Bühne umzusetzen. Das Interessante ist, dass der Hypnotisierte, wenn er wieder wach ist, sich an nichts mehr erinnern kann.

Jetzt wollen Sie wissen, wie das mit dem Japanischsprechen geht.

Natürlich werde ich das nicht verraten.

Aber ich will eine Andeutung geben, damit Sie dieses sehr alte Phänomen, das sich *Talking in tongues* nennt, »Reden in fremden Zungen«, besser verstehen. Es wurde schon im Neuen Testament beschrieben, in der Apostelgeschichte des Lukas. Es ist auch ein Phänomen, das spiritistische Medien verwendeten, wenn sie in Séancen Kontakt mit Toten aufnahmen und in der Trance den Bezug zur Realität verloren. Und plötzlich spricht etwas durch sie, mit Stimmen von beispielsweise viel älteren Frauen, von viel jüngeren oder von Verstorbenen. In diesem Zustand, der eine Form von Hysterie ist, kann man wie ein kleines Kind weinen, überhaupt zu einer anderen Person werden.

Es wäre ein Fehler zu denken, der Hypnotisierte würde wirklich eine andere, ihm fremde Sprache von einem Moment auf den anderen beherrschen. So weit geht es nicht. Dazu müsste man ganze Sätze sagen können, die Grammatik beherrschen, noch dazu im Wachzustand, was aber nicht möglich ist. Unter Hypnose ist es mehr ein Suchen nach diesen Worten, in die Richtung: Das könnte Japanisch klingen – wobei es aber nicht darum geht, dass ich Wörter auswähle, die in den beiden Sprachen ähnlich klingen, dass also etwa – nur als Versinnbildlichung gedacht – der Begriff »Buaom« als Antwort erfolgt, wenn ich nach dem japanischen Ausdruck für »Baum« suche. Das wäre zu einfach.

Natürlich lenke ich auch ein wenig. Wenn ich sage: »Ich nenne dir jetzt ein Wort, das ist Japanisch, und du wirst spontan die Übersetzung finden. Das Wort drückt etwas aus, was man draußen in der Natur finden kann. Was heißt *romaji*?«

Probieren Sie es mal aus, ein Großteil der Befragten wird »Baum« als Antwort geben, und zwar deshalb, weil Sie Ihre Mitspieler mit einem psychologischen Trick auf diese Übersetzung gebracht haben. Sie haben behauptet, dass *romaji* etwas bedeutet, das sich draußen in der Natur finden lässt. Und je entspannter Ihr Gegenüber ist, umso schneller wird in seinem Kopf das Bild eines Baums auftauchen. Mit anderen Worten: Der Mitspieler, der bei mir auf der Bühne sitzt, versteht Japanisch, indem er seinen spontanen inneren Bildern vertraut. Er wird von mir angeleitet, dieses oder jenes Wort zu können, indem er spontan antwortet. Ich führe ihn psychologisch, ohne dass er es merkt, zum Baum hin. Ein Trick unseres Geistes, der durch die Entspanntheit, die man in der Hypnose erfährt, unterstützt wird.

Bei dieser Nummer kommt also nicht allein die Hypnosetechnik zum Einsatz, die dazu führt, dass die Person auf der Bühne Japanisch versteht. Würde ich nur die Hypnose verwenden – das wäre so, als hätten die Bilder von Neo Rauch nur deshalb eine solche Magie, weil er bestimmte Pinsel in der Hand hält und spezifische Farben benutzt. Es hat auch etwas mit seiner Sichtweise auf die Welt und die Menschen zu tun – und bei mir mit dem Umgang mit Menschen und dem Bestärken ihres eigenen Könnens.

Durch das Ausnutzen von psychologischen Momenten kann ich die hypnotisierte Person dazu bringen, dass sie zu 80 Prozent genau die Übersetzung trifft, dass sie so reagiert, wie ich es will. Bewusstseinskontrolle könnte man das nennen. Dabei sende ich ihr nicht bewusst die Übersetzung, sondern ich sende ihr einen anderen Impuls, der zur Übersetzung führt. Das ist das Geheimnis, das sich dahinter verbirgt. Es ist viel Wahrhaftiges dabei, auch wenn der- oder diejenige nicht wirklich Japanisch beherrscht. Und die Hypnose brauche ich, um mein Gegenüber zu entspannen, es für diese Art der Kommunikation zu öffnen. Nur so kann dieses Geheimnis seine Wirkung entfalten.

Als mir diese Nummer einfiel, dachte ich: Wow, das ist genau das, was ich mir immer vorgestellt habe, was ich auch gern mal erleben wollte – einmal Japanisch oder Kikuyu zu sprechen. Und es gelingt sogar. Es ist sichtbar, es ist greifbar. Der schöne Schein bringt einen zum Träumen.

Entscheidend ist für mich aber der Schluss der Nummer, wenn die Person aus der Trance wieder zu sich kommt und die Augen öffnet. Dann verspürt sie nämlich manchmal den unbändigen Wunsch, Japanisch zu lernen. Und genau das ist mein Anliegen: Ich möchte die Menschen dazu motivieren, etwas Neues auszuprobieren. Das muss nicht unbedingt eine fremde Sprache sein, sondern überhaupt etwas, das im normalen Alltag unmöglich erscheint, etwa eine Weltumsegelung. Man muss sich das nur vorstellen: Da geht beispielsweise ein Mann von der Bühne und hat wirklich etwas Besonderes erlebt – er hat Japanisch gesprochen; das Publikum hat es bestätigt. Er hat etwas getan, das er eigentlich nicht kann, und hat selbst keine Erklärung dafür. Dieses Gefühl kann einen Menschen aufbauen und dazu antreiben, das Unmögliche auch weiterhin zu denken und anzustreben.

Eine zweite Nummer, die unter Hypnose erfolgt, nenne ich »Schnellrechnen«. Einer Person halte ich, nachdem ich sie in Entspannung versetzt habe, für den Bruchteil einer Sekunde eine Rechenaufgabe hin, die ich auf einen Zettel geschrieben habe – anschließend nennt sie das korrekte Ergebnis. Bevor ich dafür eine Frau oder einen Mann auswähle, frage ich das Publikum: »Wer ist supergut im Kopfrechnen? Bitte erheben!« Danach entscheide ich mich bewusst für eine Person, die nicht von ihrem Sitz aufgestanden ist. Das macht die ganze Sache interessanter, denn bei einem Mathematikgenie könnte man auf die Idee kommen, das wäre eine normale Leistung. Bei jemandem, der bei Zahlen abwinkt, weiß man genau, der müsste sich drei Jahre lang täglich hinsetzen und üben, um die geforderten rechnerischen Fähigkeiten zu erbringen. Die Aufgabe besteht dabei aus fünf vierstelligen Zahlen, die ich untereinander geschrieben habe.

Auch in diesem Fall bringe ich meinen Kandidaten durch eine gewisse Beeinflussung dazu, die Rechenaufgabe zu lösen. So nennt er schließlich die Summe, etwa: »54 352.« Und auch hier gebe ich ihm eine Traumwelt mit, die Konsequenzen für sein Leben haben kann, im Sinne von: »Da ich diese Rechenaufgabe spielerisch bewältigt habe, kann ich vielleicht noch ganz andere Dinge schaffen.« Dabei versuche ich den Menschen immer das Gefühl zu vermitteln, dass es nicht nur funktioniert, wenn Jan Becker in der Nähe ist. Es ist Ihr eigener Moment, Ihre eigene Gehirnleistung.

Denken Sie an einen Regisseur wie George Lucas und seine *Star-Wars*-Filme, auch an die Macher der amerikanischen Fernsehserie *Star Trek*. Sie alle sind Visionäre. Sie haben eine Welt entworfen, die den Anschein erweckt, dass sie unserer physikalischen Realität nicht entspricht. Aber vielleicht ist es einmal möglich, sich auf einen anderen Planeten zu beamen – mit so einer Nummer wie dem Japanischsprechen. Vielleicht ist ja jemand unter Ihnen, der wissenschaftlich so begabt ist und diesen Kick in phantastische Höhen verwirklichen kann … Vielleicht versuchen weltweit Physiker das Lichterschwert, das George Lucas entwickeln ließ, nachzubauen – auch wenn sich Licht bekanntermaßen nicht stoppen lässt.

Noch ist das Phänomen Hypnose nicht vollkommen aufgeklärt. Aber ohne die Bühne hätte sie nicht überlebt. Die »seriöse« Wissenschaft hatte schon um 1900 entschieden, der Hypnose keine große Aufmerksamkeit mehr zu schenken. Es waren die Bühnenhypnotiseure, die durch ihre kuriosen Spiele das Bewusstsein dafür aufrechterhielten. Wenn es für den Hypnotisierten auf einmal nicht mehr möglich ist, den Arm zu bewegen, weil er eine Katalepsie hat, wie sie sonst nur bei Hirnerkrankungen oder Schizophrenie zu finden ist, dann beruht das auf seiner eigenen Imagination: Er stellt sich vor, seinen Arm nicht mehr bewegen zu können, und vergisst, dass er sich das nur vorstellt. So wird dieser Moment plötzlich zu seiner Realität.

Die Hypnose verstärkt und beschreibt unsere tägliche Herangehensweise an die Wirklichkeit. Wir bilden uns zum Beispiel eine Meinung über einen Menschen, oft nur aus unserer eigenen Vorstellungskraft heraus – und vergessen dann, dass wir diese Meinung nur illusioniert haben. Und auch so entsteht Realität.

SCHÖNE WORTE FÜR DEN TÄGLICHEN GEBRAUCH

Ein einziges Wort kann unsere Stimmung verändern, unsere Stimmung heben. Das ist eine wunderbare Form der Selbstsuggestion. Im Folgenden gebe ich Ihnen eine Liste mit den schönsten Wörtern an die Hand, die mir spontan eingefallen sind.

Das Ritual selbst ist sehr einfach: Suchen Sie sich eines

der Wörter aus (am nächsten Tag ein anderes) und verwenden Sie es mindestens fünf Mal. Versuchen Sie, dieses Wort in Ihre Gespräche einzubinden. Seien Sie kreativ und erfreuen Sie sich an dem inneren Gefühl, das sich in Ihnen einstellt, wenn Sie diese magischen Wunderwörter gebrauchen. Versuchen Sie, jedes dieser Wörter auf der Zunge zu schmecken, bevor Sie es genüsslich aussprechen. Sie können der Liste auch neue Wörter hinzufügen.

Schöne Worte für den täglichen Gebrauch:

- Pusteblume
- Esspapier
- Zuckerwatte
- Kokosnuss
- Rosenduft
- Jade
- Seifenblasen
- Gänseblümchen
- Himmelblau
- Ananas
- Regenbogen
- Nachtigall
- Kirschblüte
- Scheherazade
- Blütenland
- Poesie
- Morgentau
- Gipfelhöhen
- Maiglöckchen
- Sonne, Mond und Sterne
- Kirsche

- Zaubern
- Schmetterling
- Trödelmarkt
- Schweben
- Eierkuchen
- Träume
- Liebe

Auch können Sie übliche Wörter durch neue ersetzen. Machen Sie aus »Krankenhaus« ein viel sinnvolleres Wort wie etwa »Gesundwerdhaus« – denn wir wollen dort doch gesund werden, oder?

Nur Mut beim kreativen Erfinden von schönen Wörtern für den täglichen Gebrauch!

17 Langeweile? Nehmen Sie einen Würfel als Zufallsgenerator. Sie müssen ja nicht gleich aus dem Flugzeug springen

Kennen Sie das? Sie sind total gelangweilt von dem Leben, das Sie führen. Morgens beim Aufstehen wissen Sie schon, wie der gesamte Tag verlaufen wird. Nichts Überraschendes wird passieren. Im Beruf läuft alles glatt. Wenn Sie von der Arbeit nach Hause kommen, öffnet der schwerhörige Nachbar die Tür und weist Sie darauf hin, dass Ihre Kinder wieder zu laut waren. Ihr Partner schwärmt von einer Zitronenmousse und dem neuesten Haus befreundeter Architekten. Oder zuerst von dem neuesten Haus der befreundeten Architekten und danach von der Zitronenmousse. Ein Glas Wein, meist zwei, danach wird der Fernseher ausgeschaltet. Die Frage nach Sex stellt sich kaum noch, der ist irgendwie auch öde geworden.

Wenn Sie so denken, dann geht es Ihnen genau wie dem erfolgreichen New Yorker Psychiater Luke Rhinehart, der mit einer hübschen Frau verheiratet ist, zwei wunderbare Kinder und eine Menge Freunde hat. Trotz seines beruflichen und privaten Erfolgs findet er fast alles nur noch nervig. Kein Abenteuer, keine Spannung, stattdessen nur Überdruss. In dieser Situation entdeckt er eines Tages den Würfler in sich. Nach einem Pokerabend mit Kollegen räumt er die Karten zusammen. Dabei sieht er, dass unter der Pik-Dame ein Würfel liegt. Er nimmt den Würfel in die Hand und sagt sich: Wenn ich jetzt würfele, und es fällt eine Eins, dann werde ich noch an diesem Abend mit meiner Nachbarin schlafen. Und tatsächlich: Er würfelt eine Eins. Und er schläft noch an diesem Abend mit seiner Nachbarin. Besonders heikel daran: Die Nachbarin ist nicht nur Nachbarin, sondern auch noch die Ehefrau eines Kollegen.

Nach dieser unerwarteten Wendung des sonst so vorhersagbaren Pokerabends beschließt Luke Reinhart – er ist Protagonist, aber auch Autor des wohl autobiografischen Romans *Der Würfler* –, sein zukünftiges Leben nach dem Würfel auszurichten. Ganz langsam fängt er damit an, mit einzelnen Entscheidungen. Soll ich einen Kaffee trinken – ja oder nein? Bei einer gewürfelten Vier ja, sonst nein. Wenn ich eine Drei würfele, gehe ich nach rechts, bei einer Fünf nach links, bei jeder anderen Zahl geradeaus.

Schließlich werden die Entscheidungen bedeutsamer, skurriler und auch gefährlicher: Er fängt an, nach diesem Prinzip Aktien zu kaufen oder zu verkaufen, die Stellung beim Sex mit seiner Frau zu ermitteln. Aber auch seine Patienten werden mittels Würfeln diagnostiziert. Würfelt er eine Sechs, dann ist der Mensch, der gerade vor ihm sitzt, schizophren, bei einer Zwei manisch-depressiv. Immer weiter überschreitet er Grenzen, und am Ende wird sein ganzes Leben nur von diesem einen Würfel bestimmt.

Das Buch hat mir gezeigt, wie schnell wir uns in vorgeschriebene Bahnen fügen, ohne wirklich wahrzunehmen, wie viele Möglichkeiten uns zusätzlich im Leben offenstehen – ganz gleich ob mit oder ohne Würfel. Aber der Würfel ist eine wunderbare Möglichkeit, mit sich selbst zu spielen. Sie müssen ja nicht gleich Ihr ganzes Leben unter das Diktat dieses Zufallsgenerators mit den einundzwanzig Augen stellen, aber probieren Sie es mal für einen Tag aus!

Sie sind also bereit, sich für vierundzwanzig Stunden Ihr Leben zu erwürfeln? Versprochen: Sie werden vollkommen neue Dinge erkennen. Erstellen Sie als Erstes eine Liste von eins bis sechs, etwa mit den unterschiedlichsten Persönlichkeitsprofilen, die Ihnen in den Sinn kommen. Hier ein Beispiel:

1 Millionär/Millionärin
2 Bankangestellter/Bankangestellte
3 George Clooney/Jennifer Lopez
4 Heiratsvermittler/Heiratsvermittlerin
5 Obdachloser/Obdachlose
6 Frau (wenn Sie ein Mann sind)/Mann (wenn Sie eine Frau sind)

Wenn Sie eine Drei würfeln, gehen Sie an diesem Tag als Schauspieler durch die Welt. Bei einer Fünf erzählen Sie allen Menschen, Sie seien eine obdachlose Person, und so weiter. Wenn dieses Spiel auch ein Rollenspiel ist, so verbirgt sich dahinter doch ein magischer, ein psychotherapeutischer Ansatz: Sie können sich durch das Würfelspiel klarmachen, dass Sie immer mehrere Wahlmöglichkeiten haben. Sie erhalten durch die »Würfeltherapie« die Chance, Sachen auszuprobieren, die für Sie bislang unvorstellbar gewesen sind –, und entdecken, dass Sie viel mehr Facetten haben und auch entscheiden können, als Ihnen bislang bewusst war.

Probieren Sie das Spiel aus. Es macht süchtig, ich habe es selbst erlebt. Sie können sich auch erwürfeln, wie viele Leute Sie heute ansprechen wollen. Der Würfel rollt über den Tisch. Aha. Eine Vier. Danach machen Sie sich noch eine Liste von eins bis sechs über Themen, mit denen Sie diese vier Personen konfrontieren könnten:

1 Sie fragen nach, wie es gerade um die Liebe steht.
2 Sie wollen wissen, wo der nächste Bäcker ist.
3 Sie sagen den vier Personen Ihre ehrliche Meinung über sie.
4 Sie vertrauen den vier Personen ein Geheimnis an.
5 Sie diskutieren die Politik der jetzigen Regierung.
6 Sie sagen, was Sie verdienen.

Durch das Würfelspiel werden Sie in Situationen geraten, an die Sie niemals gedacht hätten. Es zeigt Ihnen Auswege auf, wenn Sie glauben, sich in einer Einbahnstraße zu befinden. Sie erkennen andere Realitäten, denn es existiert nicht nur die eine Wirklichkeit, von der Sie bislang ausgegangen sind. Der Würfel macht Ihnen das bewusst, vor allem aber direkt erfahrbar. Sie erwürfeln sich, wie Sie zu einem Termin gelangen wollen. Normalerweise hätten Sie das Auto genommen. Wie jeden Tag. Aber alternativ setzen Sie auf Ihre Liste noch: zu Fuß (2), mit der Straßenbahn (3), mit dem Fahrrad (4), joggend (5), im Taxi (6). Wenn Sie keine Eins würfeln (was für Ihr Auto stehen würde), werden Sie je nach Fortbewegungsart andere Strecken und damit andere Umgebungen sehen, anderen Menschen begegnen. Unterwegs können Ihnen die verrücktesten Sachen passieren, allein durch die Tatsache, dass Sie etwas Neues ausprobieren und offener sind, als wenn Sie sich wie jeden Morgen nur in Ihren VW oder Toyota gesetzt hätten.

Sechs Alternativen pro Tag zu haben, das ist ungemein befreiend. Denn auch das können Sie machen: Zwar gibt Ihr Würfel Ihnen vor, dass Sie an diesem Tag die Straßenbahn nehmen sollen. Sie denken aber nicht daran, Sie haben Lust auf ein Taxi. Sie wehren sich gegen die Würfelentscheidung, treffen eine eigene, die Sie sich selbst gegenüber verteidigen müssen. Alles um Sie herum wird abenteuerlicher.

Oder Sie sitzen in einer Bar, eine schöne Frau ist in Ihr Blickfeld geraten oder ein toller Mann. Sollen Sie die Person ansprechen? Sie würfeln. Nein, sagt der Würfel. Sie weigern sich, dies zu akzeptieren. Sie gehen zu der Person hin. Reden mit ihr. Immerhin haben Sie einen wunderbaren Gesprächseinstieg: »Mein Würfel hat gesagt, dass ich Sie nicht ansprechen soll, aber ich ...« Eine solche »Anmache« erlebt man nicht jeden Tag, die Aufmerksamkeit ist Ihnen gewiss.

Das Würfelspiel zeigt, dass keine Entscheidung besser oder schlechter ist. Die Qualität ist nicht messbar. Es ist einzig wichtig, dass Sie eine Entscheidung treffen. Dass Sie beginnen, etwas zu tun.

Sie brauchen keine Angst zu haben, dass Sie bei diesem Spiel auf die Idee kommen, aus dem Fenster zu springen, wenn Sie eine Drei würfeln und dies auf Ihre Liste gesetzt haben. Ihr Unterbewusstsein zieht da automatisch eine Grenze, schützt Sie vor einem solchen Tun. Dennoch muss ich Sie warnen: Ich selbst habe so obsessiv gewürfelt, dass ich ganze Nächte damit verbrachte. Ich machte mir Listen mit Orten, die ich aufsuchen wollte. Da standen dann neben irgendwelchen normalen Tanzklubs auch solche, die mehr auf eine sexuelle Schiene ausgelegt waren. Einmal würfelte ich, dass ich in Berlin mitten in der Nacht durch einen U-Bahn-Schacht gehen sollte, von einer Haltestelle zur nächsten. Da wusste ich: Halt! Stopp! Das kannst du jetzt nicht tun, das bringt dich um. Obwohl ich noch nie in einem U-Bahn-Schacht war und mich interessiert hätte, wie es dort aussieht, entschied ich mich dagegen. Mein Unterbewusstsein schützte mich davor, einen solchen Unsinn zu machen.

Besser ist es, Sie stehen morgens auf und würfeln, über welches Thema Sie heute nachdenken wollen. Liebe? Beruf? Reise? Gesundheit? Geld? Spiritualität? (Das sind übrigens auch die sechs Gebiete, die beim Cold Reading entscheidend sind, siehe S. 193 ff.)

Also: Jedes Mal, wenn ich auf einen Menschen treffe, der mir sagt, er brauche ein wenig Abwechslung in seinem Leben, fordere ich ihn dazu auf: »Nimm einen Würfel in die Hand, das ist die größte Abwechslung, die du in deinem Leben erfahren kannst. Das ist wie Achterbahn fahren, und das jeden Tag.«

Wie ich mit Würfeln entschied, aus dem Flieger zu springen
Bleibt dennoch die Frage, wie weit ich es treiben kann, wenn ich mein Schicksal in die Augen eines Würfels lege. Das hatte sich auch eine Fernsehredaktion gedacht, als sie auf die Idee kam, mich zu fragen, ob ich aus einem Flugzeug springen würde, mit einem Fallschirm auf dem Rücken, bei dem aber nicht klar wäre, ob er aufgehen wird oder nicht. Das war russisches Roulette, was hier gespielt werden sollte, für eine Freakshow, die Marco Schreyl damals für kurze Zeit moderierte: *Die Show der Merkwürdigkeiten*. Natürlich wurde nachgestochen: »Sie vertrauen doch sicher Ihrer Kunst und Ihrem Talent. Unter zehn Fallschirmen, die Ihnen zur Auswahl vorgelegt werden, können Sie bestimmt den richtigen herausfinden. Als Gedankenleser dürfte Ihnen die Entscheidung kaum schwerfallen.« Der richtige Fallschirm war selbstverständlich der, der so präpariert war, dass er aufging. Alle anderen würden sich in der Luft nicht öffnen. Ich musste schlucken, dennoch war das eine Herausforderung. Ich überlegte:

»Kann man denn nicht von außen erkennen, ob ein Fallschirm aufgeht oder nicht?«

»Es gibt hinten einen Stift, den man nur quer reinstecken muss, schon öffnet sich der Schirm. Das ist der wichtigste Punkt. Wenn diese Stelle verknotet ist oder zugenäht, dann hat man als Springer keine Chance. Dennoch: Ist der Schirm normal verpackt, können Sie nicht feststellen, ob es für Sie gut oder schlecht ausgehen wird.«

Sehr tröstlich. »Und von welcher Höhe aus müsste ich aus dem Flieger springen?« Es gab noch andere Bedingungen, die ich in Erfahrung bringen musste, war ich doch noch nie in meinem Leben Fallschirm gesprungen.

»4000 Meter. Sie sind auf dem Gebiet wohl ein richtiger Laie?«

Da konnte ich nur zustimmen. Ich wusste nur, was Höhen betraf, dass man im Himalajagebirge ab 4000 Meter einen Höhenkoller bekommen kann.

In diesem Moment fiel mir das Würfelspiel des New Yorker Psychiaters ein, und ich dachte, okay, hier könnte ich es mal wieder ausprobieren.

»Ich sag Ihnen gleich Bescheid, wie ich mich entscheiden werde, aber vorher muss ich kurz mal würfeln.« Damit legte ich den Hörer auf. Ich konnte mir vorstellen, dass sich mein Gesprächspartner gerade einiges dachte, und bestimmt nicht das Schmeichelhafteste.

Den Würfel hatte ich schnell gefunden. Konzentriert setzte ich mich an einen Tisch. Meine Bedingungen hatte ich mir überlegt: Würfelte ich eine Zahl zwischen eins und drei, wollte ich mich auf dieses waghalsige Abenteuer einlassen; bei einer Zahl zwischen vier und sechs, so entschied ich, würde ich die Finger davon lassen.

Ich nahm den Würfel in die Hand. Er rollte weit über die

Holzfläche, bis er schließlich keinen Seitenwechsel mehr vornahm. Stille. Vorsichtig stand ich auf und schaute auf die Zahl, die sich mir zeigte: eine Zwei. Damit hatte ich meine Wahl getroffen. Zufall? Schicksal? Ich ging zu diesem Zeitpunkt gerade der Frage nach, ob unser Schicksal vorherbestimmt ist. Gibt es das Schicksal überhaupt? Und wenn ein solches existiert, was hat es dann mit den Zufällen auf sich? Sind sie möglicherweise das Salz in der Suppe? Sind sie dazu da, unser Leben ein wenig aufzupeppen? Diese Frage war fast noch interessanter. Vielleicht konnte ich durch den Fallschirmsprung Antworten finden.

Ich griff zum Telefon, wählte die Nummer, die man mir gegeben hatte, und sagte: »Ich mach's.«

Erst allmählich begriff ich, dass ich, bevor ich so hochtrabende philosophische Fragen in meinem Kopf herumwälzen konnte, erst einmal das Fallschirmspringen lernen musste, was nicht in einem Crashkurs an einem Tag zu erledigen war. Wieso hatte ich mich überhaupt auf dieses Projekt eingelassen? Das war doch in jeder Hinsicht eine Lebensentscheidung im wahrsten Sinn des Wortes. Nicht einmal im Traum hätte ich daran gedacht, dass ich mich einmal von einem Flugzeug aus mit einem geschlossenen Paket auf dem Rücken dem freien Fall überlassen würde – ich hatte einen Heidenrespekt vor diesem Können. Aber nun konnte ich mich nicht mehr drücken. Innerhalb von drei Monaten sollte ich zum Fallschirmspringer ausgebildet werden. Hatte ich nicht selbst immer vorgegeben, dass man neue Dinge im Leben entdecken sollte? Und das hier war nun wirklich neu.

Male, einer der besten Fallschirmspringer Europas, trainierte mich im brandenburgischen Fehrbellin. Anfangs dachte ich: Na ja, da gehe ich dann mal hin, die Maschine startet, die Luke öffnet sich, ein Tandemsprung – und das war's. Dem war aber nicht so. Erst hatte ich eine theoretische Ausbildung zu absolvieren. Ich lernte, und das jeden Tag, wie die Winde in 4000 Meter Höhe sind, was Aerodynamik ist, wie man sich in die Luft legen muss. Man erklärte mir, was ich im Falle einer Verknotung zu machen habe, was, wenn sich der Schirm verdreht. Auf einem Rollbrett, das war die zweite Stufe meiner Ausbildung, musste ich wieder und wieder üben, wie man in welcher Körperhaltung und -spannung vom Himmel fallen und landen soll. Das war nicht einfach.

»Geh ins Hohlkreuz«, rief mein Trainer. »Und streck gleichzeitig ein bisschen die Beine.«

Ich kam mir vor wie beim Schattenboxen. Ich musste mir vorstellen, ich wäre in der Luft. Danach wurde das Brett so gedreht, dass man allein durch diese Verlagerungen am Ende das Gefühl bekam, man könne wie ein Vogel in jede Richtung fliegen. Erstmals hatte ich das Erlebnis, wirklich in einem dreidimensionalen Raum zu sein – für den Kopf eine völlig verrückte Sache. Obwohl ich mich auf einem Brett befand, hatte ich diese Schwebewahrnehmung. Dabei hatte ich nie die Empfindung, dass ich fallen würde, sondern es ging für mich immer nur nach oben. Wenn das kein Wink des Schicksals war!

Schließlich kam der Tag, an dem ich zum ersten Mal aus einem Flugzeug springen sollte. Ich zog mich dafür an, kontrollierte meinen Schirm, so wie ich es gelernt hatte. Als wir in 4000 Meter Höhe waren, sagte ich zu Male und einem weiteren Trainer:

»Bei wem soll ich mich denn einhaken?«

»Du wirst dich bei niemandem von uns einhaken«, erklärte Male. »Du springst alleine. Wir springen mit dir raus, aber du bist alleine in der Luft.«

»Wie, alleine? Wie soll ich denn ... Ich bin doch noch nie ... Ihr müsst doch irgendetwas ...?«

»Wir müssen dich nur begleiten. Und wenn es dir nicht gelingen sollte, den Schirm zu ziehen, dann stützen wir dich und helfen dir, dass er aufgeht. Das ist aber auch alles. Wir sind per Funk miteinander verbunden, du folgst einfach unseren Befehlen.«

»Hab ich auch ein Funkgerät?«

»Nein, nur wir.«

»Aber allein landen ...« Es war ein letzter Versuch, meinen Prostest zum Ausdruck zu bringen, doch er blieb ohne Wirkung.

Da saß ich nun in der kleinen Cessna, auf dem kalten Boden, es war unglaublich laut, und ich hatte Muffensausen. Wie angenehm war es doch, in einem Flugzeug auf einem nummerierten Sitz Platz zu nehmen und von einer hübschen Stewardess freundlich und aufmerksam bedient zu werden. Wie ungefährlich mir das angesichts meiner momentanen Bodenhaltung erschien. Male und der andere Trainer befanden sich in meiner Nähe, ich hielt ein Höhenmesser in der Hand – 3500 Meter zeigte er an, Mist, das war richtig hoch, und es ging noch höher. Auf dem Kopf trug ich einen Helm, der es in seiner Sicherheitsfunktion mit keinem Fahrradhelm aufnehmen konnte, so dünn kam er mir vor. Was, wenn ich mit dem Schädel auf der Erde aufkam? Und plötzlich hieß es: »Klappe auf!«

Wurde man jetzt nicht rausgesogen? War das nicht immer so in den Filmen gewesen, die ich gesehen hatte? Nichts dergleichen geschah. Und mir schoss durch den Kopf: Das wäre auch ein bisschen blöd, da völlig unkontrolliert. Male stieg aus dem Flugzeug und hing an der Außenwand des Fliegers, der Begleittrainer als Letzter, dazwischen ich. Hockstellung einnehmen. Viel Zeit zum Nachdenken hatte ich nicht mehr, da wir drei in einem bestimmten Rhythmus zu springen hatten, um nicht zu weit voneinander entfernt zu sein. Bestimmt hatte ich den Ablauf zuvor hundert Mal geübt – und dann war doch irgendwie alles anders.

Ich flog und versuchte mich gleichzeitig zu stabilisieren. Das klappte auch einigermaßen. Fünfundneunzig Kilo schwebten da durch die Luft. Das Maximalgewicht bei diesem Sport. Zwar können Fallschirme einen Elefanten nach unten bringen, aber aus versicherungstechnischen Gründen waren die fünfundneunzig Kilo die Schallmauer. Nun wogen meine beiden Trainer aber rund fünfundzwanzig Kilo weniger, was bedeutete, dass ich beim Fallen viel schneller war als die beiden. Das hatte Male nicht berücksichtigt. Die mussten richtig Vollgas geben, um mich einzuholen. Zum Glück waren sie Profis auf dem Terrain der Fliehkräfte.

Überrascht war ich darüber, wie mir der Wind um die Ohren rauschte. Klar, ich fiel 220 Stundenkilometer schnell, und jeder, der einmal bei dieser Geschwindigkeit beim Autofahren den Kopf aus dem Fenster gehalten hat, weiß, wovon ich spreche. Man darf auch nicht mit geschlossenem Helm springen, um den Sichtkontakt zum Trainer nicht zu verlieren. Es gibt beim Springen außerdem eine Millisekunde kurz nach dem Sprung aus dem Flugzeug, in der der Springende im Kopf erst wieder klar werden muss. Es ist der Moment, wo der Körper die Erfahrung macht, dass er keinen Boden mehr unter den Füßen hat. Das kann dazu führen, dass der Springer – wie in einer Trance, wie unter Hypnose – für diesen Augenblick abschaltet. Mit anderen Worten: Man ist komplett weggetreten, und das kann lebensgefährlich sein. Der Lehrer muss das Gesicht des Schülers sehen, um zu erkennen, ob dieser Zustand eingetreten ist – und das ist nur mit offenem Visier möglich.

Die Landung war dann super, vollkommen weich. Ich fühlte mich wie eine Feder. Ich dachte nur: Unglaublich, ich bin ja ein Naturtalent. Ich bin Superman. Höhenflug im Kopf nennt man das.

Male meinte: »So, wir machen jetzt noch einen zweiten Sprung.«

Ich aber winkte trotz meiner genialen Adrenalinschübe ab: »Nein, für heute reicht's.«

Hätte ich doch nur den zweiten Sprung gemacht, denn am nächsten Tag beherrschte mich eine unglaubliche Angst. In der Nacht hatte ich mir alle möglichen Szenarien ausgemalt. War ich beim ersten Sprung noch naiv gewesen, konnte ich nun keine Schutzwälle mehr vor meiner Panik aufbauen. Ich springe nicht mehr! Ich bin schließlich kein Selbstmörder! Ich bin doch nicht verrückt!

Hochgefühle und Angstzustände hin oder her – ich musste weitermachen. Mit den Sprüngen tastete ich mich ja erst an meine wahre Aufgabe heran. Der zweite Sprung war dann auch nicht ohne. Als ich in der Luft schwebte, merkte ich, dass mein Schirm eine heftige Verdrehung hatte und sich nicht öffnete. Ich dachte nur: Ach du Scheiße! Was mache ich denn jetzt? Soll ich mich von meinem Schirm trennen? Den Reserveschirm ziehen? Plötzlich schaute ich nach unten. Die Erde kam verdammt schnell näher.

»Guck nach oben!« Ich hörte, wie mir Male ins Ohr schrie. Oder schrie er gar nicht, und ich bildete mir das nur ein, weil ich in diesem Moment alles überbewertete? Doch da drehte sich der Schirm so, dass er sich entfaltete. Ausgelöst durch eine leicht veränderte Körperhaltung, als ich nach unten geschaut hatte. Erleichterung machte sich in mir breit.

Mit jedem Sprung wurde aber meine Panik größer. Nach dem elften Versuch sagte ich zu meinem Trainer: »Es geht nicht mehr. Ich kann nicht mehr schlafen, meine Angstzustände sind zu groß.«

Male hörte sich alles mit ernstem Gesicht an, schließlich meinte er: »Ich zwinge niemanden zum Fallschirmspringen, ich werde auch dich nicht dazu zwingen. Aber stell dich heute Abend vor den Spiegel. Du siehst dein Gesicht, und du sagst zu deinem Ebenbild: ›Heute bin ich gesprungen.‹ Dann fragst du dich, wie sich das anfühlt. Anschließend gibst du deinem Ebenbild zu verstehen: ›Heute bin ich nicht gesprungen.‹ Hierbei fragst du dich ebenfalls, wie sich das für dich anfühlt. Was auch immer du für Antworten erhältst, sie stimmen für dich. Wichtig ist nur, dass du mit dir selbst klären musst, was du spürst.«

Der Rat von Male war großartig, ich befolgte ihn. Man kann ihn in allen Lebenssituationen anwenden, in denen es um eine wichtige Entscheidung geht. Und als ich meinem Spiegelbild erklärte, dass ich heute nicht gesprungen wäre, bekam ich auch gleich die Antwort: »Schade eigentlich.« Hmm! Das gab mir zu denken. Und dann hakte ich nach und versuchte es mit der anderen Version: »Heute bin ich gesprungen!« Und was bekam ich von mir selbst zu hören? »Toll! Das war super.«

Also machte ich weiter. Und schließlich platzte auch der Knoten. Ich hatte den freien Fall im Griff. Ich konnte wie ein Vogel durch die Luft fliegen. Nach links, nach rechts, Überschlag, langsam, schneller. Es war ein richtiges Glücksgefühl. Und weil ich alles unter Kontrolle hatte, war auch die Angst verschwunden. Der Spaß begann.

Dabei hatte ich den Würfel nie vergessen. Jeden Tag stellte ich mir mit den sechs Alternativen eines Würfels Fragen, die letztlich etwas mit Leben und Tod zu tun hatten, denn darum ging es ja bei der Fallschirmnummer. Immer wieder dachte ich dann an die erwürfelte Zahl. Ich versuchte sie in Gedanken zu sehen und mir die Konsequenz vorzustellen, für die diese Zahl stand. Ich musste Ruhe bewahren, selbst wenn es um Leben oder Tod ging, ich musste meine Sinne im Griff haben, durfte nicht in Panik geraten. Auch in dieser Extremsituation musste ich mich auf meine Fähigkeiten hundertprozentig verlassen können.

Die Würfelübungen waren für mich ebenso ein Abtesten der Zahlen respektive der Fallschirme. Hin und wieder legte ich auch einen Würfel auf einen Tisch in einem Raum, in dem sich mehrere Leute aufhielten, mit der Drei oder der Vier nach oben. Manchmal verließ ich den Raum bewusst, kehrte dann nach einer Weile zurück, nur um zu sehen, ob oben immer noch dieselbe Zahl dalag oder ob jemand den Würfel gedreht hatte. Und jeden Menschen, den ich traf, bat ich, den Würfel in die Hand zu nehmen, eine Zahl zu würfeln und an diese zu denken. Ich musste absolute Perfektion im Gedankenlesen erlangen. Durfte mir keinen Fehler leisten. Eine einfache Zahl konnte über mein Weiterleben entscheiden. Ein Selbstmordkommando.

Schließlich kam der große Moment. Über meinen Luftsprüngen hatte ich manchmal fast vergessen, warum ich das alles hier tat. Ich zog mich zurück aus meinem Berliner Leben, denn es war wichtig, mich völlig auf die Aufgabe zu konzentrieren. Und diese bestand darin, die Reaktionen der Person lesen zu können, die allein wusste, welches der richtige Schirm war, der Schirm, der sich öffnen würde. Diese Person war eine junge Frau, sie hatte die Fallschirme durchnummeriert, von eins bis zehn.

An dem Tag, an dem der Dreh stattfinden sollte, war das Wetter nicht besonders gut, der Himmel war bewölkt. Es wurde prognostiziert, dass gegen Mittag die Sonne für eine Stunde durchkommen würde. Das hieß: In diesem Zeitfenster musste die Sache über die Bühne gehen. Also auch noch von dieser Seite Stress.

In der kleinen Flugplatzhalle in Fehrbellin, in der ich trainiert hatte, lagen die zehn Fallschirme im Kreis – gleichsam wie die Patronenkammer eines Revolvers mit zehn Schuss. Um mehr Spannung in die ganze Angelegenheit hineinzubringen, hatte man sich überlegt, in Etappen vorzugehen: Ich sollte zu Beginn von den zehn Schirmen fünf auswählen, danach noch einmal zwei, nur die letzten drei sollte ich mit in die Cessna nehmen. Die letztendliche Entscheidung sollte ich in der Luft treffen. Von Anfang hatte ich ein Gefühl, welches der richtige Schirm war, aber keine vollständige Sicherheit. Ich musste weiter meiner Intuition folgen. Meinem Wissen über die Menschen, das ich mir über die Jahre hinweg antrainiert hatte. Sollte ich den falschen Fallschirm gewählt haben, so hoffte ich, würde man mich nicht einfach in die Tiefe springen lassen. Man würde mich zurückhalten. Oder?

Egal, ich musste mich auf mich selbst verlassen können. Ich musste mich zentrieren. Die Frau, die die Schirme ausgewählt hatte, wurde von mir isoliert. Ich durfte nicht mit ihr reden, kam nur mit ihr zusammen, wenn ich die Anzahl der Schirme reduzierte. Bei diesen Zusammentreffen versuchte ich alle Register zu ziehen, die ich gelernt hatte. Psychologie. NLP. Energie. Poesie. Ich versuchte sie zu »lesen«.

Beim Aussortieren der ersten fünf Schirme war ich überzeugt, dass der richtige nicht unter ihnen war. Warum? Ich kann es wirklich nicht erklären. Als dann die zweite Auswahl von mir gefordert wurde, zögerte ich kurz. Meine anfängliche Sicherheit war auf einmal dahin, ich war nicht mehr in der Lage zu »lesen«. Jetzt konnte ich nur noch raten. Berühren durfte ich ja auch nichts. In diesem Moment hätte ich das Experiment stoppen müssen, aber es war mir nicht möglich. Ich musste da durch.

Nun ging es mit der Frau und den übrig gebliebenen drei Fallschirmen in die Luft. Während die Cessna an Höhe gewann, ließ ich sie nicht eine Sekunde aus den Augen. Als ich nun da auf dem Boden saß und sie beobachtete, wurde sie jedoch immer nervöser. Ich dachte: Hier läuft gerade etwas falsch. Wenn der richtige Schirm dabei wäre, dann hätte sie nicht diese Angst, dann wäre sie sicherer. Ich hatte mir vorgestellt, dass sie völlig entspannt mit mir fliegen würde. Das war mein gedanklicher Anker gewesen. Den konnte ich nun im wahrsten Sinn des Wortes über Bord werfen. Ich musste mit ihr sprechen.

»Wie geht es dir?«, fragte ich und sah ihr direkt in die Augen. Das war erlaubt.

»Nicht gut«, antwortete sie. »Ich habe Flugangst.«

Fehlinterpretation meinerseits. Ihre Flugangst hatte all ihre Sinne überstimmt. Sie konnte also gar nicht normal reagieren. Jetzt musste ich an die Sache anders herangehen. Doch wie konnte ich an ihre Gedanken herankommen?

Schließlich sagte ich: »Du musst mir in die Augen schauen und dabei an die Zahlen der Fallschirme denken, die ich mit in dieses Flugzeug genommen habe.« Es waren die Nummern drei, fünf und sieben gewesen. Das tat sie auch, etwa eine Viertelstunde lang, bis wir die Absprunghöhe erreicht hatten.

Fallschirm Nummer drei hatte ich komplett ausgeschlossen. Der war nicht der richtige. Blieben nur noch Nummer fünf und sieben übrig. Am Ende entschied ich mich für Letzteren. Ohne weiter darüber nachzudenken, band ich mir diesen Fallschirm um. Ich krabbelte nach vorne zur Luke. Niemand hielt mich auf. Das musste einfach der richtige Fallschirm sein. Aber keiner der Leute, die mit an Bord waren, nickte zustimmend oder sagte: »Ja, genau, das ist der Schirm, der aufgehen wird.«

Und dann sprang ich. Kurz danach folgte Male.

Fünfundvierzig Sekunden, eine halbe Ewigkeit, flog ich frei in der Luft umher. Dann sah ich, wie der Schirm sich öffnete. Die Anspannung ließ langsam nach, der Druck verflog. Meine Probe hatte ich überstanden, ja, sogar bestanden. Das zu denken war einerseits hirnrissig, andererseits stärkte es ungemein mein Selbstbewusstsein. Ich hatte funktioniert, so schlecht konnte es um mein Talent nicht bestellt sein.

Zur weiteren Erklärung: Auch diese Mutprobe hatte nichts mit hellseherischen oder übersinnlichen Fähigkeiten zu tun – einzig und allein mit jener von mir schon öfter ins Feld geführten Offenheit gegenüber Menschen. Wer die Menschen nicht liebt, wird nie Gedanken lesen können. Dazu brauchen Sie eine Art Liebesgen, so wie ein Pianist ein Musikgen mitbringen muss, ein Schriftsteller ein Erzählgen.

Und auch hier die Erkenntnis: Fallschirmspringen ist nicht im Instantverfahren zu erlernen. Gönnen Sie sich in jeder Lebenslage den Moment der Ausbildung. Sollten Sie sich dabei ertappen, nur so zu tun, als hätten Sie etwas verstanden, halten Sie inne. Fragen Sie sich: Ist es wirklich mein innerster Wunsch, mich mit diesem Inhalt zu beschäftigen? Wenn ja, genießen Sie das, was Sie gerade beschäftigt. Sollten Sie diese Kraft jedoch Ihrem Beruf oder Ihrem Thema nicht entgegenbringen können, dann quälen Sie sich nicht weiter. Wechseln Sie. Das Leben ist zu kurz, um es zu vergeuden. Wenn Sie etwas tun, nur um Ihr Leben zu finanzieren, verlieren Sie die Liebe.

Ich liebe meine Berufung zum Wundermacher, zum Geheimnisvollen. Und genau deshalb ist das, was ich Ihnen in diesem Buch erzählt habe nur die eine Hälfte der Wahrheit. Die zweite Hälfte kann und werde ich nicht verraten. Würde ich das tun...

Und ist nun das Leben durch das Schicksal vorherbestimmt? Sind die Zufälle, die uns im Leben begegnen, zu unserer Unterhaltung gedacht? Ich glaube nicht. Wir sind die Gestalter unserer Realität, und zu dieser gehört auch das Schicksal. Wir sind frei.

Mehr Geheimnisse von Jan Becker unter
www.Jan-Becker.com/Geheimnisse

Ein Wunderepilog

Ich sitze in einer Bar. Nachts, nach einem Auftritt in Berlin. Die Rauchschwaden von Zigaretten ziehen an mir vorbei, Gespräche verschwinden zum Flüstern im Hintergrund. Über die Lautsprecher läuft Leonard Cohens »In My Secret Live«. Ich spüre die Blicke der Gäste auf mir ruhen, so als wäre ich ein Außerirdischer. Mehr als das, erwartungsvoll und voller Vorfreude sind sie. Erwachsene, die mich anschauen wie kleine Kinder, die Falten und Furchen in ihren Gesichtern sind für den Moment vergessen. Ich studiere ihre Augen in dem großen Spiegel der Bar, der mir gegenüber hängt.

Ich spüre Respekt, ein bisschen Angst und Vorfreude, auf jeden Fall ist da diese gespannte Erwartung, dass gleich etwas Magisches passiert. Sie warten darauf, dass ich meine »raren Künste« präsentiere.

Warum, frage ich mich, weil ich ein Mann bin, der die Illusion beherrscht? Nur weil ich weiß, wie man Gedanken liest und mit dem scheinbar Übersinnlichen unterhalten kann? Ich trinke meinen Whiskey Sour mit einem Schluck aus und hoffe, dass das allein nicht die Antwort ist. Der Whiskey wärmt meine Kehle, und ich möchte allen zurufen: »Ihr müsst nicht auf mich warten. Öffnet einfach eure Augen, überall ist das Wunder, wir sind umgeben von Magie. Zeigt mir einen Baum, und ich zeige euch das größte Wunder der Welt. Einen Trick, den kein Wundermacher auf diesem Planeten beherrscht. Der Staub unter euren Füßen ist ein Rätsel, das euch die ganze Nacht wachhalten kann. Ihr wollt einen Ball sehen, der schwebt? Was ist mit dem hellen, leuchtenden Ball, den wir Tag für Tag am Himmel beobachten können und der uns wärmt? Mal ist er da, dann wieder verschwunden, nur um wiederzukehren. Was ist mit dem Ball, auf dem wir gehen, auf dem wir leben, unser Erdplanet? Wir schweben in einem Raum voller Nichts, ist das kein Wunder? Warum sind wir? Warum ist alles? Das sind die wahren Wunder, die größten Tricks, meine Damen und Herren. Ein Stein, ein Berg, ein Fluss, ein See, das ist die wahre Magie. Und ich würde alles dafür geben, herauszufinden, wie genau diese Kunststücke im Theater des Lebens inszeniert werden. Aber solange ich das nicht weiß, öffne ich meine Augen und verbleibe in wohligem Staunen ...

[Frei nach meinem Nachtleben und der Kurzgeschichte von Charles Beaumont: »The Magic Man«.]

Ohne Namen
Mit vielen hat ich's schon zu tun,
und sie taten es mit mir.
Manchmal war's die Sucht nach Ruhm,
manchmal auch nur Gier.
Doch Eine hat's mir angetan.

Ich kostete die Blume zart
und auch die Knospen gern.
Mein Griff in ihren Haaren hart,
ganz tief, sehr laut, fast Lärm,
ein stiller Schrei.

Oft habe ich gelacht,
dem Tier es gleichgetan,
glühend leise durch die Nacht,
in ihren Leib gefahren,
um mich in ihr zu messen.

Meine Lippen küssten ihre,
sie belohnte es mit Saft,
ich trank, ich sog, ich gierte
und schob mich in den Schaft,
der tausend Sterne fallen lässt.

Sie bot mir ihre Glut.
Und beugte ihren Stand,
die Reise führte in ein Land,
das man sehr oft vergeblich sucht,
dort, wo man fliegt.

Ich bin noch dort
und wart auf sie,
ich schenk ihr Zeit,
und doch vermiss ich sie,
dort, wo man fliegt.

Dann wird es still.

Dank

Hiermit möchte ich mich bei all den Menschen bedanken, die für das Entstehen dieses Buchs wichtig, ja, sogar notwendig waren.

Euch allen habe ich einen Zauberspruch des Glücks und der Zufriedenheit unter einer heranwachsenden Eiche, tief im Wald, vergraben. Jeder von euch soll mit diesem Glückszauber gesegnet sein.

Ich danke:

Nina Arrowsmith für das ständige Bedrängen, jetzt doch endlich mal meine Philosophie und mein Leben aufzuschreiben, und für ihre unglaubliche Power, dieses Buch voranzubringen.

Regina Carstensen für ihre Freude, ihr Talent und die Lehrzeit als Autor, die ich bei ihr genießen durfte.

Stefan Warmuth für seine Geduld, seine Ruhe, seine Kreativität und für sein Menschsein.

Romy Fiedler für ihre absichtslose Liebe, ihre großartige Lebensinspiration, die Freude, die sie ausstrahlt, und die unermüdliche Motivation, immer weiterzumachen.

Simon Dezer für die Momente, die wir gemeinsam erlebt haben, für seinen Weg, den er selbstbestimmt geht, seinen Begriff von Freundschaft und seinen Humor, der mich immer wieder zum Tränenlachen bringt.

Markus Lenzen für die Inspiration, zu dem zu werden,

was ich heute bin. Ohne dich, mein Freund, hätte ich nicht dieses Glück im Leben gefunden, mein Hobby zu einer Berufung zu machen. Und natürlich für deine sternekochartigen kulinarischen Kostbarkeiten.

Thimon von Berlepsch für seine Diskussionsfreude, seine großartige Freundschaft, seine Treue und das Vorleben von gesunden Prinzipien.

Meiner Mutter Gabriele Becker für ihre bedingungslose Liebe, das Vermitteln von Menschlichkeit, den Glauben an mich und die Freiheit, in der sie mich heranwachsen ließ.

Meinem Vater Gerhard Becker für seine bedingungslose Liebe, für seinen Einsatz, mir eine wunderschöne Kindheit zu schenken, für das Vorleben von Männlichkeit und was es bedeutet, für seinen Willen einzustehen und zu kämpfen.

Meiner Schwester Lisa Becker für ihre Liebe, die emotionale Nähe und das Gefühl, dass ich mich stets auf sie verlassen kann. Du wirst deinen Weg gehen.

Meiner Großmutter Maria Lehberger für ihre Güte und die ersten Geschichten und Märchen, die sie mir erzählt hat. Du hast mir das Gefühl für die Wichtigkeit unserer Phantasie vermittelt.

Christian Knudsen für die magische Lehrzeit, die ich bei ihm absolvieren durfte, und das Gefühl für Poesie, das er mir vermittelte.

Ulrike Gallwitz für den Anfang dieser langen Schreibzeit, für ihre Ermutigung, mir selbst zu vertrauen.

Sabine Cramer für ihre Geduld, ihre Freude und ihr Wissen über die Welt der Bücher.

Marcel Hartges für die Möglichkeit, überhaupt verlegt zu werden, seine Neugier und Offenheit und seine Fußballleidenschaft.

Carsten Sander für das, was er ist, sein unfassbares Talent, als Fotograf aus meinem Gesicht das Beste zu machen, und seinen Feuereifer, das Titelbild dieses Buchs zu realisieren.

Dem gesamten Piper-Team für seine wunderbaren Ideen und Vorschläge, für die nie enden wollenden kreativen Lösungen und für den Spaß, den sie mir alle vermittelten.

Dieses Buch ist mit einem kraftvollen Zauberspruch belegt. Der Ort, an dem sich dieses Buch befindet, soll vor allem Übel und Leid beschützt sein und von großen wie von kleinen Wundern heimgesucht werden.

Nachwort

Stell dir vor!

Ist heute einfacher gesagt als getan.

Unsere Welt leidet unter einem starken Defizit an Phantasie.

Alles scheint erklärbar, jede Information verfügbar, und jede Frage ist irgendwo schon einmal beantwortet worden.

Nichtsdestotrotz stagnieren wir. Wir sind uns selbst genug, anderer Menschen Schicksale interessieren uns nur in Ausnahmemomenten. Große Visionen gibt es kaum noch.

Warum? Weil es uns an Vorstellungskraft mangelt. Weil wir die Phantasie aus unseren Köpfen vertrieben haben. Wir wollen Tatsachen.

Und dann kommt plötzlich ein Mann daher, der dich anschaut – und etwas Ungewohntes in dir auslöst.

Ein Gefühl, das längst verschollen schien. Ein Moment, der dich in Sekundenbruchteilen aus dieser Welt emporhebt, weit über die Erde trägt und mit dir auf eine Reise zu dir selbst geht.

Alles ist irgendwie vertraut, aber doch unmöglich, oder?

Kann das sein? Kann das wirklich sein? Das ist doch eigentlich unvorstellbar.

Und schon ist er da. Der erste Schritt zurück zur Phantasie.

Dieser Mann ist Jan Becker. Er besitzt die seltene Gabe, etwas ganz Besonderes zu schaffen: den puren Moment des Staunens. Den Moment, der dich aus allem herausreißt, was dir bisher Sicherheit verliehen hat. Die Phantasie an der Seite zu haben erleichtert manch dunklen Moment.

Einige der Geschichten in diesem Buch habe ich selbst miterlebt, sie haben mich zum Staunen gebracht, meine Vorstellungskraft gesprengt – denn ich weiß, sie sind wahr.

Dieses Buch ist eine Liebeserklärung an die Phantasie. Von einem Menschen, dem nichts größer erscheint, als Phantasie zu verschenken.

Stell dir vor!

Philip Simon
Berlin, 25. April 2011

Literatur

Anand, Maharani: *Die Herz-Umarmung*. Ahlerstedt 2000
Banachek et al.: *Psychophysiological Thought Reading, Or: Muscle Reading and the Ideomotor Response Revealed*. Houston 2002
Bandelow, Borwin: *Das Angstbuch. Woher Ängste kommen und wie man sie bekämpfen kann*. Reinbek 2004
Bramwell, J. Milne: *Hypnotism. Its History, Practice and Theory*. The Julian Press, New York 1903
Brückner, Wolfgang: *Lexikon für Theologie und Kirche*. Freiburg 1993
Burlingame, H. J.: *How to Read People's Minds, Or: The Mystery of Mind Reading Revealed*. Houston 2002
Calvino, Italo: *The Castle of Crossed Destinies*. Harcourt 1976
Campbell, Joseph: *Die Kraft der Mythen*. Düsseldorf 2007
Charvet David, Pomeroy, John: Alexander: *The Man How Knows*. Pasadena 2004
Chelman, Christian: *Capricornian Tales*. Tahoma 1996
Cialdini, Robert B.: *Die Psychologie des Überzeugens*. Ismaning 2003
Davis, Walter: *Face Reading for Mentalists. Crash Course in Face Reading for the Practical Performer*. E-Book 2010
Doyle, Arthur Conan: *The Wanderings of a Spiritualist*. New York 1921
Ellis, Bill: *Lucifer Ascending, The Occult in Folklore and Popular Culture*. Kentucky 2004
Enriquez, Enrique: *Looking at the Marseilles Tarot. Notes on Tarot's Optical Language*. Colchester 2007
Enriquez, Enrique: *Invisible Readings: The Art of Metaphor in Mind Reading*. Colchester 2007
Finley, Jerome: *Thought Veil*. E-Book 2010
Finley, Jerome: *Random Acts of Kindness*. E-Book 2008
Hamilton, Trevor: *Immortal Longings*. Exeter 2009
Hanussen-Steinschneider, Erik Jan: *Das Gedankenlesen/Telepathie*. Wien 1920
Hautzinger, Martin: *Verhaltenstherapiemanual*. Heidelberg 2008

Heine, Thomas & Mees, Rainer: *Impressions from the Inner Mind*. Köln 2009

Irwin, J. Harvey: *The Psychology of Paranormal Belief*. Hertfordshire 2009

Jaquin, Anthony: *Reality is Plastic*. UKHTC Ltd. England 2007

Jaquin, Anthony, Scheldrake, Kevin: *The Manchurian Approach DVD*. 2009

Jaquin, Freddy & Jaquin, Anthony: *UKHTC, Professional Hypnotherapy Diploma Training Manual*, England 2004 – 2010

Jodorowsky, Alejandro: *Psicomagia*, Mailand 2004

Jung, C. G.: *Das Rote Buch*. Düsseldorf 2009

Klein, Stefan: *Alles Zufall. Die Kraft, die unser Leben bestimmt*. Reinbek 2004

Loetscher, Tobias: *The relationship between hand preference, hand performance, and general cognitive ability*. In: Journal of the International Neuropsychological Society, 4, 2010. http://www.findanexpert.uni-melb.edu.au/researcher/person195688.html

Luckhurs, Roger: *The Invention Of Telepathy*, Oxford 2007

Mamet, David: *Vom dreifachen Gebrauch des Messers*. Berlin 2001

Mann, Thomas: *Mario und der Zauberer*. Berlin 1930

Numen, David: *The Abnormal Lift*. E-Book 2010

PEKiP: *Babys spielerisch fördern*. München 2008

Podmore, Frank: *Modern Spiritualism*. Cambridge 1902

Preisendanz, Karl (Hg.): *Papyri Graecae Magicae*. München/Leipzig 2001

Rasmussen, Jørgen: *Provocative Hypnosis*. Norwegen 2008

Rhinehart, Luke: *Der Würfler*. Halle 2009

Safranski, Rüdiger: *Romantik. Eine deutsche Affäre*. München 2007

Schwartz, Jeffrey: *Quantum Theory in Neuroscience and Psychology*. London 2005

Sifontes, Cecilia: *Wie werde ich ein Engel? So können uns Flügel wachsen*. München 2008

Tahoe, TC: *In the Play of Shadows: The Tarot Effect*. Howling Bunny, USA 2008

Taylor, Rogan P.: *The Death and Resurrection Show*. London 1985

Tyron, GS: *A Review and Critique of Thought Stopping Research*. In: J Behav Ther Exp Psychiatry 10: 189 – 192, 1979

Wilk, Daniel: *Auf den Schultern des Windes schaukeln*. Heidelberg 2010